A Study on the Metaphysics of Light in St. Bonaventure

보나벤투라의 빛의 形而上學

A Study on the Metaphysics of Light in St. Bonaventure

보나벤투라의 빛의 形而上學

원유동 지음

보나벤투라의 사상적 계보를 따라 고찰한 빛의 형이상학자들은 '최고의 빛'을 신과 일자, 혹은 절대자라고 생각하여, 형이상학의 궁극적 존재 "一"에서 여러 존재들 즉 "多"를 설명하는 각기 나름대로의 자기 사상을 펼치고 있었다. 이제 본론으로 보나벤투라의 빛의 형이상학을 살펴 볼 차례이다. 먼저, 보나벤투라의 일반적 형이상학의 핵심을 살펴보고, 다음은 보나벤투라는 과연 '빛의 형이상학자'인가를 되묻는다. 그 해답을 후대 보나벤투라 연구가들과 시대적 배경 속에서 그리고 그의 작품 속에서 나타난 '빛의 이론' 안에서 찾고자 한다.

한국학술정보㈜

포스트모던 사회의 진부한 특징 중 하나는 '다양성의 추구'와 함께 나타나는 '자아 상실'과 '목적의식 상실'이다. 이것은 너무 현실에만 안주하면서 '생각하는 갈대'인 인간이 '사유함'을 포기하고 '진리 발견'에서 점점 멀어지고 있다는 하나의 현상일 수 있다. 서구에서는 오늘날, 중세 시대를 '암흑기'라고 부르는 이는 아무도 없다. 오히려 '보석상자'로 보고 있다. 스콜라 전성기에 산 보나벤투라는 우리와 시대적으로 700여 년이나 동떨어진 인물이면서도 그의 사상이 이 시대에도 탐구의 대상이 되는 것은 무엇보다도 '내가 누구며 당신이 누구신가?'라는 물음과 함께 '인생의 목적'을 깊이 사유했기 때문이다.

오늘날 첨단의 과학 시대에도 라쥐니스의 작품을 비롯한 신비주의의 책들이 쏟아져 나오는 현상은 무엇을 말하고 있는 것일까? 그것은 자아의 발견과 진리 탐구에 있을 것이다. 라쥐니스의 『삶의 춤, 침묵의 춤』 속에 나타나는 '바늘 이야기'는 보나벤투라의 '내면세계로의 침잠과 신을 직관하는 신비사상과 일맥상통'*하게 나타난다. 이 '바늘 이야기'의 대화를 나름대로 분석해 보면 질문자로 하여금 6하원칙에 따라 '누가, 언제, 어디서, 무엇을, 왜, 어떻게'라는 단계를 통하여 자기 스스로 해답을 찾게끔 한다. 그 내용인즉, 한 여인 **라비아 알－아다비**(Rabia Al－Adawia)가 어느 날 **석양 무렵**에, 무엇인가를 골몰히 찾고 있는 그 여인에게로 사람들이 다가가 **"무엇을 잃어버렸나요?"** 묻는다. 그 여인은 "바느질을 하다가 **바늘**을 잃어버렸어요."라고 답했다. 그들은 또 다시 **어디서** 바늘을 잃어버렸냐고 묻는다. 그 여인은 "실은 집 밖에서 잃어버린 것이 아니라 **집 안에서** 잃어버렸어요."라고 답한다. 그들은 그녀가 미쳤다고 생각하면서 **왜** 집 안에서 잃어버린 바늘을 **집 밖에서** 찾느냐고 묻는다. 그 여인은 "**집 안은 너무 어두워서** 그곳에서 나는 그것을 찾을 수 없어요. 밖에는 그나마 아직 햇빛이 조금 남아 있어서 이곳에서 찾고 있답니다."라고 했다. 그들은 **어떻게** 그럴 수 있느냐며 마지막 질문을 던진다. "그렇다고 해도 사람들에게 등잔불이라도 빌려서 **안에서 찾아야** 하지 않나요?" 이 말에 대한 그 신비가는 "나는 여러분들이 이렇게 현명한 줄은 몰랐습니다. 그렇다면 당신들은 **왜, 내면세계를 찾지 않고 밖에서 헤매고 있나요?**" 그렇다! 철학자요, 신학자며, 신비가였던 보나벤투라는 이미 700여 년 전에 이 수피의 여인처럼 자신의 내면세계로 눈을 돌려 바늘을 찾고 있었다. 그 바늘은 바로 자기 자신과 진리였던 것이다.

이 책은 2003년도 한남대학교 대학원에서 발표한 박사학위 청구논문 「보나벤투라의 빛의 형이상학」이다. 이에 약간의 수정과 논문

* 박경숙, 『중세와 토마스 아퀴나스』, 살림, 2004, p.94.

의 전후 부록을 담아 (주)한국학술정보의 도움으로 출판된 것이다. 부록을 실은 이유는 보나벤투라 연구가 한국에서 이제 겨우 시작하는 국면이라 앞으로 보다 세부적인 논점을 잡는 연구가 나오기 위해서 후학들에게 참고 자료가 되었으면 해서이다. 전편부록에는 '성 보나벤투라의 서거 700주년을 맞이하여' 쓴 교황 요한 바오로 성하의 편지와 후편부록에는 일어판에서 장곡천무민의 번역 "성 보나벤투라의 신비신학전요" 중 일부를 우리말로 번역해 옮겨 놓았다. 이에 논문이 책으로 출간되기까지 수고를 아끼지 않으신 한국학술정보(주) 위원님들께 깊은 감사를 드린다.

무엇보다도 깊은 감사를 드릴 분들이 있다. 보나벤투라에 관한 모든 작품들을 일일이 찾아 주셨던 정달용 신부님과 논문이 발표되고 저서로 출간되기까지 다방면으로 도와주시고 지도·편달해 주신 김용환 지도 교수님께 깊은 감사와 존경의 뜻을 표하고 싶다. 또한 바쁘신 와중에도 논문 심사평을 해 주신 이재룡 신부님과 최신한 교수님, 민찬홍 교수님, 이재경 박사님 그리고 일어 번역에 도움을 주신 류미지, 정현숙 선생님께 진심으로 감사를 드린다. 또한 연구에 몰두하도록 옆에서 묵묵히 도와준 이들과 나의 벗님네들, 그리고 아내에게 고마움을 금할 수 없다. 또한 이 논문을 쓰게끔 동기를 부여해 주었던 꼰·프란치스코회에 깊은 감사를 드린다.

2008. 보나벤투라 축일에 즈음하여

元 裕 東

성 보나벤투라의 서거 700주년을 맞이하여 프란치스코회 장상들
에게 보내는 교황 요한 바오로 성하의 편지

　사랑하는 형제들, 사도적 강복과 인사를 보냅니다.
　인품과 함께 선학으로 알려져 천사적 박사라는 칭호를 갖고 계신
보나벤투라 성인께서는 돌아가신 지 700년이 지난 오늘날까지도 찬
란히 빛나고 계십니다. 주목할 만한 일은 이해는 성 토마스 아퀴나
스의 축제도 가지게 된다는 것입니다. 이 두 분의 교회에 대한 뛰어
난 헌신으로 말미암아 두 분 모두 거성으로 선포되고 함께 칭송을
받고 있습니다. 성 토마스 아퀴나스는 교황의 명으로 제2차 리용 공
의회에 참석하러 가시는 도중에 서거하셨고, 성 보나벤투라는 같은
공의회가 폐막될 무렵, 1274년 7월 15일에 돌아가셨습니다.
우리의 선임자 성 비오 10세께서 증언하신 것과 같이 성 보나벤투
라는 지금 이 시대에도 역시 빛을 발하고 계심을 알 수 있습니다.
　"성 보나벤투라도 다른 탁월한 교회 박사들과 마찬가지로 그 당대

뿐만 아니라 후대를 위해서도, 그리고 지금의 우리를 위해서도 역시 크나큰 공헌을 하고 있습니다."

우리 모두가 알고 있듯이 제2차 바티칸 공의회에서 선포된 견고한 공의와 규범들이 충실히 또한 신속히 실천에 옮겨 가고 있는 현대 가톨릭 세계는 개혁에 많은 노력을 하고 있습니다. 살아 있는 복음의 소리는 교회 내에서 울리고 있고 교회를 통하여 온 세상에 퍼지게 될 것입니다. 이렇게 개혁은 이미 우리의 성년을 선포하여 더욱 박차를 가하고 있습니다. 이 성년 선포의 목적은 개개인이 더욱더 하느님께 귀의하여 우리 모두가 서로 화해하기 위한 것입니다.

그리스도의 모든 신도들은 우리의 뛰어난 선구자요, 스승이요, 성취자이신 보나벤투라와 같은 철저한 열성에 불렸으니 이와 같이 진지한 열성이 있을 때 우선 신앙심이 강해져 하느님은 영광을 받게 되고 우리 생활은 변화가 올 것입니다.

✚ 우리의 초석이신 그리스도

교회의 자녀들이 각각 해야 할 의무가 있습니다. 우선 천사적 박사는 이를 자기 나름대로의 독특한 방법으로 완성하셨습니다. 이 길을 걸을 때에는 "각자 받은 능력에 따라, 살아 있는 신앙이 제시해 주는 의무를 행하고, 따라가면, 믿음은 희망을 낳아 주고 또한 애덕을 가지고 일하게 됩니다.

신학 연구에 온 정열을 쏟으신 성 보나벤투라께서는 다음과 같은 과정을 설정하셨습니다. 신학은 먼저 굳은 신앙에서 나오고 이성의 침묵 속에서 지속되어 묵상의 감미로움에 도달한다는 것입니다. 예수는 믿음의 근원이시요, 완성자이며 "그 안에서 지존하신 하느님의 모든 계시가 완성되었으므로 보나벤투라는 예수 그리스도를 특별히 모든 크리스챤 신앙의 기초이며……" 진실된 모든 교회의 근원으로 보았습니다. 그리스도는 인성과 신성을 겸하신 지고의 스승이시기 때문에 인간 이성으로는 불가능한 것을 초월적 지성으로써 가능하게 만드셨습니다. 인간의 지성을 완전히 초월한 은총 안에 참여할 수 있게 하시었고 그 은총에 완전한 확신을 둘 수 있게 되었습니다. 비록 인간의 지성은 본질적으로 좁은 한계에서 제한을 받고 있고 따라서 오류를 범할 수는 있다고 하지만 어느 면으로는 하느님 자체의 무류성과 불변성 역시 주어져 있습니다.

✝ 진리에의 갈망

그러나 우리는 불합리한 방법으로 믿음을 갖게 된다고 생각할 수는 없습니다. 왜냐하면 위로부터 보내 주신 은총과 빛은 이성을 흩어 놓는 것이 아니라 이성에게 방향을 제시하여 인도하는 것이기 때문입니다. 이제 우리는 과도한 믿음주의에 머무를 것이 아니라, 더욱 더 탐구하여 모든 가르침에 있어서 적절한 용어와 실례를 제공하여야 할 필요성을 느낍니다. 믿음이란 그 안에서 무엇을 말해 주고 있건, 결국 하느님의 존재 자체가 숨어 있기 때문입니다. 모든 신학자들은 때때로 항간에 일어나고 있는 기만적인 의혹의 물결에 휩싸여 연구를 포기해서는 안 될 것이며 이와 같은 영향이 가톨릭 학자라고 해서 제외될 수는 없는 일입니다. 모든 학자들의 탐구 동기가 진리를 이룩하기 위한 것이고 또한 진리의 권능은 일개인의 판단을 훨씬 능가하는 초월적인 것임을 깨닫고 있기만 한다면 연구를 계속해도 좋습니다. 하느님에 대한 완전한 진리와 그로부터 출발된 진리에의 모든 갈망은 인간의 힘만으로는 달성될 수 없는 것이고 다만 성부의 빛으로부터 내려오는 것이니 그분 스스로 우리를 택하시어 그리스도를 내려 보내시고 우리를 당신 자녀로 삼으셨으니 그분의 모든 창조물 중에서 우리는 첫 열매가 되어야 합니다. 이와 같은 진리는 가볍게 취급되어서는 안 될 것이며 확고부동한 것을 의심스러운 것으로 소개해서도 안 되고 의심스러운 것을 확고부동한 것인 것처럼 단언하지도 말아야 할 것입니다.

신앙과 관계를 가지는 결정적인 교의를 가르칠 권리는 그리스도께로부터 받은 교회만이 가지는 것입니다. 왜냐하면 일종의 하느님 말씀과 부합되는 성질의 것으로 교회의 교권에 '전적으로 맡겨진 참된 해석권'인 것이기 때문입니다. 그러므로 교회의 이름으로 선포된 가르침에 순종하지 않는 자는 아무도 우리 구세주 예수의 충실한 제자라고 할 수 없습니다. 이 같은 두 가지의 충성이 신학적 탐구의 독특한 고유성에 적용됨으로 이에 신학은 교회의 구속사업에 밀접한 관련을 갖게 되며 인간의 초성한 부르심이 더욱 깊이 인식되고 더욱 풍성하게 이루어질 것입니다.

✚ 하느님의 절대적 우위성

지고의 스승으로서의 그리스도는 우리에게 가르치시기를 하느님은 만물 안에서 우리의 찬미와 영광을 받으셔야 한다고 말씀하십니다.

하느님은 우선 우리의 인성과는 완전히 다른 신성을 지니셨기 때문에 영광을 받으셔야 하고 또한 하느님께서 전적으로 순종적이어야 할 것을 우리에게 요구하십니다. 왜냐하면 하느님은 우리가 전적으로 순종해야 우리 안에서 우리의 주인이 될 수 있기 때문입니다. 하느님은 우리의 주인이시고 또한 우리는 피조물로서 이런 상호 관계 완성은 마지막 시간에 이루어지겠지만 주의 제자는 일상생활 속에서 늘 마음속에 이것을 지녀야 합니다. 특히 믿는 이들 가운데 예수 그리스도가 현존하시게 하는 성직자들, 그리고 그 성직자들과 함께 하시는 하느님께 영광을 드려야 될 것입니다. 그래서 교회 사목자들을 누구보다도 존경해야 합니다. 그들을 따르는 이는 곧 그리스도를 따르는 것이요, 그들을 배척하는 자는 곧 그리스도와 또한 그를 보내신 분을 배척하는 사람이 됩니다. 비록 그들도 그리스도를 모두 같은 머리로써 모시고 있지만 사목자들은 하느님과 신자들 사이의 일반적 중개자로서 선택되었습니다. 그러므로 그들은 신자들에게 하느님의 뜻을 전달할 것입니다. 이 뜻은 하느님의 말씀으로 표현되고 또한 구원에 필요한 모든 것이 그 안에 포함되어 있습니다. 성직자들이 전하는 것은 우리가 사실 믿어야 되는 것이고 찾아야 되는 것이고 이룩되어야 하는 것입니다.

✚ 사랑은 모든 이에게 미친다

로마 교황은 구원 사업에 종사하는 모든 성직자들 가운데서 첫자리를 차지하고 있으므로 로마 교황을 존경하지 않고 순종하기를 거절하는 사람은 누구나 막론하고 하느님께 영광을 드리는 것을 거절하는 것이 됩니다. 거룩하고 인자한 보나벤투라는 마침내 주저 없이 다음과 같은 중대한 말을 합니다.

"베드로 좌에 앉은 자에게 순종하기를 거부하는 자는 공번된 교회의 일원이 될 수 없습니다."

마지막으로 하느님은 당신의 모상을 가지고 있는 인간을 통하여 영광을 받게 되었습니다. 영원한 말씀이 사람이 되시었으므로 인간 안에 그 영광이 그대로 보존되어 있기 때문입니다. 성 보나벤투라가 말한 바와 같이 그리스도는 "우리의 이웃이시며, 또한 주님이시고, 우리의 왕이시며, 또한 친구이시기 때문에" 우리의 사랑은 모든 이에게 미쳐야 되고 어느 특수한 사람이나, 제한된 사회에 한정되어서는 안 됩니다. 우리의 애덕이 그리스도를 원천으로 하고 있고 그리스도를 목적으로 하고 있으므로 여기에는 그리스도가 사랑하는 것과 같은 우주적인 성경이 있어야 합니다. 인류의 재창조자는 인간에게 각각 다른 영적 선물을 주고 각각 다른 일을 하도록 했으며 마침내 여러 가지 종류의 다양성을 허락하셨기 때문입니다.

죄와 결함이 세상 곳곳에서 일어날지라도 인간 안에는 하느님에 의하여 심어진 선의 씨가 있기 때문에 이것은 없어질 수 없을 뿐 아니라 그 잠재력으로 비록 악한 사람일지라도 하느님 은총의 도움으로 선한 사람이 될 수 있습니다. 따라서 어떤 난관이 닥치고 인간의 삶의 믿음의 조화를 잃고 하느님께 드려야 할 영광을 거스르는 일이 생긴다 하더라고 희망을 잃을 하등의 이유가 없습니다. 하느님의 자비는 우리의 비참보다 훨씬 크십니다. 그분이 내리신 막대한 은혜가 우리를 하느님께로 더욱 가까이 이끌고 있습니다. 참으로 인간에게 베푼 가장 큰 은혜는 하느님 자신의 강생이기 때문에 그리스도를 통하여 그리스도 안에서 인류는 영원한 것을 잃지 않고 이 세상을 살아갈 수 있는 힘을 얻었습니다.

이와 같이 쏟아 넘치게 하신 성스러운 사랑과 더불어 모든 창조물은 비록 하느님으로부터 떠날 위험이 닥칠지라도 성자 강생의 은혜로써 더욱 훌륭한 방법으로 하느님께 갈 수 있게 되었습니다.

삼라만상은 성서의 밝은 빛 속에서 읽히는 한 권의 책과 같아서 인간을 하느님께 대한 인식으로 이끌고 하느님을 찬미하고 사랑하게 합니다. 그러나 그리스도의 십자가를 통하지 않는다면 삼라만상뿐만 아니라 성서의 충분한 이해도 불가능합니다. 십자가는 하느님의 진리를 성경에 불어넣어 성경을 완성시켰기 때문입니다.

모든 인간은 십자가에 못 박히신 그리스도를 따라야 합니다. 그리스도는 인간이 물질에 애착하지 않고 하느님을 사랑하도록 가르치시려고 오셨습니다.

그분은 또한 우리를 위하여 고통을 받았으며 우리가 그분의 발자취를 따라갈 수 있도록 모범을 남겨 놓으셨습니다.

그리스도를 따른다는 것은 끊임없는 개심을 요구하는 것이며 당신 말씀의 육화를 통하여 인간의 영혼을 곧게 하여 인류를 회두시킴으로써 마침내 만물은 창조주이신 말씀으로부터 받은 본연의 모습으로 되돌아갈 수 있게 되었습니다. 그리스도는 목적을 달성하시기 전에도 완전하셨을 뿐 아니라 목적을 달성하신 후에도 완전하시므로 이 세상 여정에서 모든 이의 반려자이시며 또한 동시에 천국에서 당신과 함께하도록 모든 이를 초대하십니다. 그러므로 인간의 지상에서의 삶은 그 성격으로 보아 내세를 향한 순례가 되는 것입니다. 즉 그리스도와 함께 그리스도에게로 돌아가는 여행이며 그로부터 출발하여 그를 통하여 살고 그를 향하여 우리의 여행은 인도됩니다.

성 보나벤투라는 사부이신 성 프란치스꼬가 이와 같은 여정을 밟은 훌륭한 실례임을 격찬하였습니다. 프란치스꼬 성인은 알베르나 산에 올라 그리스도가 십자가에 못 박히신 것과 같은 비범한 방법으로 부활절을 주님과 함께 지냄으로써, 죽음을 준비하셨고 마치 하늘나라에 참여하시는 것 같습니다. 이와 같은 훌륭한 모범이 말해 주듯이 우리 모두는 위와 같은 부활제에도 초대를 받았습니다.

하느님을 향한 마음의 여정을 이같이 설명하는 성 보나벤투라는 가장 높은 관상의 극치에 오름으로써, 신비신학에 있어서 그는 말할 여지도 없이 선구자로 추앙되는 것입니다. 그는 스스로 확신하기를 선의의 모든 사람은 성스러운 관상을 위하여 노력하여야 하며 무한한 선을 깨달을 때까지 인내하여 설혹 인간의 능력은 제한되어 있다 하더라도 무한한 선으로 말미암아 관상에 도달할 수 있다고 생각하고 계십니다.

가장 높은 관상의 경지에 오르려고 하면서도 실천하기를 싫어하고 그대로 그 자리에 주저앉으려고 하는 사람에게 그는 주위를 환기시키셨습니다. 왜냐하면 완성은 사람을 애덕으로 인도하고, 하느님 안에 가까이 결합되면 될수록 하느님 나라를 전할 마음이 생기기 때문입니다.

✚ 삶의 이원성

성 보나벤투라는 영원한 행복을 얻기 위한 필수조건으로 그의 관상을 실천으로 옮기는 소위 삶의 이완성을 개최하셨습니다. 사실 그는 수도원 총장직을 수행할 때 그에게 맡겨진 사람들을 덕으로 이끌고 교회에서 벗어나 규칙적인 생활을 하도록 가르치셨습니다. 즉 추기경에 오르실 때에도 교황님과 함께 자기 자신을 바쳐 성스러운 기도에 봉헌하였으며 모든 교회에 헌신함으로써 주위 사람들의 기대에 어긋나지 않았습니다. 성 토마스 아퀴나스도 생활에 따르는 모든 일에 특출하셨는데 이와 같은 실천은 그의 충만한 관상으로부터 기인했음을 누차 강조하여 말씀하셨습니다. 마치 성 프란치스꼬가 주님의 멍에를 지고 갈 때 도미니코 성인과 손을 잡았듯이 성 보나벤투라는 성 토마스 아퀴나스와 뜻을 같이했습니다. 이 두 성인은 신학의 두 선구주자로서 오늘날에 이르기까지 교회 안에서 찬란히 빛나고 계십니다. 마치 두 개의 섬광처럼 하느님의 모든 거룩한 백성들을 비추고 있습니다.

✚ 오늘의 삶

우리가 지금까지 간단하게 훑어본 바와 같이 성 보나벤투라의 사상과 권고를 대할 때 돌아가신 지 700년이 지난 지금까지도 그분의 생활과 사상이 생생하게 들려옴을 느낄 수 있습니다. 다시 들려오는 그분의 목소리에 내 말을 덧붙이겠습니다. 교회의 사목자들은 보나벤투라 성인께서 걸어가신 길을 더 연구할 것을 바랍니다. 천사적 박사 축일에 적합한 다음과 같은 기도문을 생각해 봅시다. 아마도 영신생활에 도움이 될 것입니다. "주여! 그분의 박학하심을 통하여 우리를 성장할 수 있게 하시고 그분의 정열에 찬 박애정신을 필적할 수 있게 하소서"

사랑하는 형제들이여! 당시들과 당신들에게 맡겨진 프란치스꼬회 가족에게 사도적 강복을 내리노니 이 강복을 통하여 우리가 드린 기도가 이루어지리다.

1974. 7. 15.

로마 베드로 대성전에서 교황 바울로 6세

목 차

　　　　　　　　보나벤투라의 사상에 있어서 빛은 매우 중요한 주제이며 가치 있는 요소이다. 그것은 그가 빛의 본질 안에서 고찰한 빛의 고귀성과 탁월성 그리고 빛의 확산이란 자신의 특유의 방법으로 인간 인식과 세계 그리고 신 존재를 설명하고 있기 때문이다. 영상 시대를 살고 있는 오늘의 시각에서 보면, 빛은 과학의 탐구 대상이라는 생각이 지배적이겠지만, 빛을 탐구의 주제로 삼은 것은 과학에 앞서 철학에서였다.

　　모든 논의에 앞서 먼저 지적되어야 할 점은 빛이란 개념에 관하여 13세기라는 시대적 정황과 오늘날 과학 시대의 사고의 격차를 좁혀야 하겠다는 것이다. 다시 말해서 이 시기에 철학과 과학의 문제를 현대적인 상황에서 보아 적절하다고 말할 수 있는 방법으로 논하는 것을 기대하는 것은 시대착오일 것이다. 이에 대해서 『토마스 아퀴나스』를 쓴 F. C. 코플스톤이 13세기 당시 정황을 밝히면서 "중세 이후의 세계에 있어서의 가장 중요한 한 가지 특징, 즉 특수 과학의 성립 및 발달과 연결되어 있다. 철학자들뿐만 아니라 많은 사람들이, 특수 과학이 점점 발달함에 따라 원래는 철학의 분야에 속한다고 생

각되고 있었던 것들을 차례차례 빼앗아 갔다고 생각한다. 자연철학
은 물리학에 굴복했고, 생명철학은 과학적인 생물학에 길을 비켜 주
었고, 사변적 심리학은 과학적 심리학이 학문으로 성립되어 옴에 따
라 엄밀 과학에 굴복해 가고 있다."[1]라고 말한다. 그러면서 과학은
신학적인 문제의 '궁극적인' 형이상학의 문제를 다루지는 않는다고
그 차이를 또한 지적한다. 따라서 빛의 탐구에서도 형이상학자로서
보나벤투라는 궁극적인 존재와 세계를 설명하고 세계의 뜻을 밝히려
는 데 자연적 빛을 비유로 들어 사용하는 것이지 오늘날의 과학적
의미로서만의 빛을 말하는 것은 아니다.

따라서 본 연구에서 보나벤투라가 말하고자 하는 빛은 형이상학적
빛이다. 물론 그도 13세기에 이미 근대 과학자들이 주장하듯이 자연
을 '수와 무게와 측정'으로 생각하였다. 그래서 그도 자연현상으로서
의 빛의 특성을 말하기도 하며, 또한 물리학도 언급하였다. 물론 당
시의 물리학은 독립된 학문이 아니라 자연철학에 종속된 물리학이었
다. 보나벤투라는 학문을 분류하면서 철학을 3가지로 분류—이성철
학과 자연철학, 도덕철학—하고 자연철학 안에 물리학과 수학 그리
고 형이상학을 포함시켰다. 그러므로 보나벤투라는 이 모든 것을 종
합하여 그의 철학과 신학의 핵심 주제이며 자기 자신이 그토록 열망
한 神을 빛으로 드러내고자 하였으며 그로부터 모든 존재 양태를
설명하고 있다. 따라서 보나벤투라가 의미하는 '빛'은 단순한 자연적
혹은 물리학(광학)의 의미를 뛰어넘어 은유로서 신적인 빛을 의미하
고 있다.

이렇듯, 13세기의 정황은 학문의 구분에 있어서도 신학과 철학의

---

1) F. C. 코플스톤, 『토마스 아퀴나스』, 강성위 역, 대조사, 1968, p.18.

구분도 명확하지 않았을 뿐만 아니라, 오늘날 우리가 말하는 근대 과학의 의미로서의 과학도 아직은 매우 초보적인 발전 단계에 머물고 있었다는 사실을 감안해야 한다. 이러한 사실을 간과할 때 우리는 보나벤투라의 작품들을 대하면서 때론 과학서인지 철학서인지 혹은 신비신학 책인지 분간하기가 힘들어 혼미할 때가 있다. 그것은 비단 보나벤투라의 작품만이 아니라 스콜라 시대에 전반적 현상이기도 하다. 그것은 동시대에 보나벤투라의 친구인 토마스 아퀴나스의 작품에서도 마찬가지임을 F. C. 코플스톤은 지적하고 있다. "토마스의 저작들 속에서는 철학과 특수 과학의 구별이 분명하지 않다. 그리고 그 시대에 있어서는 그러한 구별을 기대할 수가 없었다. …… 그러나 토마스의 일반적 입장은 과학에 형이상학이 끼어드는 것을 방지하는 것(형이상학의 명제에 구체적인 과학적 가설을 대리시키지 않는다는 뜻에서) 및 형이상학이 일종의 원시적인 물리학이라고 해석되지 않도록 주의하는 것이다."[2]

보나벤투라의 사상을 논하면서도 오늘의 시각에서 보면 매우 혼란스러울 정도로 철학과 과학의 구별이 명확하지 않을뿐더러 철학과 신학의 구별도 역시 그러하다. 그러나 우리는 본고에서 형이상학자로서 보나벤투라가 빛을 인식의 근거며 궁극적 존재 자체로 여기면서 세계 존재와 인간 존재, 나아가 학문까지도 빛의 형이상학으로 전개하고 있다는 사실을 염두에 두어야 할 것이다.

---

2) 같은 책, p.37.

✚ 연구목적과 문제제기

　　이 논문의 목적은 국내 철학계에서 아직까지도 생소한 스콜라 철학자, 보나벤투라(Bonaventura)의 사상을 소개하려는 데 있다. 철학자요, 신학자이며, 신비가인 그는 스콜라 전성기에 대학자 토마스 아퀴나스(Thomas Aquinas)와 쌍벽을 이룬 초기 프란치스칸 학파의 대가이다. 합리주의 노선을 취한 토마스와는 달리 신플라톤주의와 아우구스티누스의 노선을 취한 보나벤투라는 신비주의적이고 관조적인 방법을 선호했다. 그의 사상의 근본 토대는 바로 '빛의 형이상학'이다. 필자의 연구는 이것을 천착하는 것이다.

　　모든 철학사상은 세 가지 근본 문제, 즉 자연(自然), 인간(人間) 그리고 신(神)에 대한 문제를 해결해 보려는 시도이다. 철학사를 살펴보면 어떤 시대에는 자연이, 어떤 시대에는 신이, 또 어떤 시대는 인간이 특히 **강조되고 있다.** 또한 같은 시대라 해도 학자에 따라 세 문제 중 어떤 문제는 강조하고 다른 문제는 등한시된다. 그러나 확실한 것은 이 세 문제는 결코 분리시킬 수 없는 긴밀한 연관성을 가지고 있다는 사실이다. 그래서 이 세 문제 중 어느 것만을 다루고 여타의 문제를 도외시한다면, 그 철학사상은 충분치 못할 뿐만 아니라 미완성된 것이라 하지 않을 수 없다. 이 세 가지 근본 사상에 대해서 철학자 보나벤투라는 균형 잡힌 시각을 유지하고 있다.

　　"제가 찾는 것은 바로 당신(神)"[3]이라고 한 보나벤투라는 아우구

---

3) 보나벤투라, 『세 가지 길』, 권숙애 옮김, 시글, p.63: Opera Omnia vol. V,

스티누스처럼 "당신(神)은 누구시오며, 나는 누구입니까?"라는 물음에서 철학을 시작한다. 즉 신과 인간의 관계성에서 시작하여 세계는 인간 정신이 신에게로 나아가는 사다리요, 신의 흔적이며, 서책(書冊)이라고 한다. 다른 한편 보나벤투라는 신학자이며 신비주의자로서 그리스 철학에서 신비주의의 시조인 플로티누스의 관조적 신비주의 사고와 빛의 방사로 표현되는 유출설의 생동적인 사고의 영향을 받았다. 그리고 무엇보다 자신이 몸담고 있는 프란치스코 교단(수도회)의 설립자인 성 프란치스코의 관조적 삶의 영향을 받았다.

이와 같은 그의 균형 잡힌 철학적 시각과 신비주의의 영향은 보나벤투라의 철학을 빛의 형이상학으로 나아가게 하는 근본 요소가 된다. 신을 근원적인 빛으로 보고 만물과 모든 학문까지도 빛과 조명으로 나누어 고찰했다. 따라서 보나벤투라는 신과 인간 그리고 세계를 하나의 빛의 활동으로 보았다.

이러한 사상을 가진 보나벤투라는 분명 스콜라 철학 전성기를 토마스 아퀴나스와 함께 이끌고 나간 대철학자임에 분명하다. 이 두 학자를 일컬어 '하나의 신앙 안에 있는 두 철학자' 혹은 '사상에 있어 평행선을 달리는 두 학자'라고 한다. 그러나 지금까지 중세 철학 연구의 대부분은 토마스 아퀴나스(도미니칸 수도자)를 중심으로 탐구되어 왔고 발표된 논문들 또한 그러하다. 이에 반해 당대에 쌍벽(雙璧)을 이룬 초기 프란치스칸 학파인 보나벤투라에 대해서 기존 연구가 너무나도 빈약하다. 그래서 이 논문에서는 보나벤투라 사상의 근간이 되는 '빛의 형이상학'을 고찰고자 한다. 왜냐하면 이 '빛의

---

c.3.n.5. 참조.

이론'이 두 철학자, 즉 보나벤투라와 토마스의 사상을 이해하는 데 있어 분기점으로 나타나기 때문이다. 그러나 이 논문이 목표하는 것은 두 학자의 사상을 비교하는 것이 아니다. 오히려 필자는 보나벤투라의 빛의 형이상학을 충실하게 천착할 것이다.

✚ 연구의 필요성

교황 요한 바오로 2세도 21세기를 살아가는 현대인들에게 '그리스도의 빛의 신비'를 특히 강조하고 있다. 이 그리스도교적 '빛의 신비'는 보나벤투라의 핵심 사상 중 하나이다. 그리고 카잔스 교수는 프란치스코와 보나벤투라 안에서 21세기에 볼 수 있는 그리스도의 모습을 역설적으로 묘사하고 있다.[4] 또한 한국에서도 프란치스칸 수도자들을 비롯하여 보나벤투라에 대한 관심이 점차 확대되어 가고 있음을 볼 수 있는데 그것은 최근 들어 보나벤투라의 대표작과 소품집(5권)들이 출판되고, 『성 보나벤투라』와 같은 학술적 내용을 담은 저서들이 출판되고 있음이 이를 입증한다. 또한 간헐적으로나마 ≪프란치스칸 삶과 사상≫과 같은 잡지들이 출간되고 있음은 보나벤투라의 사상에 높은 관심의 반영이라 아니 볼 수 없을 것이다. 이 시점에서 초기 프란치스칸 학파였던 보나벤투라의 사상을 빛의 형이상학이라는 관점에서 탐구하는 것은 아직 미흡한 보나벤투라 연구에 조금은 기여할 수 있을 것이다.

---

4) 포담 대학의 교수인 카잔스가 그의 저서 『Christ of the 21st century』통하여 한 말이다.
  ≪성모기사≫ 제264호, 1991(1월호), p.16 참조.

✦ 연구의 중심 자료

보나벤투라의 방대한 사상 가운데 빛의 형이상학이 본 연구의 핵심 주제이다. 그래서 빛과 관련하여 그의 대표작이라 할 수 있는『하느님께 나아가는 정신의 여정』과『모든 학문의 신학으로의 환원』(*De reductione artium ad theologiam*)의 두 책을 중심으로 하였다. 무엇보다도 보나벤투라의 라틴어 원문 텍스트에 일차적으로 근거하고 다음은 중세 사가로 권위 있는 E. 질송이 쓴『聖 보나벤투라 철학』(*The Philosophy of St, Bonaventure*)과 C. F. 코플스톤의『중세 철학』을 참고로 하였다. 그리고 보나벤투라의『하느님께 나아가는 정신의 여정』(*Itinerarium mentis in Deum*)과『모든 학문의 신학으로의 환원』(*De reductione artium ad theologiam*)을 Julian Kaup O.F.M.가 라틴어에서 독일어로 대역한, Kosel-verlag München판을 주로 참고하였다. 이 역서는『하나님과 하나 되어』(김광식 역, 대한기독서회, 1982)라는 제목을 붙여 출판하였으며, 이 안에 보나벤투라의 주요한 위의 두 작품들이 함께 수록되어 있다. 그리고 이후에 꼰벤뚜알 프란치스 꼬회에서 출판된 보나벤투라의 다섯 작품(권숙애, 장은영 역)을 참조하였다. 그 외 김현태 교수가 번역한『프란치스칸 사상과 휴머니즘』, 그리고 수피아 로비기의 저서를 이재룡 신부가 번역한『성 보나벤투라』를 참고 자료로 삼았다. 콰라기 출판에 의한 두 작품—『*Itinerarium mentis in Deum*』과『*De reductioartium ad theologiam*』—과 그리고『명제집 주해』2권(*II Sententiarum*) 외 소품들을 참고 자료로 한다.

✚ 이 주제에 대한 연구 현황

국외 논문들로서는 보나벤투라의 사후 700(1274－1974)주년을 맞이하여 로마의 '성 보나벤투라(San Bonaventura)' 대학에서 폼페이(A. Pompei) 교수에 의한 편집으로 『크리스천 지혜와 프란치스칸 삶의 스승 성 보나벤투라』"San Bonaventura maestro di vita francescana e di sapienza cristiana"[5] 논문 전집 3권이 출판되었다. 여기에는 보나벤투라에 관한 방대한 논문이 수록되어 있다. 그럼에도 불구하고 이 전집에는 본 연구의 주제인 '빛의 형이상학'에 관해 직접적으로 언급하고 있는 논문은 없다. 오직 간헐적인 언급만이 있을 뿐이다. 이 전집에 관하여 언급하면 다음과 같다. 이 전집은 영어, 불어, 독어, 스페인어, 이탈리아어 등 각 나라 말을 그대로 옮겨 놓은 약 150여 편의 논문집이다. 1권의 내용은 2부분으로 나누어져 있는데, 첫 번째는, '성 보나벤투라와 프란치스코 수도회(San Bonaventura e l'ordine Franciscano)'에 관한 논문들이 수록되어 있고, 두 번째는, '크리스천 지혜의 스승 성 보나벤투라(San Bonaventura maestro di sapienza cristiana)'에 관한 내용인데, 여기서는 주로 그의 '철학과 신학' 그리고 '근본적인 문제들'과 '성 보나벤투라의 작품들'에 관한 것들을 다룬 논문들이다. 논문의 편수를 보면 1권에 가장 많은 66편의 논문이 실려 있고, 2권에 42편, 그리고 3권에는 34편이 실려 있다.

---

5) San Bonaventura Maestro di vita Francescana e di Sapienza Cristiana, A cura di A.Pompei, Pontificia Facolta Teologia, San Bonaventura, Roma 1976. vol. I－III. Atti del congresso internazionale per il VII centenario di San Bonaventura, da Bagnoregio (Roma, 19－26 settembre 1274)

그리고 1990년 로마에서 박장원 신부가 쓴 학위논문인 「성 보나벤투라의 작품 Breviloquiun 속에 나타난 신적 위격과 그 공헌」(Le Persone Divine e I Loro Attributi Nel Breviloquio Di San Bonaventura) 이 보나벤투라에 관한 최초의 국외 논문 번역이라 할 수 있다. 그러나 본 연구의 주제인 '빛의 형이상학'과는 거리가 있다. 그리고 국내에 소개된 보나벤투라의 사상 논문집은 S. Rovighi, "Ⅱ secolo XⅢ: Bonaventura da Bagnoregio e Tomaso", in Studi di filosofia mediovale. vol.Ⅱ: secoli Ⅷ e XⅣ, Milano Vita e Pensiero, 1978, pp.53-71 을 완역하여 『성 보나벤투라』(이재룡 역, 가톨릭대학출판부, 2001, pp.189-213.) 책의 부록 편으로 실린 것으로 그의 사상을 이해하는 데는 큰 도움이 되지만 본 연구의 주제와는 깊은 연관은 없다.

국내에서는 보나벤투라를 주제로 한 학위논문은 아직 없다. 더구나 보나벤투라의 '빛의 형이상학'에 관한 연구는 전무한 편이다. 부분적인 연구가 주석가들이나 사상지를 통해서 간헐적으로 발표되고 있다. 그중 1990년 효성 여자 대학교 가톨릭 교육 연구소가 편찬하여 ≪가톨릭 교육 연구≫(제4, 5집)에 게재된 박창수 신부의 「St. Bonaventura 철학에서 인간의 영혼」이란 연구와 그 外 자신의 연구를 합하여 엮어낸 「행운의 순례자 聖人 보나벤투라」가 있다. 그리고 1992에 창간해 계속 발간되는 프란치스코회의 사상지인 ≪프란치스칸 삶과 사상≫(제1호, 제2호, 1992)에 게재된 두 편의 연구 논문들 속에서 본 연구의 소주제 중에 하나인 보나벤투라의 인식론과 관련된 연구들이 있다.

제 1 장

보나벤투라의 생애와 작품

　'세라핌 박사(Doctor Seraphicus)'라고 일컬어지는 보나벤투라는 플라톤－아우구스티누스 노선을 취한 초기 프란치스칸 학파 중에 가장 위대한 이탈리아의 철학자이며 동시에 신학자이고 신비가이며 저술가였다. 신학자로서 보나벤투라는 '삼위일체의 학자이고 성육신의 스승'[1]이며 그리스도 중심주의의 주창자이다. 또한 시대적으로 교부시대를 훌쩍 넘어 교부의 호칭을 받았을 만큼 지혜와 덕을 갖춘 프란치스칸 수도자였다.

　보나벤투라(Bonaventura, 1217－1274)는 중세 전성기의 스콜라 철학을 토마스 아퀴나스(Thomas Aquinas, 1225－1274)와 더불어 쌍벽을 이루며 이끌어 나갔고 1253－1257년에 파리대학에서 토마스 아퀴나스와 함께 강의하였다. 그는 토마스와 돈독한 우정을 지니면서도 그의 철학을 비판하여 학문의 길에서만은 서로 사상을

---

1) 환원주석, p.200.

달리하였다. 이 두 사상가는 신학과 신앙으로부터 철학을 분리시키지는 않았다는 점에서는 다르지 않다. 하지만 토마스 아퀴나스는 아리스토텔레스의 노선을 채택하여 지성적 방법을 통하여 철학과 신학에 새로운 주지주의 길을 열었던 반면, 보나벤투라는 플라톤─아우구스티누스 노선을 따라 전통에 충실하여 그의 철학과 신학을 주의주의(voluntarism)로 이끌어 갔던 것이다. 그래서 이 두 학자에 대해 '하나의 신앙과 두 개의 철학' 혹은 '쌍벽', '평행선'2)이라는 말로 묘사한다. 현대의 E. 질송(Etienne Gilson)은 이러한 보나벤투라를 한마디로 스승이요, 학자이며, 결코 '주지주의자는 아니었지만 지성인'3)이라고 표현하였다. 보나벤투라는 그의 스승 알렉산더 할레스(Alexander Halesius, 1175─1245)의 사상을 계승하면서 후에 위대한 둔스 스코투스(Duns Scotus, Johannes 1266─1308)의 출현을 준비하였다. 그는 단지 중세 스콜라 철학에서만 탁월한 철학자로서 역할을 한 것이 아니라 오늘의 우리 시대에도 그리스도교 철학과 신학(그리스도 중심주의)에 변함없이 영향력을 주고 있다. 그것은 보나벤투라의 사상이 창조자 신에 대한 인간 존재의 의존성에서부터 출발하고 있기 때문이다.

---

2) 김현태, 「성 토마스 아퀴나스와 성 보나벤투라의 철학사상」, ≪프란치스칸 삶과 사상≫ 2, 1992, p.43, p67.
3) 여정주석, p.17 재인용(여기서 '여정주석'이라 함은 서두의 약어표를 참조할 것). 여정주석: Julian Kaup, 『하느님께 나아가는 정신의 여정』의 해설, (München: Kösel─Verlag), 김광식 옮김. 서울: 대한기독도교서회. 1982. Julian Kaup는 보나벤투라의 두 작품 ─ 『하느님께 나아가는 정신의 여정』(Itinerarium mentis in Deum)과 『모든 학문의 신학으로의 환원』(De reductione artium ad theologiam) ─ 에 원문과 함께 이에 대한 해설을 실어 (München) Kösel─Verlag에서 출판하였다. 이 책은 라틴어에서 독어로 대역해 합본 간행한 것이다. 이 책을 김광식은 우리말로 옮기면서 『하나님과 하나 되어』라고 제목을 붙였는데, 여기서는 Bonaventura의 작품과 Julian Kaup의 해설이 구분되지 않아 부득불 약어를 사용한다. 그리고 『하느님께 나아가는 정신의 여정』은 『정신의 여정』으로 약한다.

특히 그의 신비주의 경향의 작품은 오늘에 비추어 보면 언어철학, 상징철학의 토대를 마련했다고도 볼 수 있을 것인데, 왜냐하면 그것은 상징의 복잡한 패턴에 따라 전개되기 때문이다. 그리고 현대에 명성 높은 F. 코플스톤은 이론적 앎보다 실천적 삶에 더 무게를 싣고 있는 보나벤투라를 '그리스도교적인 생의 철학자'[4]라 일컫고 있으며, 루뱅 대학의 우박스(G. C. Ubaghs) 교수는 "보나벤투라는 참으로 직관적 존재주의 총체"[5]라고 말했다. 이렇듯 중세라는 시대적 격차에도 불구하고 오늘날에도 여전히 많은 면모를 갖추고 있는 보나벤투라를 여기서는 또 다른 하나의 모습, 즉 중세를 대표하는 '빛의 형이상학자'로서 그 일면을 고찰하고자 한다. 그래서 먼저 간략한 그의 생애와 저술을 살펴보고자 한다.

1. 보나벤투라의 생애

그의 생애에 대한 첫 번째 전기는 15세기 후반경, 피렌체의 마리아노 수사(Mariano da Firence)[6]에 의해 쓰였다. 마리아노 수사(修士)는 세라핌적 작은 수도회의 연대기를 완성한 첫 번째의 프란치스칸

---

4) F. C. 코플스톤, 『中世 哲學史』, 박영도 譯, 서광사, 1988, pp.378 - 379.
5) I. Brady, 「St. Bonaventure's Doctrine of Illumination」, in: *Bonaventure and Aquinas*, ed. by Shahan and Kovach, University of Oklahoma Press, 1976, p.65.
6) Fr. Agostino Gemelli, o.f.m. Ⅱ francicanesimo, societa editrice vita e pensiero, 1 edizione, 1932, Ⅶ edizione, 1956. p.179 참조, 그리고 P. Cristoforo Pasqual, Aspetti Francescani, Padova - gennaio 1967, p.22. 미출간 참조.

역사가로서, 초창기부터 1486년까지 연대순에 따라 5권으로 나누어
완성하였다. 불행히도 오늘날 그의 저술은 남아 있지 않지만, 그것은
후일의 역사가들에게 폭넓게 기여하였다. 따라서 오늘날 보나벤투라
의 생애에 대한 평가는 마리아노 수사의 기술에 바탕을 둔다고 할
수 있겠다. 방대한 보나벤투라의 전집을 펴낸 가장 권위를 가진 과
라키(Quracchi) 출판의 서문에서는 보나벤투라의 약전(略傳)을 다음
과 같이 우리에게 들려준다.

　　"성 보나벤투라는 원래 '요한 피단자'로 불렸으며, 이탈리아 비테르
보의 관구의 박뇨레아에서 출생하였다. 그는 알렉산더 할레스의 제자
로, 파리의 공변된 박사와 성 토마스 아퀴나스와 프랑크 왕 성 루도
빅과 친구로서 작은 형제회에 17년 동안 총장으로 봉사했으며, 로마
교회의 주교와 추기경이었다. 교황 식스토 4세[7]에 의해 교회 박사로,
교황 식스토 5세[8]에 의해 정식으로 교회 박사로 기록 되었다 …… 특
수한 지혜로 말미암아 그를 세라핌 박사로 칭한다."[9]

　　그런데 오늘날 그의 출생에 관한 연도는 학자들에 따라 조금의

---

7) 교황 식스토 4세에 의해 "Superna caelestis patria, civitas" 칙서로 1428년
　4월 14일 諡聖.
8) 1588년, 교황 식스토 5세에 의한 "승리의 예루살렘(Triumpantis Irusalem)"
　칙서를 통하여 보나벤투라는 '세라핌 박사'로 호칭된다.
9) Bonaventura, Opera Omnia (Tomus Ⅰ), Quaracchi, 1882. p.Ⅱ.: "Sanctus
　Bonaventura, nomine gentilitio vocatus Ioannes Fidanza, natione Italus,
　Balneoregiensis patria,Alexandri Halensis disciplus, universitatis Parisiensis
　doctor, S.Tomae Aquinatis et S.Ludovici Francorum regis amicus, Ordinis
　Minorum per sepdemdecim annos Generalis Minister, S. Romanae Ecclesiae
　Epis copus Cardinalis, alvo Sanctorum a Sixto Ⅳ, et Doctorum Ecclesiae
　a Sixto Ⅴ. rite adscriptus, virtutum splendoribus, rebus gesitis, praeclaris
　scriptis per orbem et per saecula celeberrimus, communi suffragio antonoma-
　stice ≪pro singularitate sapientitiae appellatus est Doctor Seraphicus≫."

연 차를 보이면서 1217년에서 늦게는 1222년까지를 보고 있지만, 지금까지 정설로 여기던 1221년에서 요즈음 학계에서는 대부분 1217-1218년으로 가르치고 있다.[10] 보나벤투라의 원래의 이름은 피단자 귀족 가문의 요한으로 세례명을 받았는데 의사(醫師)인 아버지와 같은 죠반니 피단자(Giovanni Fidanza)라 불리었으며 그의 어머니는 리텔라의 마리아(Maria di Ritella)였다. 그녀는 'Giovanni Fidanza'가 어린 시절 병을 앓고 있을 때, 아씨시의 성 프란치스코에게 도움을 청하였다. 당시 성 프란치스꼬는 그 아이를 보면서 '오, 보나벤투라(Oh, buona ventura)'라고 했다. 이 의미는 '오, 복된 잉태여', 혹은 '복된 행운'인데 오늘날 스콜라 철학사에서 보나벤투라[11]는 바로 이 아이였다. 그리고 1238년에 프란치스코 수도회에 입회한 '죠반니(혹은 요한) 피단자'는 보나벤투라로 개명하였다.

보나벤투라는 파리대학에서 신학을 공부(1243-1248)했는데, 그때 그의 스승이며 아버지처럼 존경한 알레산더 할레스에게서 가르침을 받

---

10) Antonio Blasucci, *La spiritualita' di san Bonaventura*, Citta di vita, 1974, p.13 참조.
   cf. G. Abate, Per la storia e la cronologia di S. Bonaventura, O Min, (c.1217-1274), in Miscell. Francesc. 49(1949) 354-68, 50(1950) 97-130. 1221년에 대한 근거는 '베네치아 연대기'에 두고 있다. 그러나 현대의 연대기 작가들은 1217년이라 한다. 그것의 근거는 보나벤투라가 53세에 타계했을 때 총장직 선출이 1257년이었고 유효한 총장직 최소 연령이 40세이며, 파리대학에서 강의할 수 있는 최소 연령이 35세 이상이라는 것을 감안할 때 1217년으로 나타나기 때문이다.
11) 보나벤투라는 프란치스코회를 일컬어 자주 Seraphicum 수도회라고 했는데, 후일에 보나벤투라를 일컬어 Doctor Seaphicus(세라핌 박사)라 한다. 그것은 또한 그의 탁월한 지혜와 관련이 있다. 그의 祝日(7. 15.)을 지내는 수도자들의 '성무일도'에서는 그가 신비함과 현명함과 지혜를 우리에게 주었다고 기린다. "Dedit nobis virum honorabile vultu et sapientem prudentem eloquii mistici."

앉고 1248년 공적으로 가르칠 수 있는 자격을 얻게 되었다. 1248-1252년 보나벤투라는 성서학위를 받고 정교수의 감독하에 성서 연구와 페트루스 롬바르두스의 명제집을 주석하게 된다. 1253년에 석사학위를 받고 1253-1257년에 밀리톤의 굴리엘모의 후계자로 정교수로 활약하였다.

1257년 2월에 프란치스코 수도회의 7대 총장으로 선출되어 1274년 타계할 때까지 17년간 성 프란치스코의 정신에 따라 탁월하게 총장직을 역임했다. 그의 생애 후기인 1267년과 1268년 사순절에 라틴 아베로에스주의자들을 둘러싸고 큰 충돌이 일어나게 되었다. 여기에 대하여 「십계명」과 「성령의 선물에 대한 토론」이라는 논문(1273년)을 썼다. 그레고리오 10세 교황으로부터 추기경으로 피선되어 알바노의 주교가 되었다(1265년 영국 요크 대주교로 임명되었으나 거절하였다). 교황은 1274년 2차 리옹 공의회에서 분열된 동·서방 교회의 통일을 회복하고자 공의회를 소집하였는데, 보나벤투라는 이 리옹 공의회 의장으로서 전념하다 같은 해 7월 15일 리옹에서 他界하였다. 살아생전 그의 인품을 알 수 있는 오래된 연대기에는 그의 죽음에 관하여 이렇게 언급하고 있다.

> "헬라인들과 라틴인들과 세속인과 수도사들, 평신도와 성직자들, 군주들과 신하들이 모두 애도의 눈물을 흘리면서 유해를 운구하고 교황과 추기경들이 장례식을 거행하였다."12)

보나벤투라의 인품은 헬라인에게 명성이 높았기 때문에 ―"사실 토마스는 그리스어를 몰랐다."13) ― 그는 그들에게 존경을 받았다.

---

12) 환원주석, p.195.
13) 호세. 롬바르트, "이렇게 멋진 사람이 있다", 윤여옥 역, 2000, p.44. 미출간.

그리스 교회의 대표자들이 공의회에서 보나벤투라의 연설을 몇 번 듣고 그의 성품과 특징을 다음과 같이 칭찬하고 있기 때문이다. "온화함에 매혹되었고, 그의 확고부동한 이론과 논리성에 설복당했고, 보기 드문 그의 재능에 사로잡혀 그의 말을 들었고, 그가 제시하는 모든 것에 동의하게 되었으며, 그리고 그를 그리스어로 '에우티케(Eutiche)'라고 불렀다."[14] 그리스어의 'Eutiche'는 '복된 幸運, 성공, 번영'이라는 뜻이며, 이것은 이미 성 프란치스코가 유아기 때 붙여 준 이름 '보나벤투라', 즉 '복된 잉태'와 동일한 의미였다. 그러므로 보나벤투라라는 이름은 성 프란치스코에 의해서 그리고 마지막으로는 그리스의 지도자들에 의해 '복된 행운'으로 붙여졌으며, 이 이름이 그의 전 생애에 걸쳐 그 자신의 고유명사가 되었다. 또한 '세라핌 박사' 칭호는 학식이 강물처럼 흘러넘쳤던 보나벤투라에게 사후에 붙여진 교회의 최고 명예로운 칭호이다.

2. 보나벤투라의 작품

보나벤투라는 철학자이며 신학자로서 생전에 많은 저술들을 남긴 것으로 유명하다. 그의 저서는 모두 라틴어로 기술되었다. 위대한 성인들이 반드시 위대한 작가는 아니었지만 보나벤투라는 가장 예외적인 인물 중의 한 사람이었다. 콰라키 출판사에서 나온 방대한 2절판 크기

---

14) 행운, p.27.

의 600쪽에서 1000쪽 분량에 해당되는 10권 전집(Opera Omnia)만 보아도 이를 쉽게 짐작할 수 있다. 여기에 최고의 지혜와 교양을 갖추었을 뿐 아니라 뛰어난 언어구사 능력을 갖추고 문학적, 시적 재능을 겸비했다. 그럼에도 불구하고 토마스 아퀴나스보다 보나벤투라는 우리에게 덜 알려져 있는데, 이에 대해서 루뱅 대학의 뱅크(Jose de Vinck) 교수는 두 가지 이유를 제시한다.

첫째 이유는, 본질적이고 역사적인 여러 이유 때문에 프란치스칸인 보나벤투라의 작품이 동시대의 친구이자 널리 인정받고 있는 아퀴나스의 작품보다 현대 언어로 번역된 것이 적었다. 둘째, 보나벤투라에 관하여 우리가 알고 있는 역사적 서술은 너무 빈약하고 짧다. 13세기에 뭇사람들에게 많은 칭송을 받았고 탁월했음에도 그의 기억에 애정을 가진 편집자가 없었으며, 그에 대한 생생하고 심층 깊은 영성을 추적해 생각하지 않았다는 것[15]이다. 이러한 이유로 장구한 세월 속에 파묻혀 버렸다가 현대에 와서 재등장한 그의 사상은 우리의 마음을 움직이며 작은 호기심을 불러일으키고 있다. 한국에서도 관심을 갖고 조금씩 그의 작품이 소개되고 있다. 그러나 그의 방대한 저술들은 철학적 내용으로서보다는 그가 신학자와 신비가로서 더 알려진 것같이 신학과 신비적 영역을 내용으로 한 작품들이 많다. 그것은 보나벤투라가 신학과 철학을 구분하지 않았음에 비롯된다 하겠다. 그의 주요 저서는 다음과 같이 열거할 수 있다. 보나벤투라가 1250-1253년 파리대학에서 페트루스 롬바르두스(Petrus Lombardus)의 명제집을 강의하였는데, 그 책명은 『페투루스 롬바르투스의 4권의 명제집』(*Commentarii in quattuor libros sententiarum Petri Lombardi*)[16]

---

15) Cardinal seraphic doctor and saint, *The works of Bonaventure*, by Jose de Vinck, Paterson, N.J:1960 St. Anthony guild Press, Foreword p.8.

이다. 이 활동 기간에 쓴 『명제집 주해』(*Sententiarum Lib.*) 일, 이 권은 그의 가장 포괄적인 신학 저술이고 내용적으로도 가장 의미 있는 주석들 중 하나로 두 권으로 이루어진 방대한 저작이다. 그리고 인식론적 관점에서 중요한 『그리스도의 지식에 관한 논쟁』 혹은 『토론 명제집』(*Quaestiones disputatae de scientia Christi*)과 『성 삼위일체의 신비에 관한 논쟁』(*Quaestiones disputatae de mysterio SS. Trinitatis*)이 있다. 그는 신학석사를 받을 즈음에 그의 신학 총론이라 할 수 있는, 『짧은 설화』 혹은 『신학요강』(*Breviloquium*)[17])을 저술한다. 그리고 1257년 프란치스코 수도회의 7대 총장 시절에 철학과 신학과 신비주의가 하나의 총체적 현상으로 나타나 있는 걸작품인 『하느님께 나아가는 정신의 여정』[18])을 저술한다.

---

16) 13세기에는 가장 위대한 권위를 지닌 학자들은 신학 명제집을 주석하였다. 그래서 보나벤투라는 유명한 명제집의 스승이라는 페투루스 롬바르두스(1100-1160)가 1155-1157년 사이에 쓴 4권의 저서 『Sententiae in Ⅳ libris distictae』에 대하여 1250-1252년에 주석하여 후학들에게 그것을 강독한다. 페투루스 명제집의 내용—1권은 신관 삼위일체(de tritate et unitate), 신의 섭리, 2권은 인간 타락, 천사와 악마. 은총, 3권은 육화의 신비(Tractatus de Incarnatione)와 덕행론, 십계명, 4권은 성사론과 사말론—에 따라 그의 명제집 주석에서도 사말론(7장), 三位一體이신 神(9장)과 肉化의 神秘(10장), 聖事論(13장)을 주석한다. 페투루스의 명제집은 Magistri Petri Lombardi Parisiensisi Episcopi, Sententiae in Ⅵ Libris Ditinctae, Collegi S. Bonaventure Ad Claras Aquas Grottaferrata(Roma), 1971 Tom. Ⅰ. Ⅱ. Ⅲ. Ⅳ권 참조하라. 그리고 보나벤투라의 이 저서는 Quaracchi 출판사가 1882년에 출판한 'Opera Omnia' Tomus Ⅰ, Ⅱ에 수록되어 있다.

17) 신학의 핵심을 설명한 책으로 믿어야 할 교의인 三位一體이신 神(9장)과 肉化의 神秘(10장) 그리고 聖事論(13장) 등을 내용으로 한다.

18) 이 책은 Quaracchi (Opera Omnia Vol.Ⅴ) 판본에 의하면 'Itinerarium mentis in Deum'으로 표기되어 있는데 다른 비판본에 의한 번역은 'Itinerarium mentis ad Deum'으로 표기되기도 한다. 예를 들면, 아우구스트 프란츠, 『교회사』, 최석우 역, 분도출판사(왜관, 1988), p.245 그리고 정의채·김규영, 『中世哲學社』, 지학사(서울, 1977), p.207 등에 나타나 있다.

그 내용은 신인합일(神人合一)의 극치이다. 그래서 이 책은 그의 빛의 형이상학과 전반적 사상을 볼 수 있는 필독할 책이다. 이와 관련하여 그 조명론과 모형론을 토대로 한 『모든 학문의 신학으로의 환원』[19) 그리고 강의 노트인 『육일간의 창조 작업집』 또는 『헥사메론』 (*Collationes in Hexaemeron*) 등이 그의 대표작이라 할 수 있다. 신비 작품들로서 소품집으로는 『4가지 정신훈련에 관한 대화집』(*Soliloquium de 4 mentalibus exercitiolis*)[20)과, 우리말로 이미 번역된 5권 이 있는데 그 내용은 신비적이고 금욕적이다. 그것들은 인간 영혼의 3가지 길을 제시하며 정화와 조명과 일치의 길을 제시하는 『세 가지 길』(*De triplici Via*)[21)과 『生命의 나무』(*Lignum Vitae*)[22), 『신비의 포도

보나벤투라가 'ad Deum'으로 표기하지 않았다는 이유를 Julian Kaup 주석에 의하면, "보나벤투라가 in Deum이라 한 것은 자연적 사고를 통하여 영혼을 신에게 인도하고자 한 것(ad Deum)이 아니라 최고의 사랑 속에서 시행되는 신과의 신비적 합일을 추구하기 때문(in Deum)"이라고 그 이유를 달고 있다. 따라서 '하느님께 나아가는 정신의 여정'으로 표기해야 할 것이다.

S. Bonaventure의 작은 명작인 이 책은 영어로는 『The Journey of the Mind to God』(英)이다. 우리말 번역은 『神에 이르는 정신의 旅程記』(정의채 역) 혹은 『하느님께 나아가는 정신의 여정』, 『하느님에게로 정신순례』(최석우 역) 등이다. 라틴어 'Mens'는 '영혼' 혹은 '정신'으로 번역되지만 보나벤투라는 'mens'는 인간이 신과 합일할 수 있는 우리 인간 정신의 최상을 의미하면서 '영혼의 영혼'으로 사용하는데 오늘날 사용되는 일반적 정신과는 차이를 보이고 있다.

19) 『모든 학문의 신학으로의 환원』은 행위는 肉化라고 가르친다. 모든 기술 학문은 肉化의 神秘를 재인식해야 하는데 그것은 말씀인 聖子가 사람이 되셨음(肉化, incarnatio)이다. 이처럼 학문도 사유도 이 작품을 통하여 볼 수 있는데, 이 작품 안에서 초자연적 행위는 영혼 속에서 그리스도의 육화의 행위임을 주장한다.

20) 『4가지 정신훈련에 대한 對話集』은 성 빅톨 후고(Hugo de Victore)의 영향을 받아 쓴 神秘 작품이다. 영혼이 질문하고 스스로 내적으로 대답한다. 敎父들의 텍스트를 인용하면서 죄, 선, 고통 등을 언급한다.

21) 『세 가지 길』은 1259년에 완성된 신비신학서로 보나벤투라적 원형주의

나무』(*Vitis Mistica*)23), 『완전한 삶』(*De perfectione vitae ad sorores*)24)과 특히 앞서 언급된 『하느님께 나아가는 정신의 여정』이다. 그리고 보나 벤투라의 생애에 큰 영향력을 제공했던 아씨시의 성 프란치스코의 생애에 관하여 그가 쓴 두 권의 저술 『성 프란치스코 대전기』(*Legenda major*)와 『성 프란치스코 소전기』(*Legenda minor*)가 있다. 이러한 저 서 대부분을 콰라키(Quaracchi) 출판사가 1882년부터 몇 해를 거듭하 여 보나벤투라의 단편들 묶어 10권의 전집(OPERA OMNIA)에 수록하 였다. 학자들에 따라 그의 저서들은 일반적으로 5가지로 분류된다. 즉 1) 교리를 위한 저서들,25) 2) 주석 집들,26) 3) 금욕적, 영성적 저 서들,27) 4) 프란치스칸 논쟁집, 5) 대화집들로 나누기도 하고 또는

를 묘사하면서 사랑의 화염을 말하고 있다. 길에 삼 단계, 즉 정화, 조 명, 완덕인데 첫 번째 단계는 양심 성찰, 두 번째 단계는 더 높은 영혼 의 정화, 그리고 마지막 단계는 영혼이 정화되고 조명된 단계로 이 상 태는 탈혼의 완전한 일치를 말하고 있다. 이 책은 신비 작품이다.

22) 『生命의 나무』(Lignum Vitae)는 그리스도를 생명의 나무로 직시하고 밑 둥치에서 12줄기와 48가지 그리고 각각의 4잎사귀로 그렸다. 12줄기에 서 12열매에 상응하면서 위에는 십자나무로 디자인한 그리스도를 말하 고 있다.

23) 『신비의 포도나무』는 그리스도 자신을 일컫는다. "나는 포도나무요 너 희는 그 가지이다."의 말씀을 보나벤투라는 비유로 발전시킨다.

24) 수도자 특히 수녀들에게 쓴 영적 글의 내용이다. 특히 덕에 관하여 "우 리를 영원한 생명으로 이끄는 것이 덕이라면, 덕은 다름 아닌 하느님께 대한 최고 사랑"이라고 한다.

25) 『명제집 주해』, 『성삼위의 신비』, 『복음의 완덕』에 대하여, 『짧은 설화』, 『하느님께 나아가는 정신의 여정』, 『모든 학문의 신학으로의 환원』, 『聖 靈七恩』, 『10계명』, 『신학요강집』.

26) 『집회서 주석집』, 『지혜서 주석집』, 『요한 강독』, 『요한복음 주석집』, 『루 까 주석집』, 『예레미아 주석집』, 『주일강론 해설집』. 『세 가지 길』(三重道), 『4가지 정신훈련에 대한 對話集』, 『생명의 나무』, 『완전한 삶』, 『예수아기의 5대 축일』, 『미사 준비집』, 『영혼의 관리』, 『여섯 날개 달린 세라핌 천사』.

27) 『순회 방문 3서간』, 『나르본 회칙』, 『회칙 설명』(Expositio Regulae), 『가

이와 달리 색다른 형태를 취하는 학자들은 5가지로 나누어 보나벤투라의 전집을 펴낸 콰라키 출판의 권수를 괄호 속에 로마 숫자로 표시하여 원문 접근에 편리하게 다음과 같이 분류하고 있다.

　　1) 신학 저서: *Commentarii in IV Libros sententiarum*(페투루스 롬바르두스의 『명제집 주해』, 1250-1253년) [Ⅰ-Ⅳ]; *Questiones disputatae* (토론 명제집): *De scientia Christi*(『그리스도의 지식』) [*Ⅶ*], *De mysterio Trintatis*(『성삼위의 신비』) [Ⅷ], *De Perfectione Evangelica*(『복음의 완덕』, 1254-1256년) [Ⅴ], *Breviloquium*(『신학요강』, 1256년) [Ⅴ]; *Itinerarium mentis in Deum*(『하느님께 나아가는 정신의 여정』, 1259년) [Ⅴ]; *De reductione artium ad theologigam*(『모든 학문의 신학으로의 환원』) [Ⅴ]

　　보나벤투라는 세 번의 학술 강연회(tre serie di *Collationes*)를 열었는데 그에 대한 강연집: *De X praeceptis*(『십계명』, 1267년) [Ⅴ], *De Donis Spiritus sancti*(『성령의 선물』, 1268년) [Ⅴ]; *in Hexaemeron*(『헥사메론』, 1273년) [Ⅴ], *Sermones selecti de rebus Theologicis* 『신학대한 선별집』) [Ⅴ], *De triplici testimonio SS. Trinitastis*(『삼위일체의 삼원성』); *De sanctissimo corpore Christi*(『그리스도의 성 육신』); 『*Christus unus omnium magister*』(『모든 스승의 스승 그리스도』) 등이다.

　　2) 성서 주석서: *Commentarius in Librum Ecclesiastes*(『전도서 주해』), *Sapientiae*(『지혜서 주해』), *in Evangelium Joannis*(『요한 복음 주해』) [Ⅵ], (『*요한* 복음 강독』) [Ⅵ], *Comm. in Evangelium Lucae*(『루가 복음 주해』) [Ⅶ]

　　3) 영성 서적: *De Triplici Via*(『세 가지 길』) o *Incendium amoris, o anche Itinerarium mentis in se ipsam* [Ⅷ]. *un gioiello e somma di teologia mistica*(신비신학 총서들); *Soliloquium de quattuor mentalibus exercitiis*(『4가지 정신훈련에 관한 대화집』) [Ⅷ], *Lignum vitae* (『생명의 나무』) [Ⅷ], *De V festivitatibus Pueri Jesu*(『예수 아기의 5대 축일에

　　난의 옹호』, 『프란치스코 대전기』, 『프란치스코 소전기』.

관하여』) [Ⅷ], *Tractatus de praeparatione ad missam*(『미사 준비집』) [Ⅷ]; *De perpectione ad soroes*(『수녀들에 완덕에 관하여』) [Ⅷ], *De regimine animae* [Ⅷ] *De sex alis seraphim* [Ⅷ], *Officium de Passione Domini*(『수난주일의 낮기도』), *Vitis mystica,* (『신비의 포도나무』), *Sermones de re mystica*(『신비에 관한 강론』) [Ⅴ e Ⅸ]

4) 프란치스코회와 관련된 著述: Tre *Lettere* circolari(『3통의 순회 방문 서간』) [Ⅶ], Le *Constitutiones* narbonesi(『나르본 회칙』, 1260년) [Ⅷ], L'*Expositio Regulae*(『회칙 설명』, 1257 혹은 1269) [Ⅷ]; *Apologia pauperum*(『가난의 옹호』, 1270년) [Ⅷ], *Epistola continens 25 memorialia*『(25 기념일의 서간』) [Ⅷ]; *Epistola de imitatione Christi*(『그리스도의 모방에 관한 서간』) [Ⅷ]; La*legenda Major S. Francisci* e la *Minor,* (『성 프란치스코 대전기』와 『성 프란치스코의소전기』, 1260 − 1262년) [Ⅷ]

5) 講論集들 [Ⅸ]: *Sermones de tempore*(『평일 강론』), *Sermones de sanctis*(『聖人들 강론집』); *Sermones de B.V. Maria*(『복되신 동정녀 마리아에 대한 강론집』). *Sermones de diversis*(『강론집』).[28]

---

28) A. Blausuci, *La spiritualita' di San Bonaventura*, citta'di vita, 1974, pp.16 − 18.

3. 시대적 배경

1) 삶의 양식: 인간 구원

우리 시대와 약 800년이나 동떨어진 13세기의 시대적 배경을 간략히 살피는 것은 보나벤투라의 철학사상과 작품들, 특히 신과의 합일을 다룬 작품 『하느님께 나아가는 정신의 여정』과 『모든 학문의 신학으로의 환원』 등 신비 저서들을 이해하는 데 도움이 될 것이다. 그리스도교가 절정에 이른 중세의 13세기는 오늘날과는 달리 신 중심의 삶이었고 신 안에서 행복을 추구하는 지복직관의 삶이었다. 그 행복 추구의 양상은 3가지로 나타난다. 첫째 양상은, 스토아학파나 에피쿠르스학파의 철학자들이 숙고하였던 유일한 목표가 현세 속에서 가능한 최대의 행복을 누리고자 하는 쾌락주의적 양태가 있었고, 둘째 양상은, 이와는 달리 플라톤과 신플라톤주의에서는 인간생활의 의의를 彼岸의 세계에서 찾으려는 것이었다. 마지막으로는, 그리스도교 안에서 이런 양상은 더욱 심화되어 피안계(彼岸界)에 자리잡은 초경험적인 신을 응시하면서 구원이라는 목표를 향해서 살아갔다. 바로 이러한 그리스도교적 양상은 유한하고 소멸적인 것에 가치를 두기보다는 영원하고 신적인 것에 참된 가치를 부여하였기에 가장 깊은 삶의 본질은 그야말로 신인합일에 있었다. 이러한 시대적 배경은 특히 보나벤투라의 신비적 작품 속에 그대로 나타난다.

2) 정치 상황: 혼돈 속에 균열

그리스도교의 절정기인 13세기에서는 교황들이 모든 세속의 통치자들에게 복종을 요구할 만큼 정치적 영향력을 펼쳤다. 그리고 중세 전반에 걸쳐 종교와 교회는 중요한 문화적 요인으로 교회는 정치 분야에 있어서 결정적 역할을 했다. 그러나 서유럽은 왕들이 교회의 정치적인 권위에 반발하고 자신들의 세속적 권한을 요구한다. 그 예로 영국에서는 1215년에 제후들이 존 왕에게 대헌장(Magna Carta)에 서명하도록 강요했다. 그래서 이 대헌장은 귀족과 평민의 불화를 종식시킨 예로 남았다. 이보다 5년 전 이탈리아에서는 귀족과 중산층의 분열이 이미 있었고 프란치스코는 이들의 화해를 도모하고자 하였다. 이렇게 교황과 왕들 제후와 중산층 사이에 균열이 일어나고 있었던 시기이다.

교회는 벌써 동방교회 및 서방교회로 분리되었고 인노센트 3세는 러시아인들이 정교회의 신앙을 버리고 교황에게 복종할 것을 권고하지만 이에 따르지 않았다. 교황 그레고리오 10세는 보나벤투라를 알바노의 추기경으로 임명하고 동·서방의 분열된 교회 일치를 위해 제2차 리옹 공의회 개최를 준비할 책임을 맡겼는데, 당대 신학과 철학을 주도하던 토마스 아퀴나스와 함께 보나벤투라는 1274년 죽기까지 교회의 일치를 위해 일하였다. 바로 이시기에 교황의 영향력으로 오토 4세가 신성로마 황제가 된다. 영국 왕은 봉토를 교황에게 바쳐야 했고, 프랑스도 간섭을 받았다. 그리고 또한 13세기 초엽은 동방에서는 몽고족의 지도자 칭기즈칸(Chingghis Khan)이 1206년 강력한 元나라를 세워 동·서양을 공격한 때이다. 서방 침략과 투르크족의 동방으로부터 침략은 비잔틴 제국과의 제4차 십자군 전쟁을 발발하게 했다.

이러한 와중에서도 두 가지 괄목할 만한 것은 하나는 새로운 삶을 추구하는 수도회의 창립이었다. 암울한 세기에 새로운 길을 제시하는 탁발 수도회의 창립은 획일화된 신앙과 사상에서 대학의 창립과 더불어 신선한 변화를 가져왔는데 프란치스코 수도회는 청빈의 길을, 그리고 도미니코회는 청빈과 신앙 설교를 위한 교육을 제시하였다. 다른 하나는 학문의 전당인 대학의 설립이었다. 특히 파리대학과 옥스퍼드대학은 유명하다. 파리대학은 도미니칸들 중심으로 토미즘의 아리스토텔레스 철학을 정립하고 옥스퍼드대학은 샤르트르(Chartres) 학파[29]의 전통을 이어받아 토미즘이 등장하기 전부터 플라톤 아우구스티누스적 신학을 가르쳤다. 12세기에 동시에 설립된 도미니쿠스와 프란치스쿠스 수도회의 학자들은 이 두 대학에서 철학과 신학을 탐구하면서 한 세기를 거쳐서 혜성과 같은 존재인 프란치스칸 학파의 보나벤투라와 도미니칸 학파의 토마스 아퀴나스를 파리대학에서 배출하게 되었다.[30]

---

29) 프랑스의 샤르트르 市는 12세기 전반기에 가장 활발했던 학문의 중심지였다. 이 학파가 명성을 얻게 된 것은 10세기 말부터 11세기 초에 걸쳐서 이 도시의 주교였던 풀베르투스(Fullbertus)가 교육에 힘썼던 까닭인데 특히 고대 학문과 플라톤 철학에 대한 관심을 가지고 있었다. 영국의 옥스퍼드대학이 이 샤르트르(Chartres) 학파의 전통을 이어 갔다. 샤르트르 市에는 英佛的인 인본주의, 플라톤주의, 수학, 아랍을 통한 새로운 학풍이 조성되었고 옥스퍼드는 이런 샤르트르의 유산을 계승하였다. 그런데 이 학파는 파리대학 때문에 그 빛을 점차 잃어 갔다. 그것은 파리대학이 대학 정책의 일환으로 파리를 전 세계의 철학과 신학의 중심으로 삼으려 했기 때문이었다. 그러나 옥스퍼드대학은 샤르트르 학풍, 즉 아우구스티누스적 플라톤주의에 입각하여 파리대학이 등한시한 數學과 言語 그리고 아랍 철학의 영향하에 經驗科學이 중시되었다. 옥스퍼드학파의 발단은 플라톤 아우구스티누스적인 태도를 취하는 프란치스칸들에게 소급된다.(정의채·김규영, 『중세철학사』, 지학사, 1977, p.195 그리고 『철학대사전』, 학원사 참고.)

3) 사상의 교류: 그리스도교 문화와
이슬람 문화의 조우(遭遇)

스페인, 아프리카, 시실리 및 아라비아 지역에 활발한 학문의 중
심지들을 세웠던 이슬람교도들로부터 획득된 지식이 교과 과정에 흡
수됨으로써 유럽에서의 대학의 역할은 더욱 증대되었다. 그들은 그
리스의 저작들을 연구하고 해석했는데, 그것들은 아리스토텔레스, 유
클리드, 힙포크라테스 및 프톨레미 등의 작품들이었다. 그들은 자연
을 탐구했으며, 물리학과 천문학, 생물학과 기상학 등 과학 기술과
의학에서 괄목할 만한 발전을 이룩했다. 또한 아베로에스와 이드리
시 같은 탁월한 철학자들을 배출하여, 대학의 번영과 동시에 철학의
발달도 새로운 절정에 이른다. 신앙에 의한 교의와 이성에 의해 인
지된 사실을 조화시키려는 데에 주된 노력이 쏟아졌다. 비록 이성은
초기의 위대한 성직자들에 의해서 불신되었으나 이성에 의한 결론들
은 신앙을 뒷받침하고 강화시켜 주는 것으로 생각되었다. 12세기에는
이슬람 문화권에서 탐구된 그리스 철학자 아리스토텔레스의 사상을
라틴 세계가 수용하게 된다. 그동안 교부철학과 스콜라 철학의 초기
까지는 플라톤과 신플라톤주의를 통해 그리스도교 교의와 사상을 대
부분 쉽게 설명할 수 있었으나, 재유입된 아리스토텔레스의 사상으
로 인하여 새로운 세계관이 형성되고 과학의 태동기를 맞는다.

모든 분열의 시도에서 일치를 원했던 중세기의 본질적 특성 속에
서 그리스도교의 사상은 플라톤적이었고, 이슬람교도들로부터 획득
된 아리스토텔레스의 철학사상은 이교도의 철학처럼 비쳐졌다. 이러

---

30) Walther Kirchner, 『서양 중세사 개론』, 고려대학원 중세 연구소, 대학
　　문학사, 1984, p.220 참조.

한 시대적 배경 속에서 13세기는 아리스토텔레스 철학이 서방적 사고 속에 강력하게 흘러들어와 새로운 정신적 전선이 형성되면서 3가지 방향으로 나타났다. 첫 번째는 시제 브라방(Siger Brabant)의 라틴 아베로에스주의(Latin Averroism)를 통해서 형성되었다. 그 대표자는 악명 높은 시제 브리방이다.31) 두 번째는 이에 대한 현저한 반대 입장으로 전통 아우구스(Legenda minor)티누스주의이다. 그 주창자와 완성자는 보나벤투라였다. 그리고 세 번째는 이 양극단의 입장 사이에 있는 그리스도교적인 아리스토텔레스주의이다. 이 마지막 입장의 대표자는 토마스 아퀴나스라고 할 수 있겠는데, 그는 라틴 아베로에스주의의 오류를 날카롭게 비판하면서 아리스토텔레스주의적 사상에 넓은 정신적 문호를 열었다. 그렇기 때문에 전통 아우구스티누스주의자인 보나벤투라는 아베로에스주의와 아리스토텔레스주의 이 두 노선에 결연히 반대32)하고 설교와 저서를 통하여 선봉에 서서 이를 배격한 선도자였다. 예를 들면, 파리의 탕 피에르(Etienne Tempier) 주교는 보나벤투라의 설교를 통해 고발한 입장들에 따라 극단적인 아

---

31) 그의 학설은 만민 속의 지성의 통일, 세계의 영원성, 모든 자유를 부인하는 숙명적 필연성에 관한 것이었다.

32) Bonaventura, *De decem praeceptis Collatio*, II, 28; Opera Omnia. V, 515: "Audivi, cum fui scolarsi, de Aristotele, quod posuit mundum aeternanum; et cum audivi rationes et argomenta, quae fiebant ad hoc, incepit concuti et incepit cogitare, quomodo potest hoc esse? Sed haec modo sunt ita manifesta, ut nulus de hoc possit dubitare"
"학생 시절, 나는 아리스토텔레스가 세상을 영원한 것으로 가정한다는 말을 들었고, 그 결과에 대하여 인용된 이유들과 논거들을 들었을 때 가슴이 뛰기 시작했다. 그리고 이렇게 자문했다. 어떻게 이것이 가능하단 말인가? 그러나 이제 이 모든 것은 아주 공개적인 것이 되어, 망설일 것이 전혀 없다." (E. 질송, 『중세 철학사』, 김기찬 역, 현대지성사, 1997, p.554.) 보나벤투라가 십계명에 관한 강연 외에 이와 유사하게 말한 것은 II.Sent., d.1. p.1. a.1. p.2 참조.)

리스토텔레스의 색채를 지닌 13개의 철학적 명제[33]를 이단적이라고
1270년에 정죄하였는데, 여기에 단초(端初)가 된 것은 다름 아닌 보
나벤투라가 1267년에 『십계명에 대한 강연』을 통하여 아베로에스주
의의 논쟁의 3가지 철학적 오류를 지적한 것이다. 즉 세계는 영원하
다는 세계의 영원성과 모든 사람에게는 오직 하나의 지성이 있다는
지성의 단일성 그리고 죽을 존재가 불멸성을 얻는 것은 불가능하다
는 영혼의 가멸성인 것이다.[34]

　　이처럼 아리스토텔레스의 작품들이 아비첸나(Avicenna, 980-1037)
와 아베로에스(Averroes, 1226-1198)와 같은 이슬람 철학자들을 통
하여 그의 주해들이 라틴 세계로 번역·소개되어 들어온 13세기 초,
파리의 종교회의(1210)에서 내려진 금지령은 이를 이해하는 데 좋은
실례가 될 수 있다. 두 사상의 만남 속에 일어난 파고(波高)에 대한
결정은, 아리스토텔레스의 논리학은 연구되어야 한다고 명시적으로
지시하면서도, 형이상학과 자연철학에 대한 아리스토텔레스의 저작

---

33) 질송, 『중세 철학사』, 김기찬 역, 현대지성사, 1997, pp.555-556 참조:
　　1) 모든 사람의 지성은 하나이며 수적으로 동일하다. 2) 사람은 이해한
　　다는 것은 그릇되거나 부적절한 명제이다. 3) 인간의 의지는 필연적 방
　　식으로 의욕하고 선택한다. 4) 여기 아래 일어나는 모든 것은 천체 몸체
　　의 필연성에 종속한다. 5) 세계는 영원하다. 6) 최초의 사람은 결코 없
　　었다. 7) 정확하게 인간으로서의 인간의 형상인 영혼은 신체가 소멸할
　　때 소멸된다. 8) 죽은 후에 분리된 영혼은 물질적 불로부터 고통당할 수
　　없다. 9) 선택의지는 수동적 능력이지 능동적 능력이 아니다. 그리고 선
　　택의지는 의욕된 대상에 의하여 필연성을 갖고 움직인다. 10) 하느님은
　　개별자를 알지 못한다. 11) 신은 자신 이외에 다른 존재를 알지 못한다.
　　12) 인간의 작용은 신의 섭리에 의하여 지배되지 않는다. 13) 하느님은
　　가멸적이고 소멸할 수 있는 사물에 불멸성과 비소멸성을 줄 수 없다.
34) 같은 책, p.555 참조. 1267년 『십계명에 대한 강연집』(Collationes de
　　decem praeceptis) 논의에서 보나벤투라는 이 3가지 외에도 자유의지의
　　배격, 개인에 대한 신적인 섭리의 적용 거부 등의 문제성에서 비판받
　　았다.

및 그에 대한 주해를 대학에서 공적으로나 사적으로 가르치는 것을 금지했던 것이다. 이러한 금지 조치는 1231년 교황 그레고리오 9세의 금지령을 시작으로 1240년까지 지속되었으나 1255년 이후에는 그 효력이 사실상 상실되었다. 1255년에 드디어 파리대학 인문학부의 새로운 학사규정이 발효되었는데 아리스토텔레스의 모든 작품을 수업에 사용하는 것을 허가한 것이다. 그런 후 1270년의 정죄와 1277년의 219개의 정죄도 스콜라 시대에 아베로에스의 사상의 전파를 막지는 못했다.

그렇지만 보나벤투라의 경우처럼 토마스 아퀴나스는 『이교 대전』 (1259-1264)을 통하여 그리고 1270년경 「아베로에스주의자에 맞서서 지성의 단일성에 대하여」라는 논문으로 아베로에스의 입장을 논박하였고 보나벤투라도 초창기(1245-1250)에는 아베로에스주의 운동에 반감을 전혀 표현하지 않았지만, 이후부터 그가 타계하기 일년 전인 1273년 "육일간의 창조"를 강연하기까지 아베로에스주의에 대한 반대의 선도자가 되었던 것이다. 그는 아리스토텔레스와 유클리트의 사상을 인용하기도 하지만, 신앙과 모순 되는 입장을 철학의 이름으로 주장하는 것에서는 이를 결코 용납하지 않았다.[35] 이러한 13세기의 시대적 급격한 상황-아리스토텔레스 철학이 서방적 사고 속에 강력하게 흘러 들어온 결과 새로운 정신적 전선이 형성되었다. 아우구스티누스의 전통을 고수한 그리스도교 철학자로 서 있었던 것이다.

앞서 중세 시대의 본질적 특징에서 보았듯이, 중세사상은 신앙과 종교적 체험이 서로 연결되어 융합되어 있다. 그러므로 중세사상가들은 자신의 독자적인 사상을 전개하지 않고 전통적 사상과 그리스

---

35) 같은 책, pp.554-560 참조.

도교 교의의 맥락하에서 자신의 사상을 전개시켜 나갔다. 여기서 사상의 원천은 성서와 교부들의 작품이고, 이들에 대한 전통과 권위는 사상을 형성하는 데 결정적인 요인이 되었다. 이와 같이 종교적 신심으로부터 출발하는 중세의 사상가들은 권위 있는 작품에서 발견되는 모순은 해명하려고 하지 않고 이를 자연스럽게 받아들인다. 왜냐하면 학문의 합리성과 정확성보다 권위와 전통에 대한 신심을 더 중요시하기 때문이다. 그러므로 보나벤투라는 다음과 같이 말한다. "권위는 신앙 밖에서는 아무런 효력이 없으므로 논쟁의 확실성은 신앙에 달려 있다."[36] 이러한 사실은 중세기 사상가들이 교부들의 작품을 단 한 번 인용하고 그것을 타당하게 해석하는 데서 나타난다.

즉 그들은 자신들의 이성을 교부들의 권위 아래 두고 그 권위를 신뢰했다. 따라서 중세사상에 있어서 신앙이 이성에 앞선 것이었으며 이성은 신앙을 위하여 필요할 뿐이고, 또한 신 인식을 위해서 도움이 되는 한에서만 존중되었을 따름이다.[37] 이러한 그리스도교와 이슬람의 조우 속에서 중세의 그리스도교 사상가들은 자신들의 사상을 그리스 철학적인 방법과 개념을 사용하여 전개시켜 나갔다. 보나벤투라와 토마스 아퀴나스는 함께 아베로에스주의에 반대하였지만, 토마스 아퀴나스는 아리스토텔레스의 노선을 걸으며 지성을 강조한 반면, 보나벤투라는 플라톤과 아우구스티누스의 전통 노선을 따르며 의지를 강조한다. 따라서 토마스의 목표는 신의 인식이었고, 보나벤투라의 목적은 신께 대한 사랑으로 나타난다.[38]

---

36) J. Guy Bougerol, *The works of Bonaventure*, by Jose de Vinck, St. Anthony guild, 1964, p.24.
37) E. Gilson. 『중세철학 입문』, 강영계 역, 서광사, 1983, p.102.
38) 아우구스트 프란즌, 교회사, 최석우 역, 분도출판사, 1988, p.245.

4. 사상적 배경39)

　보나벤투라의 철학사상에 대한 이해는 그의 신학에 대한 이해 없이
는 거의 불가능하다. 이 점은 철학과 신학의 관계성에서도 밝히고 있
듯이 무엇보다도 그가 나누고 있는 4가지 학문-성서학, 교부학, 신학
총론, 철학 가운데 철학을 제일 하단에 두고 있다는 점에서 드러난다.
그에게 있어 참된 학문은 구원의 학문이기에 철학에 전적인 의존이
아니라 성서를 연구하는 것이다. 이러한 그의 사상의 근저에는 두 사
상이 자리하고 있다. 아우구스티누스주의와 프란치스칸 사상이다. 물
론 프란치스칸 사상 뿌리인 프란치스코는 철학자가 아니다. 하지만
그는 당시의 수많은 철학자들을 프란치스칸으로 만들었던 사상가이다.
보나벤투라도 그중의 한 사람이다. 그러므로 보나벤투라의 사상을 파
악하는 데에는 아우구스티누스와 프란치스코의 이해가 필수적이다.

---

39) 중세사상의 특징: 교회사적 관점에서 중세기의 本質的 特性을 4가지
　　살펴보면,
　　1) 서구의 국제 사회는 통일된 종교적, 세계관적 기본자세에 바탕을 두
　　　고 있었기에 이 서구의 일치가 파괴되지 않도록 전력을 다하였고
　　　또한 결국은 신에 대한 인간의 종교적 형이상학적 예속에 대한 일
　　　반적 인정에 기인한 것이었다. 그래서 그리스도교의 일치를 분열의
　　　모든 시도에서 보호하려 했다.
　　2) 국제 사회의 내적 생활은 교회와 국가의 공존에 의해 결정되었다.
　　　두 세력의 관계는 이차적인 것으로 간주되었고, 교황권과 제후권이
　　　그 두 초점을 이루는 타원과 같이 비유적으로 표현되었다.
　　3) 계급적 구성은 신이 정한 지상의 질서로 간주되었고 그래서 하층 계
　　　급은 이 질서에 쉽게 만족하였다. 따라서 생활 방식과 봉건 질서는
　　　이러한 신분 질서를 바탕으로 하였다.
　　4) 교회는 가장 강력한 교양 세력으로서 교육을 독점하였는데 그것은 예
　　　외 없이 13세기까지 지속되었고 모든 정신적 활동가는 성직자였다.

1) 보나벤투라의 사상은
플라톤-아우구스티누스에 기초를 둔다

보나벤투라 사상은 아우구스티누스 정신으로 말미암아 형성되었다 해도 지나치지는 않는다. 어떤 이는 보나벤투라의 사상을 두고, "신학에 있어서는 아우구스티누스주의자이지만 철학에 있어서는 근본적으로 신플라톤주의의 영향을 받은 아리스토텔레스주의자"[40]라고 한다. 그러나 이것은 너무 터무니없는 평가이다. 그가 아우구스티누스주의자라는 것에는 이견(異見)이 없지만 아리스토텔레스주의자라는 것은 옳은 평가가 아니다. 물론 보나벤투라는 당시의 스콜라 시대에 새롭게 유입된 아리스토텔레스의 사상을 아리스토텔레스의 개념들—능동지성, 수동지성, 혹은 질료, 형상—을 빌려 사용은 했지만 그것은 당시 공통적으로 사용된 용어들이었다. 보나벤투라는 아리스토텔레스를 최고의 철학자로 존경하고 아리스토텔레스의 저서를 그의 전집에서 천 번에 가깝게(정확히 930번) 인용하고 있다. 그러나 아우구스티누스는 삼천 번(3050번)[41]이나 인용되고 있다. 이 사실에서 우리는 보나벤투라가 아리스토텔레스의 철학에 대한 해박한 지식을 갖고 그를 존경하고 있었으나, 사상에는 언제나 아우구스티누스적 개념들이 기초되어 있다는 것을 확인할 수 있다.

그렇다면 보나벤투라가 아리스토텔레스주의자가 아니라는 것은 어디에 근거를 둘까? 그것은 아리스토텔레스가 플라톤의 이데아설, 즉

---

40) Armand A. Maurer, *Medieval Philosophy*, Random Hause, New York, 1962, p.152.
41) Blasucci, Betocchi-Fallacara-Lisi, Pomei, Morra, Todisco, Magri, Ristori, *Lettura critica di San Bonaventura*, Citta di Vita, Firenze, 1974, p.102.

신적 관념과 모형론을 거부했기 때문에 진정한 형이상학자로 평가될 수 없다는 것이다. 또 다른 이유는 현실의 경험과 신앙 없는 이성만으로 고찰한 그의 말은 학문의 말이지 지혜의 말이 아니라는 것이다. 이것은 신앙과 이성의 관점 차이의 다름 아니다. 그래서 그는 아리스토텔레스를 자연철학자로서는 존경하였으나 형이상학자로는 생각하지 않았다. 따라서 그는 학문과 지혜, 신앙과 이성을 둘 다 겸비하고 있는 아우구스티누스 사상을 선호한다. 특히 삼위일체의 신학자인 보나벤투라에게 있어서, 이성은 궁극 원인인 최고의 삼위일체의 존재를 파악할 수 없기 때문에, 그는 신앙과 이성 안에서 때론 신앙을 이성 위에 두었다. 그래서 그는 순수 이성을 바탕으로 하는 철학자를 '타조(駝鳥)'[42]에 비유하고 있다. 타조는 날개가 있어도 날 수 없고, 단지 좀 더 빨리 달릴 수 있을 뿐이다. 이는 마치도 그레고리오가 이교도의 철학을 석녀(石女)에 비유하여 아이를 낳지 못하는 에집트의 왕의 딸에 비교했던 것과 같다. 즉 이교도의 철학은 정말로 아이가 없는 것이다. 항상 출산의 고통은 겪지만 그것은 결코 산 자식을 낳지 못한다는 의미이다. 그러므로 신앙만이 인간의 오류를 막아 주고, 인간을 신에게로 다가가는 힘을 줄 수 있다는 것이다.

그러나 보나벤투라는 그의 인식 작용의 시초에 있어서는 아리스토텔레스의 사상을 받아들여 감각적 경험에 의한 오성적 추론의 방법을 이용한다. 하지만 그는 최후 결론에 있어서는 아리스토텔레스의 인식 방법을 배격한다. 그 이유는 그가 자신의 형이상학과 윤리학에서 플라톤의 이데아설을 부정하였기 때문이다. 사실 아리스토텔레스가 감각세계를 무시하지 않고 초월적인 것에 대한 지식의 확실성을 제한하지 않는다는 점에서는 플라톤보다 앞서 있었다. 그러나 그 자

---

42) Armand A. Maurer, ibid., p.140.

신이 너무 극단적으로 흘러 존재 사물 자체에 머물러 버렸고, 나아가 신적 창조와 섭리에 대해서도 부인하게 된다.43) 이러한 아리스토텔레스는 단순히 자연철학자로서 존재 사물 그 자체에서 그들의 충족 이유를 찾으려 했고 관념세계를 부정했다. 보나벤투라에 의하면, 아리스토텔레스가 관념세계를 부인한 것이 그의 근본적 오류의 바탕이 되었으며 나아가 라틴 아베로에스주의자들의 오류의 근원이 되었다고 보았다. 그들은 영원하고 필연적인 창조를 주장하고 목적성의 초월적인 진리를 인정하지 않고 신적 섭리와 자유와 영혼의 불멸성을 부인하는 오류를 범했다는 것이다.

그렇지만 플라톤은 신과 사물의 중간 과정으로 이데아를 삽입하였고, 존재 사물들의 존재 이유를 그들 자체에서 찾지 않고 초월적 관념의 세계에서 찾았으며, 이 이데아들은 신적 정신 안에 있다고 하였다. 이 같은 플라톤의 이데아설은 이후 아우구스티누스의 신학적 사변을 통해서 자연스레 보나벤투라에게 수용될 수 있었다. 보나벤투라는 인간과 신과 영혼의 형이상학에 있어서 혹은 순수 진리에 대해서 참된 진리를 파악하고자 할 때 정신을 영원한 관념과 결부되어야 하는 것으로 이해한다. 이렇게 보나벤투라는 플라톤의 관념 철학이 초월적 이데아들을 포함하는 신적 정신을 지향하고 있음을 인정하고 있으나, 그것이 참된 진리의 본질을 파악할 수 없다고 한다. 왜냐하면 플라톤은 이성의 빛을 받아 인간 정신을 위한 영원한 여정의 길을 열어 놓았지만 신앙의 빛을 받지 못했으므로 신의 삼위일체적 본성을 파악하지 못했기 때문이다. 바로 보나벤투라 철학은 그리스도교 철학의 노선44)을 걸어가면서, 즉 성서와 계시에 기준해서 두

---

43) F. C. Copleton, *A History of Philosophy*, vol. II, The Newman Press, Westminster Maryland 1962, p.259.

위대한 철학자 플라톤과 아리스토텔레스를 수용하고 배척하면서 자신의 독창성을 취하였다고 볼 수 있다.[45]

보나벤투라가 아리스토텔레스보다 플라톤을 선호한다는 점은 그가 실재(實在)를 인간의 정신 안에서 통일시키고 있다는 점에서 드러난다. 그는 이것을 플라톤의 모형론으로 생각하고 설명한다. 그래서 그리스도교 철학자로서 보나벤투라는 모든 존재 사물이 신에게서 나왔으므로 다시 신에게로 복귀해야 한다는 플라톤적 사상 구도를 가지고 설명했다. 보나벤투라는 플라톤과 플로티누스를 아리스토텔레스보다 선호한다. 일단 플라톤주의자들은 신적인 관념을 배제하지 않고 받아들이고 있다. 또한 보나벤투라는 최초의 주의주의를 언급한 플로티누스와 신플라톤주의의 사상—1. 특유한 사고의 생동성, 2. 그의 정신에 침투한 관조적이며 신비적인 특색, 3. 사물을 질서 있는 하느님의 방사광으로 고찰하는 것, 4. 성직 계급적인 구성, 5. 종국적으로 그 목표인 동시에 출발점인 것에로 환원 구도[46]—을 그리스도교적 세계 속에 가치 있는 요소로서 함께 세워 놓았다. 이러한 사상적 기초 위에 아우구스티누스의 영향을 받은 보나벤투라의 학문은 主意主義的 성격을 띠고 있다. 무엇보다도 아우구스티누스의 영향 속에서 그의 주의주의적 성격은 그의 학문을 순수 이론만이 아

---

44) 플라톤의 『Symposium』 5장의 핵심은 신의 세계는 인간 세계와 명확히 구분되어 있다. 그래서 "신은 인간과 결코 혼합될 수 없다(Dio non mescola con l' uomo)."는 것인 데 반하여 그리스도교의 핵심 교의 중 하나인 신이 인간이 되었다는 강생구속 혹은 육화의 신비는 플라톤 철학에서는 불가능하다. 또한 형이상학적 차원에서 궁극적 존재인 신은 한 분이면서 동시에 삼위라는 것도 불가능하다. 보나벤투라는 그리스도교 철학자로서 삼위일체의 학자이고 성육신의 스승이다. 이러한 신학적 문제를 철학적으로 설명하는 데 그 기준을 그는 성서와 계시에 두었다.

45) E. Gilson, op.cit., p.88.

46) 환원주석, p.204 참조.

니라, 이론과 동시에 실천적 지혜의 종합으로 이끌어 간다.

그러므로 보나벤투라의 사상은 철학에 있어서도 아리스토텔레스주의가 아니라 아우구스티누스주의를 따른다. 정확히 말하면 그것은 플라톤-플로티누스-아우구스티누스 노선을 취하고 있다. 그리고 그는 아우구스티누스의 조명설을 받아들이면서 인간 이성을 위로부터 어떤 빛을 받지 않는 한 한계를 인정하지 않을 수 없는 것이라고 한다. 그러므로 보나벤투라는 13세기에 새롭게 밀려든 아리스토텔레스 사상을 전통적 신학을 고수하면서 플라톤, 아우구스티누스의 사상으로 대처하고 논쟁한 아우구스티누스의 완성자라고 보아도 될 것이다. 보나벤투라가 아우구스티누스 학파가 아니라 프란치스칸 학파로 불리는 이유는 무엇일까? 그것은 프란치스칸 사상의 창시자인 아씨시의 성 프란치스코의 삶이 그에게 끼친 지대한 영향 때문이다.

2) 프란치스칸 사상의 원천

아씨시의 聖者라고 일컬어지는 성 프란치스코(1182－1224)는 철학자가 아니라 특별한 카리스마를 지녔던 영성가이다. 성 프란치스코의 영성(靈性)의 사상은 '성서'와 '성령'으로 한마디로 '프란치스코의 삶' 자체이다. 그는 이론을 전개한 사상가가 아니라, 청빈의 정신으로 온몸을 산 성자(聖者)이다. 이 삶의 영성의 원천은 성서와 전례, 그리고 피조물에 대한 외경이다. 오늘날 사람들은 그리스도의 삶을 모방했던 성 프란치스코를 '제2의 그리스도'라고 부른다. 그와 함께 교황 요한 바오로 사도적 서한 "성인들 속에서(Inter Sanctos)"(1979.11.29.)를 통하여 성인들 가운데 자연을 특별히 예찬한 프란치스코를 '생태학의 수호자'47)로 선포하였다. 이러한 그의 영성의 삶을 따르고자 원했던 당시의 철학자48)들이 바로 초기 프란치스칸 학파들이다. 보나벤투라와 그의 스승 알렉산더 할레스와 보나벤투라를 계승한 둔스 스코투스, 로저 베이컨, 윌리암 오캄 등이 이 수도회에 입회했다. 그래서 보나벤투라에 나타난 신관과 자연관은 성 프란치스코의 사상에서 비롯된다고 볼 수 있는데, 성 프란치스코와 성 아우구스티누스의 신관과 피조물관은 서로 통하는 점이 많다. 그래서 보나벤투라의 심미감성(審美感性)과 정의적(情義的)49) 성격 영향은 바로 아우구스티누스와 프란치스코의 유산이다.50)

특별히 성 프란치스코에게 있어서 모든 존재 사물은 신의 모습을 반영한 하나의 상징주의(symbolism)적 성격을 띠고 나타난다. 그것은 성 프란치스코가 세상 사물을 거의 볼 수 없는 눈먼 상태—마치도 베토벤이 귀머거리 상태에서 '운명곡'을 작곡하였듯이—에서 그의 유

---

47) S. Francesco D'Assisi Patrone dell'Ecologia(생태학의 수호자 아씨시의 성 프란치스코)의 사도적 서한의 내용은 "그는 사실 창조주의 모든 작품에 대하여 고귀한 심경을 지녔으며, 거의 극치의 영감 속에 지은 피조물의 가장 아름다운 노래를 특별히 형님인 태양과 누님인 달과 별을 통하여 하느님의 선하심과 전능하심을, 찬미와 영광을, 흠숭과 축복을 말하였다. …… 그러므로 생태학 연구가들의 천상 주보로 아씨시의 성 프란치스코를 선포한다." 꼰벤뚜알 성 프란치스코 수도회, 평화(8호), 1992, pp.12 - 13 참조할 것.

48) 프란치스코회와 더불어 도미니코회도 청빈과 신앙 설교를 위한 교육을 제시하였다. 스콜라 철학의 대가인 대 알벨르토(Doctor Universalis)가 1223년에 도미니코회에 입회한 후 그의 제자며 중세의 가장 천재적인 토마스 아퀴나스(Doctor Angelicus)가 그 수도회에 입회한다.

49) 그의 학문의 主流인 情意的 神學은 순수한 사고뿐만 아니라 기도와 체험, 덕의 실행에서부터 신학적 지식을 도출하여 그것을 사고와 의지와 마음에 근거를 설정하고 신 인식을 신비적 합일로 이끌어 간다.

50) 조정옥, "성 아우구스딩에 의한 인간 및 하느님", 효성여자대학교, 1989, p.156 참조.

일한 한편의 "태양의 노래(혹은 피조물의 노래)"⁵¹⁾를 詩作하였다. 이 시는 온갖 존재 사물들 가운데서 창조주의 위대함을 노래하면서 태양을 빛나는 신에 비유하고, 피조물을 형제 관계로 나타내면서 상징성과 피조물과 신과의 의존성 관계를 나타내고 있다. 프란치스코가 만물을 상징과 형제 관계로 나타내었다고 보면, 보나벤투라는 이를 추상적 정신성과 반성하는 학문의 형태로 드러내었다고 볼 수 있을 것이다.

또한 프란치스코는 현실적 존재 사물들의 각양각색을 보았다면, 보나벤투라는 진리의 이념 세계를 보았다. 그러나 보나벤투라의 전체 존재 사물은 성 프란치스코와 마찬가지로 하나의 신적 계시의 책이었다. 그의 사고가 철저하게 삼위일체적으로 정리되어 있듯이, 그에게는 존재 사물도 삼위일체적인 신의 모상이 반영되어 있다. 이런 보나벤투라의 사상은 가변적이고 유한한 존재 사물을 부정적으로 보았던 그리스도교적 플라톤 주의자들을 거슬러 성 프란치스코의 "태양의 노래"처럼 긍정적인 세계 관찰과 세계평가를 가능하게 했다.

이러한 프란치스코와 보나벤투라에 대해서 13세기의 대문호가 단

---

51) "태양의 노래" – 최민순 신부의 번역: "지극히 높으시고 전능하시고 자비하신 주여! 찬미와 영광과 칭송과 온갖 좋은 것은 당신의 것이옵고 호올로 당신께 드려져야 마땅하오니 지존이시여! 사람은 누구도 당신 이름을 부르기조차 부당하여 이다. 내 주여 당신의 피조물 그 중에서도, 언니 햇님에게서 찬미를 받으사이다. 그로 해 낮이 되고 그로써 우리를 비추시는, 당신의 보람을 지니나이다. 누나 달이며 별들의 찬미를 내 주여 받으소서. 빛 맑고 절묘하고 어여쁜 저들을 하늘에 마련하셨음이니 이다. 언니 바람과 공기와 구름과 개인 날씨. 그리고 사시사철의 찬미를 내주여 받으소서. 쓰임 많고 겸손되고 값지고도 조촐한 누나 물에게서 내 주여 찬미를 받으소서. 아리고 재롱되고 힘세며 용감한 언니 불의 찬미함을 내 주여 받으옵소서. 그로써 당신은 밤을 밝혀 주시나이다. 내 주여, 누나여 우리 어머니인 땅의 찬미를 받으소서. 그는 우리를 싣고 다스리며 울긋불긋 꽃들과 과일을 낳아 줍니다."(생략)

테 알레기에리(Dante Aleghieri, 1265-1321)는 그의 작품『神曲』, 천국 편,[52] 第十歌와 第十一歌에서 태양의 오름, 敎會博士들 영혼의 첫 花環 아퀴나스와 영혼의 第二花環 보나벤투라를 언급한다. 그리고 아씨시(Assisi)의 성 프란치스코와 성 도미니코를 언급하는 과정에서 프란치스코가 태어난 고장의 이름인 아씨시와 태양의 관계에 대하여 단테는 이렇게 말하고 있다.

> "산등성이가 제일 느린 지점에서부터 태양은 세계로 올라오는 것이, 마치 태양이 간지스 강 물에서 때때로 솟는 듯하오. …… 그런고로 이 고장을 말하는 이 누구이고 이를 '아시체시' ─ 나는 올라왔다 ─ 라고 일컫지 말고 차라리 東方이라 하소."[53]

오늘날 '아씨시(Assisi)' 고장의 옛 이름은 '아쎄시(Ascesi)'라 하였다. 이 작은 고장에서 암흑기에서 오늘에 이르기까지 淸貧 정신으로 사방을 비춘 聖者 프란치스코가 태어났다. 여기에 단테는 빛과 연관하여 아세시의 고장의 낱말을 풀이하고 있다. 그것은 오늘날 영어에서 '오르다.', '승강기', '상승'이란 의미의 'Ascending', 'ascent'의 語根은 라틴말 '떠오르다(ascendere)'에 두고 있기 때문이다. 따라서 위대한 프란치스코의 사상으로 말미암아 온 누리를 비추고 있기에 Ascesi 는 '나는 올라왔다.'를 Assisi '태양이 떠올랐다.'라고 불러라, 즉 빛과 연관한 '동트는 東方'이라 일컫게 하라 했던 것이다.[54]

이렇게 르네상스의 각성을 가져온 단테의 신곡 천국 편 10-11장에서

---

52) Dante Aleghieri, 神曲, (제2권), 정음사, 1971. p.170, 天國編, 第十歌와 第十一歌
53) 위의 책, 天國編, 第十一歌 中 三三, 三六.
54) 위의 책, p.170 참조.

는 암흑시대에서 프란치스칸들이 빛을 밝히고 있음을 문학적으로 표현하였다. 이러한 시각에서 볼 때 중세 시대를 이제 아무도 암흑기라 부르지 않고 있음은 어디에 있을까? 이냐시오 브래디는 오히려 "13세기는 프란치스칸들에게는 빛의 유행 시기"[55]라고 말한다. 그것은 자연광에서 비추는 밝음이 아니라 한 영성가에게서 나온 관조적 빛이다. 성 프란치스코로부터 영성의 삶을 이어받은 철학자 보나벤투라는 '제2의 프란치스코'라 불린다. 그의 신비주의는 프란치스코에서 흘러나왔다. 그래서 "보나벤투라의 신비사상은 13세기의 신비사상을 가장 훌륭하게 구현한 것이라고 말한다."[56] 이러한 프란치스코의 원천에서 흘러나온 그의 철학과 신비주의 사상은 스콜라 시대에 문학뿐만 아니라 예술과 건축과 색유리에도 흘러들었다. 예를 들면 죠또(Giotto)[57]를 비롯하여 많은 화가들이 보나벤투라의 사상에서 영감을 받아 그림을 그렸다. 그리고 그의 신비주의 사상은 당시의 고딕 양식에도 영향을 준다. 이 고딕 건축의 표현의 특징은 쌍방 통행이다. 즉 뾰족한 첨탑은 천상을 향하여 오르고 동시에 천상의 신의 빛은 채색 유리를 통하여 지상의 인간 이성과 신의 계시를 표현하고 있다. 보나벤투라의 신비사상은 그의 작품 『하느님께 나아가는 정신의 여정』에서 나타나는 것처럼 인간이 피조물을 통하여 신에게로 나아가는 것을 최상의 목표로 삼는다. 그의 사상과 빛의 형이상학은 인간과 신의 진리의 빛 사이에서 조화를 이루어 낸다. 이 모든 것은 성서에 원천을 두고 살았던 성 프란치스코의 영향이다.

---

55) I. Brady, 「St. Bonaventure's Doctrine of Illumination」, in: *Bonaventure and Aquinas*, by Shahan and Kovach, University of Oklahoma Press, 1976, pp.57 – 67.
56) 전통과 영성, p.204.
57) 죠또는 보나벤투라의 사상에 영감을 받아 아씨시의 대성당에 프란치스코의 일생을 그렸다.

제 2 장

빛의 의미와 '빛의 형이상학자들' 의 전통

파브로(C. Fabro)에 의한 <도표-1>[1]을 보면 비록 고대 철학에서 스콜라 철학 전성기까지이기는 하지만 사상의 전달 흐름을 비롯하여 몇 가지 중요한 사상을 파악할 수 있는데 첫째는 파브로가 헬레니즘의 두 철학자 플라톤과 아리스토텔레스로 시작하면서 또 다른 하나의 큰 사상 노선인 헤브라이즘, 즉 유대-그리스도교, 즉 '성서와 전례(Sacred Scripture & liturgy)'[2]를 그려 놓고 있다는 것이다. 둘째는 이 도표를 통하여 그리스도교 사상을 받아들여 그리스 철학과 접목

---

1) 이 <도표-1>은 C. 파브로(C. Fabro)에 의한 토마스 아퀴나스의 계보이다. 여기에 필자가 철학자들의 연대를 찾아 작업하였다. 그리고 <도표-2>는 파브로의 토마스 계보를 근거로 하여 필자가 단지 플라톤-아우구스티누스적 노선을 걷는 보나벤투라의 간략한 계보를 그렸다. 보나벤투라는 특히 위-디오니시우스와 빅톨 후고와 리까르도의 영향을 받았으며 안셀무스와 로버트 그로스테스트의 영향을 받았기 때문이다. (여정주석, p.8, p.19, p.151 참고.)
2) 성서는 보나벤투라의 지식 전체의 원천이었다. 참된 학문을 하려면 철학에 의지하여도 아니 되고 일차적으로 성서를 연구해야 한다는 것이다.

한 아우구스티누스는 분명 서양의 스승임을 드러내고 있다. 셋째로는 '빛의 역사'인 서양 철학사에서 빛을 문제 삼았던 소위 빛의 형이상학자들[3])이라 일컫는 철학자들은 플라톤으로부터 시작하여 플로티누스, 아우구스티누스, 보나벤투라에게까지 그 노선이 뚜렷이 나타나 있음을 한눈에 간파할 수 있다. 그리고 보나벤투라의 계보라고 할 수 있는 <도표-2>를 통하여 빛의 형이상학자들이 더욱 잘 나타나고 있다. 따라서 3장에서는 보나벤투라 이전의 빛의 형이상학자들을 고찰하려는 데 목적이 있다.

---

3) 플라톤은 최고의 실재인 '선의 이데아'를 태양에 비유함으로써 최초의 빛의 형이상학 철학자로 일컬어지고 있다. 이후, 이러한 플라톤의 사상을 철학사를 통하여 보면 신플라톤학파에 플로티누스로 이어지고, 교부철학에서는 아우구스티누스에게 나타난다. 그리고 스콜라 철학에서는 아우구스티누스의 조명설 전통에 입각한 그로스테스트, 로버트 베이컨, 비텔로, 보나벤투라 등에게서 이러한 견해를 볼 수 있다.

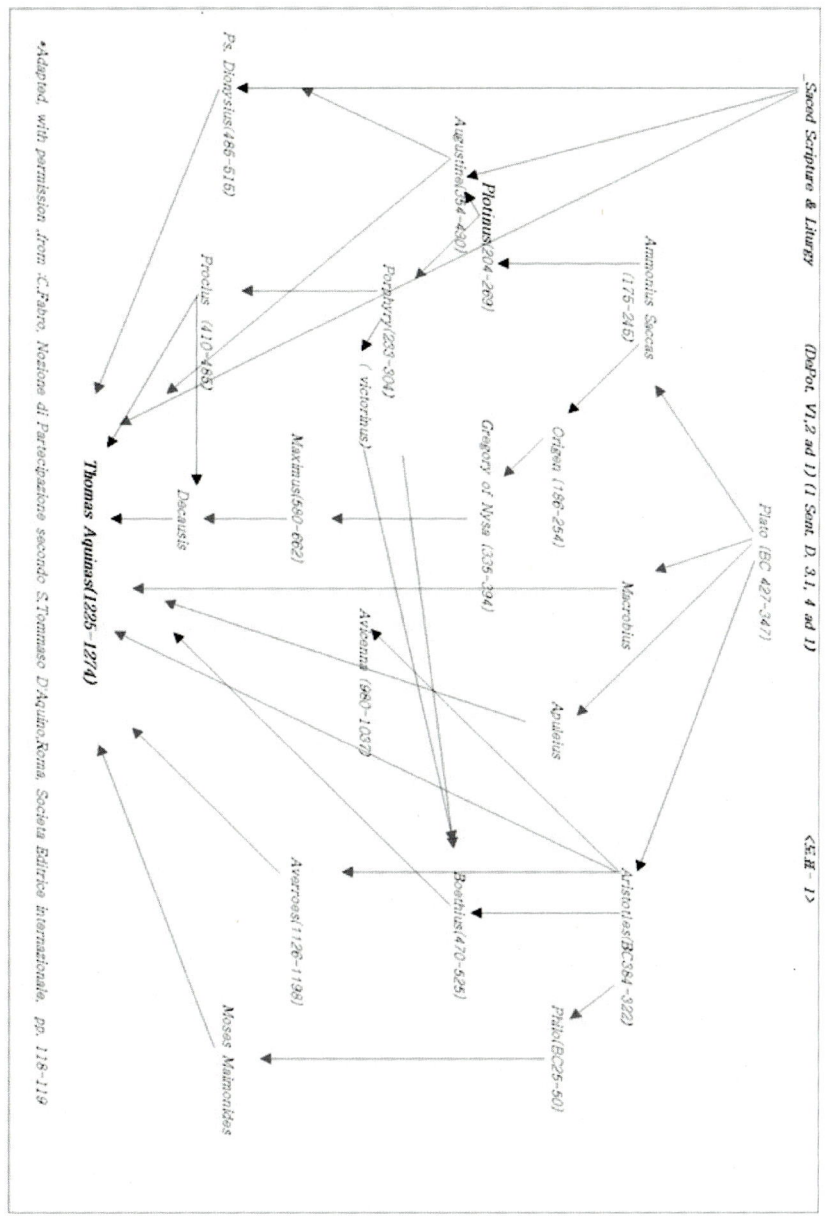

Sacred Scripture & Liturgy　　　　　　　　　　(DePot. VI,2 ad 1) (1 Sent. D. 3, 1, 4 ad 1)　　　　〈도표－1〉

Ps. Dionysius(486~516)

Augustinus(354~430)

Plotinus(204~269)

Proclus (410~485)

Porphyry(233~304)
(victorinus)

Damascius

Maximus(580~662)

Ammonius Saccas
(175~245)

Gregory of Nysa (335~394)

Origen (186~254)

Macrobius

Apuleius

Avicenna (980~1037)

Plato (BC 427~347)

Boethius (470~525)

Averroes(1126~1198)

Moses Maimonides

Aristoteles(BC 384~322)

Plato(BC75~50)

Thomas Aquinas(1225~1274)

*Adapted, with permission ,from :C.Fabro, Nozione di Partecipazione secondo S.Tommaso D'Aquino,Roma, Società Editrice internazionale, pp. 118~119

〈도표－1〉

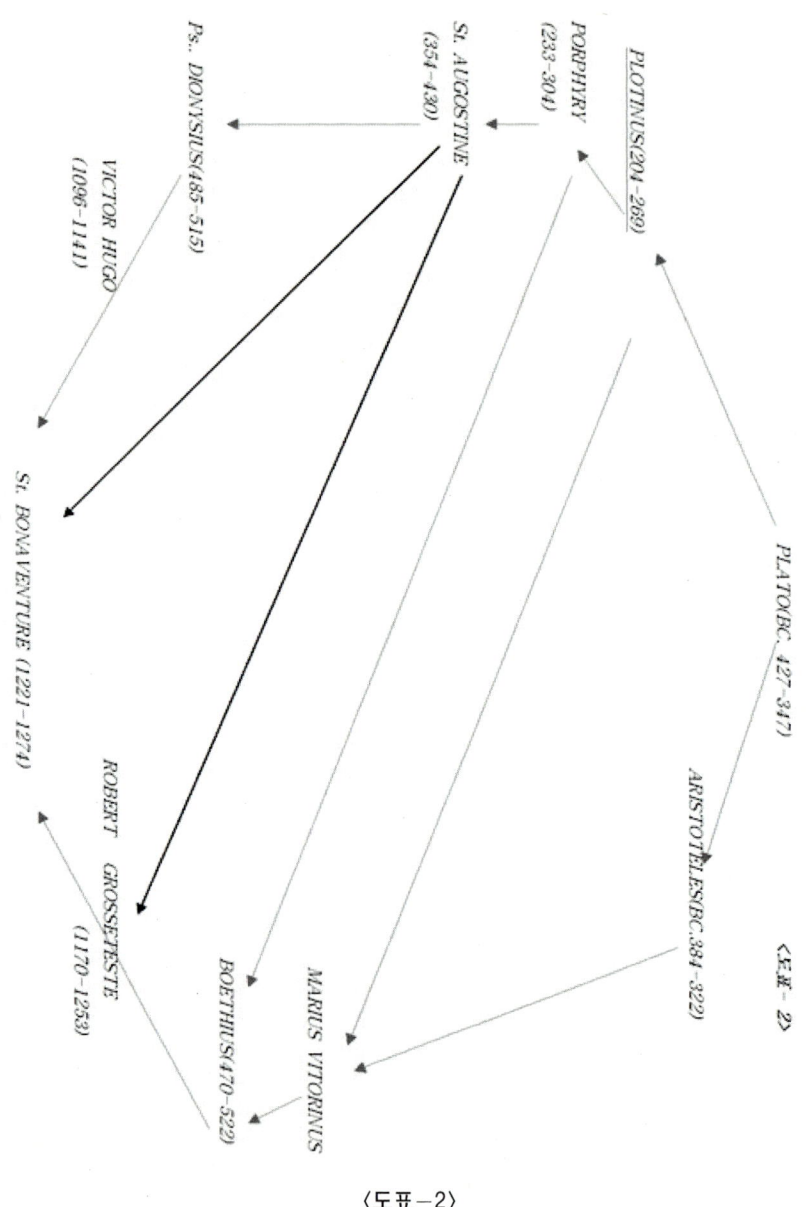

〈도표-2〉

1. 헬레니즘과 헤브라이즘 그리고 보나벤투라의 빛의 의미

헬레니즘이란 고대 그리스 철학을 그 뿌리로 하고 있고 헤브라이즘은 성서(聖書), 즉 유대-그리스도교를 그 토대로 삼고 있다. 이 두 사상을 敎父·아우구스티누스가 종합하였다. 물론 이보다 앞서 유대 철학과 그리스 철학의 접목을 최초로 시도한 유대 철학자 필론(Philon of Alexandria BC c.25-AD 50)이었다. 빛에 관하여 이 양대 사상에서 보면 헬레니즘에서는 '빛'을 존재의 근거와 인식의 근거로 혹은 '선의 이데아' 혹은 '일자(一者)'를 빛에 비유한 철학을 통해서, 즉 사유를 통해서 언급되는 반면, 헤브라이즘에서는 성서를 통하여 빛이라는 주제(主題)를 象徵的인 표현 가운데에서 중심적인 위치에 두고 있다. 그래서 보나벤투라 이전의 전통적 빛의 형이상학자들에 관하여 빛과 연관된 간단한 사상을 고찰하기 전에 헬레니즘과 헤브라이즘의 전통에서 나타난 빛의 의미들에 대하여 규명해 보고자 한다.

2. 헬레니즘과 헤브라이즘의 빛의 의미

1) 헬레니즘과 빛의 의미

그리스어로 '빛'은 빛나다(phoster, φωστήρ)라는 동사에서 나온 포스(phos, φῶς) 혹은 포토스(photos, φωτός)이다. 이 語根에서 오늘날 우리가 영어에서 흔히 사용하는 寫眞(photograp. 英), 현상학(phe-nomelogy. 英)이란 말들이 빛과 관계하고 있음을 알 수 있다. 즉 사진은 '빛의 도안(그래픽)'이며, 현상학은 '빛의 학문'임을 쉽게 알 수 있다.[4] 이러한 빛과 조명에 관한 논의가 그리스 철학에서 보면 소크라테스(Sokrates BC 469-399) 이전의 철학자들은 빛을 단순히 자연현상으로 취급하였으나, 파르메니데스(Parmenides BC 544-450)는 진리에 이르는 길을 빛, 즉 존재(혹은 神 에게 적용)에 이르는 길이라고 말한다. 피타고라스(Pythagoras) 학파의 철학자들에게 있어서는 빛과 어두움이 10가지 對立原理 가운데 하나였다. 이러한 빛에 관한 논의를 최초로 플라톤이 빛의 형이상학으로 발전시킨 것이다. 즉 참된 存在는 빛이며, 빛으로의 향상이 가능하다. 이데아는 빛이다. 지식은 존재에 빛을 비추어 주며, 빛과 진리는 일치한다. 즉 존재론적 진리이다. 이러한 주장을 갖고서 형이상학적으로 향상시킨 플라톤은 최초의 빛의 형이상학자이다. 즉 "플라톤에게 照明은 存在論的인데

---

4) 그리스어의 빛(photos, phos)은 라틴어 lux(빛)에 해당되지만 그래도 그리스어를 어근으로 한 라틴계인 프랑스어나 이태리어에서도 '사진'은 빛과 그래픽의 합성어로 나타나고 있다. photo+graphie (佛), 'foto+grafia' (伊)이라 한다.

이와는 달리 아리스토텔레스는 정신(Nous)의 활동을 빛에 비교한다. 그래서 플라톤에게 事物이 빛이라면 아리스토텔레스에게는 정신이 사물을 照明한다."5)는 것이다.

"필론(Philon of Alexandria BC c.25 – AD 50)은 유태 철학과 그리스 철학의 절충주의 속에서 천상의 빛과 지상의 빛을 언급한다. 필론의 사상은 헬레니즘(Hellenism)적 경건이지만 그 중심은 유태적이며 성서를 기본으로 삼고 있었다. 원래 유태 철학은 유일신을 믿는 유태민족의 종교인 유태교를 중심으로 역사 과정을 따라 변천하여 온 철학으로 유태교의 기본 사상인 구약성서, 특히 모세五經에 잘 나타나 있다. 이 유태 철학을 처음으로 알렉산드리아 필론이 그리스 철학과 연결시켰다. 그래서 그는 전통적인 신의 절대성과 신비에 대한 신의 지혜가 인간에게 매개되었다고 하였다. 즉 고대 말기의 알렉산드리아와 팔레스티나에 있어 유태 신학과 그리스 철학이 점차 결합하여 발전하는데 이 절충주의는 필론에 이르러 그 절정에 이른다. 즉 그는 그의 저작의 대부분인 구약성경의 주석을 자기 민족의 철학으로 생각하고 유태교의 신의 개념에 힘입어 신의 초월성과 완전성을 본질적인 것이라고 강조한 철학자이다. 필론에게 있어서 빛은 상승을 통해 빛은 볼 수 있는 가능성을 주고 천상의 빛과 지상의 세상의 빛이 대조를 이루고 있다."6)는 것이다. 이와 같은 그의 사상은 그리스도교의 교리학에 끼친 영향이 크다고 할 수 있다. 헬레니즘의 빛에 관한 사상은 도표에 의한 계보에 따라 앞으로 더 고찰할 것이므로 여기서 매듭을 짓고 헤브라이즘 사상, 즉 성서의 빛에 관

---

5) 게르하르트 캇텔. 게르하르트 프리드리히 편저, 『신약성서 신학사전』(Theo-lgical Dictionary of the New Testmant), 제프리 W. 브라밀리 역, 요단출판사, 1986, p.839 참고.
6) 위의 책. p.839.

하여 말하고자 한다. 왜냐하면 아우구스티누스와 그의 노선을 걷는 보나벤투라의 빛이 성서의 빛과 연결되고 있기 때문이다.

2) 헤브라이즘과 빛의 의미

근동 세계에서 최초로 언급되는 빛은 낮의 빛이었지만, 태양, 빛, 구원 및 생명 등이 곧 연관된다. 그리스어에 빛(phos)처럼 히브리어에서는 빛을 오르('or, אוֹר)[7]라고 일컫는데 여기서 '비추다.', '빛나게 하다.'라는 동사와 '태양과 별빛', '자연적 생명과 영적 생명의 특징이 되는 빛' 등의 명사가 유래한다. 이 語根이 사용되는 200回의 용례 가운데 137회가 포스(Phos, φῶς)와 그 同族語로 번역되었다. 성서(구약 편)에서는 빛은 보아야 할 대상이 결코 아니며, 수식어 없이 단독으로 사용되었고, 轉移된 의미로 빛과 어둠의 영역일 수 있는 空間에서의 활동을 전제로 하며, 이 활동은 구원과 멸망의 가능성을 가지고 있지만 구원 지향적이다. 일반적 사용으로 빛은 밝음을 나타내고 자연적 생명의 영역에 속한다. 즉 세상의 빛은 초월적인 빛에서 유래된 것이 아니며, 이것과 대립되지도 않는다.[8]

헤브라이즘은 성서, 즉 유대-그리스도교를 토대로 삼고 있는데, 성서의 처음과 마지막 부분은 빛으로 시작되고 빛으로 끝난다. 즉 성서의 첫 권인 창세기에는 창조주의 최초 행위가 빛과 어둠을 가르는 일[9]이었으며, 성서의 마지막 권인 묵시록에서는 구원의 역사의

---

7) **오르('or, אוֹר)** 이외에도 orah, hod, zohar, maor, nogah, nehor, neharah, 'ayim, peer, pa'rur 등이 '빛'의 의미로 사용된다.
8) 위의 책. p.839.
9) Gen. 1.3−4. 약자 표기(Gen: 창세기), (Isa: 이사야서), (Sap: 지혜서).

마지막에 오는 새 창조에 있어서 '하느님 자신이 빛'[10]이라 말하고 있다. 그러나 성서 전체 속에는 빛의 두 가지 상징의 지칭이 있다. 하나는 신(하느님) 자신이 빛이라는 것과, 다른 하나는 빛도 다른 모든 것과 마찬가지로 창조주인 신으로부터 만들어진 것, 즉 피조물로서의 창조된 자연적 빛을 말한다. 원시의 혼돈 가운데서 나타나는 낮의 빛[11]이나 낮과 밤 동안 지상을 비추는 천체의 빛[12]은 모두 창조물이다. 빛뿐만 아니라 '어두움'도 그분의 창조물이다.[13] 하지만 반대로 빛 그 자체가 의미하면서 '하느님이 빛이시다.'[14]라는 의미는 창조된 빛보다 월등한 영원한 빛을 반영하기도 한다. 그리고 빛은 다른 피조물과 같이 하느님의 본성의 일면을 가시적으로 나타내는 표시이기도 하다.[15]

이러한 유대 그리스도교 사상에서 나타나는 구약의 빛의 상징은 하느님의 顯現이나 現存을 신비적으로 암시하는 것이다. 그리고 빛의 상징은 신약에 와서는 보다 넓게 사용된다. 무엇보다도 요한은 '빛으로 啓示된 그리스도'를 특별히 강조하고 있다. 예를 들면 신약에서는 요한복음과 야고보 서간이 빛에 관하여 언급하면서 빛으로 계시된 그리스도를 말하고 있다. "나는 '참된 빛(vera lumen)'이다."(Gv. 1, 4), "내가 세상의 빛이다."(Gv. 8, 12), "하느님께서는 빛이시고 어두움이 전혀 없으시다."(1 Gv. 1, 5), "빛의 아버지"(Gm. 1.17) 등의 표현으로 대부분 신 존재, 즉 하느님과 그리스도에게 적

---

10) Apo. 21.3－5. 약자 표기 (Apo: 묵시록), (Gv: 요한복음), (Gm: 야고보서).
11) Gen. 1, 1－5.
12) Gen. 1, 14－19.
13) Isa. 45, 7.
14) Sap.7, 27. 29－30.
15) 위의 책, p.839.

용하고 있다. 그러나 "첫째 날에 만들어진 자연계의 빛도 더러 말해진다."16) 이러한 성서의 상징된 빛을 보나벤투라는 특히 성서에 나타나는 '빛의 아버지(Pater luminis)'라는 칭호를 즐겨 사용한다. 그는 이것을 철학의 第一原理로 代置하여 그의 대표적인 두 작품, 『하느님께 나아가는 정신의 여정』과 『모든 학문의 신학으로의 환원』에서 빛의 형이상학을 전개한다. 그리고 보나벤투라는 신약성서의 빛으로 啓示된 그리스도를 '참된 빛'이라 지칭한다. 이것은 그의 神學에서는 '그리스도 중심주의(Christocentrism)'17)를 형성하지만 그의 철학사상을 이해하는 데 중요하다.

이상에서 그리스 철학에서 말하는 사유적 빛과 히브리적 사상을 담고 있는 성서의 빛을 고찰하였다. 그러나 그리스도교 윤리학 관점에서 볼 때 빛과 어둠의 비유는 선과 악으로 나타나며 어둠에서 인간 삶을 빛의 세계로 이끌고자 하였으며, 신비신학 관점에서 볼 때는 하느님은 최고의 빛으로 나타난다. 그러나 성서의 빛은 "페르시아의 사상에 나타나는 이원론은 아니며 빛과 어두움의 주제에서 신화적 개념은 철저히 배제되어 있으나 상징적인 의미는 부여"18)되는 것으로 구별된다.

---

16) '참된 빛(vera lumen)이다.'(Gv 1, 4.9) '내가 세상의 빛이다.'(Gv 8, 12: 9, 5) '하느님께서는 빛이시고 어두움이 전혀 없으시다.'(1Gv 1, 5) '그 때문에 창조의 첫째 날에 만들어진 자연계의 빛'(Gv. 1, 4) '빛의 아버지'(Gm. 1.17)

17) 프란치스칸 학파의 전통 학설은 그 자체가 그리스도 中心的이다. 이 사상은 그리스도께 전적으로 귀의하라는 성 프란치스코의 가르침을 따라 보나벤투라를 비롯하여 성 안토니오(St.Antonio of Padova, +1231), 둔스 스코투스(Jonh Duns Scotus, +1308)를 통하여 신학적으로 이를 표현하였다. 특히 보나벤투라는 그리스도를 모든 지식의 源泉으로 삼았으며, 그리스도를 통하지 않고서는 진리를 알 수 없음을 가르쳤다. 따라서 그리스도는 모든 진리를 밝히는 근원이고 만물의 중심을 차지하며 신과 인간의 중재자이다. 그러므로 그리스도교적인 지혜에 도달하려면 그에게서 시작해야 한다는 사상이다.

3. 보나벤투라의 빛의 의미

  보나벤투라의 저서는 거의 모두가 라틴어로 쓰였다. 그래서 우리는 빛과 관계되는 낱말들의 사전적 의미를 먼저 살펴보고자 한다. '빛나다.'라는 라틴어 동사는 'lucere', 'splendere'인데 여기서 명사 lux, lumen, splendor가 나온다. 이 라틴어 명사들은 남성, 여성, 중성 명사, 3性에서 각각 찾아볼 수가 있다.

  1) 남성명사로는 splendor, oris: 빛, 광채, 광휘, 화려.

  2) 여성명사로는 lux, lucis: 빛, 광, 광명, 낮, 생명, 시력, 눈, 명백한 것, 저명, 해석, 구조, 영광.

  3) 중성명사로는 lumen, luminis: 自然光, 빛, 발광체, 등화, 낮, 눈, 시력.19)

  또 다른 사전에 의하면:

  1) splendor, oris. m: 맑음, 투명, 유형체(有形體) 혹은 사물의 맑음, 불꽃, 화염, 빛남,(華麗, 壯麗), 潤澤, 光澤, 裝飾.

  2) lux, lucis, f: 조명된 광휘, 천체, 공적 삶의 빛, 증거, 밝음, 구원, 빛, 빛남, 태양.

  3) lumen, luminis, n: 물체의 퍼지는 빛, 태양의 光線, 등불, 램프, 燈, 큰 초, 대낮의 빛, 시력, 시각, 생명의 빛, 생명.20)

  위의 3가지—남성, 여성, 중성—의 빛을 광학 이론의 전문가들

---

18) 위의 책, p.839.
19) Ditionarium latino‒coreanum, by P. Laurentio Youn.
20) Dizionario latinoitaliano, by Rosenberg and Sellier. 1950, Vincenzo bona‒Torino.

은 다음과 같이 설명하고 있다. "룩스(lux) – 원천적으로 고찰한 빛의 본성과 빛의 원천에 의하여 중앙에서 放射狀으로 생기는 빛의 광선(radius), 루멘(lumen) – 광선에 의하여 중앙으로부터 주변으로 퍼지는 빛, 광채(splendor) – 빛이 밝게 만든 빛나는 대상의 광선"[21]으로 나누어 구분하고 있다. 이와 같이 빛의 형이상학자인 보나벤투라도 빛을 구별하고 있다. 즉 룩스(lux)는 우리가 볼 수 없는 빛의 본체로 '光源', '참빛', '빛 그 자체', 그리고 루멘(lumen)은 볼 수 있는 '光線'으로 우리말로 '햇살' 그리고 스플렌돌(slendor)은 '光輝', '밝음'으로 이해함이 좋을 것 같다. 특히 룩스와 루멘의 관계를 보나벤투라는 확실히 구별을 하는데 룩스는 광원으로서 볼 수 없는 神(Deus), 그리고 루멘은 可視的인 빛, 다시 말해 조명된 빛을 말한다. — (때론 루멘과 룩스를 함께 혼동하여 사용하기도 한다.) — 예를 들면, 보나벤투라의 『요한 주석서』[22]에서 찾아볼 수 있다. "Non erat ille **lux; sed ut testimonium perhiberet de lumine**"[23] (그(세례자 요한)는 빛이 아니라 다만 그 빛(그리스도)을 증언하러 왔을 따름이다.) 여기에 대한 주석을 달면서 보나벤투라는 분명하게 "오로지 하느님(Deus)만이 Lux(발원체)"[24]라고 한다.

빛의 형이상학자라 일컬어지는 보나벤투라에 있어서도, 빛에 관한 명사 — Lux, Lumen, spndor[25] — 는 그의 방대한 저술만큼이나 많이

---

21) E. 질송, 『중세 철학사』, 김기찬 옮김, 현대지성사, (서울, 1997), p.475.

22) 그리스도교 사상에서는 신을 부르는 많은 호칭 가운데 神人 그리스도를 빛으로 부른다. 특히 이러한 예는 복음사가 요한에서 많이 볼 수 있으며 동시에 요한의 중심사상 중 하나이다. (요한 1:15 – 7, 8:12, 9:5, 12:46.)

23) S. Bonaventurae, Opera Omnia(Tomus, Ⅵ), Quaracchi, (Ad claras Aquas, 1893), p.251.
Coment. in Ioannem C.1 ves. 8.

24) Ego sum **lux** mundi(Gv. 8, 12): ⋯⋯**phos**⋯⋯(Gv. 8, 12)

25) S. Bonaventurae, Opera Omnia Vol.5 in:
   Lumen certitudinale est incoarctabile[QD 19 a]
   Lux habet influentias quatuor [H 363 b]
   − intellectus creati non sufficit ad certam comprehensionem rei cuiuscu-
   mque absque influentia **lucis** aeternae SS [569 b]
   − Verbi quomodo eius influentia et praesentia requiratur ad cognitionem
   certitudinalem [Qd 34 b]

   S.Bonaventurae, Opera Omnia vol.6.7 in:
   Lux est pulcherrium et dellectabilissimum et optimum inter corporalia
   [Ⅵ 153 V.10]
   − contaminari non potest [158 V.10]
   − habet puritatem in materia, speciositatem in forma, sublimitatem in situ
   [536 3]
   − **Luci** corporali sucedit nox [159 V.30]
   − **Lumen** habet radicalis suae originis occultationem, in fluxu continu-
   ationem [408 7]
   − solis visui cetera manifestat [Ⅶ 314 6]
   − habet propriotatem manifestativam [Ⅶ 196 25]
   − non potest obscurari nec obliquari [Ⅵ 360 27]
   − **Lucis** non est obscurare [382 55 arg. 1]
   − videtur per **splendorem** [422 64]
   − Splendor procedit a **luce** [158 V.25]
   − est luminosior et nobilior **splendore** [248 8 arg. Vide V. Splendor.]
   − Sine **lumine** corporali et spirituali non est videre [Ⅵ 249 12]
   − necessaria est ad reduccendum sensum visus de potentia ad actum
   [181 V.18]
   − illuminat ad videndum[148 V.14]
   − ad operandum requiritur [221 V.19]
   − oculis aegris odiosa est [Ⅵ 123 V.15]
   − **Lucem** odit piger, quia ipsum exicitat; infirmus, quia cruciat; malefi-
   cus, quia ipsum manifesdat[554 V.20]
   − Malum opus est ratio fugiendi **lucem** [284 32]
   − secundum quod est principium cognitionis, a nullo oditur, sed omnes
   mali abhorrent **lucem,** secundum quod turpitudinem manifestat [ib.. 37]
   − corporalis se manifestat naturaliter, et oculus ad eam proportionalis est,
   ideo dum lucet et est praesens, non potest non videri [250 16]

- Quilibet habet signatum **lumen** vultus Dei per naturam [VI 253 30]
- spiritualis se manifestat voluntarie [250 16]
- spiritualis improportionaliter excedit oculum nostrum [ibid]
- in tenebris ambulantes **lumen** a facibus medicabant [VI 478 4]
- **Lucem** sequuntur qui habent bona opera [262 74]
- divina omnibus cognitionem praebet, non tamen omnibus cognitionem sui [249 12, 13]
- **Lumen** aeternum non potest conspici ab oculo intellectus creati [VII 235 57]
- peccatores facit vera cognoscere, qui tamen ipsam non comprehendunt [VI 249 12, 13]
- Peccatores deficiunt in comprehensionem lucis, quia sunt aversi [536 6]
- Peccator, incipiens malum odire potest ad **lucem** venire [ibid]
- Defectus **luminis** est causa deviationis [139 V.6]
- **Lucere** est per doctrinam vel per exteriorem vitae honestatem [VI 314 63]
- Vita hominis alios illuminans est quasi **lux** [554 8]
- scientiae, gratiae et laetitiae spiritualis interius emittitur a Christo [5365]
- **Lumen** verum sursum micat [VII 269 52]
- veritatis arguit opera mala [VI 284 33]
- **lucem** veritatis non vident nisi qui intrant per fidem [VII 196 21]
- gratiae perditur, cum homo cadit a caritate [VI 93 V.2]
- **Lumen** vitae habetur per divinae claritatis visionem [VI 358 18]
- in futuro Deus erit **lux** vitae, quae non poterit exstinqui [ibid]
- iucunditatis est praemium promissum sequentibus Christum [585 10]
- Remuneratio magna hominis est aspectus luminis aeterni [89 V.6]
- In aspectu luminis aeterni est summa dulcedo [90 V.6]
- divina habebitur per speciei comprehensionem [358 18]
- divina in praesenti non comprehenditur, nisi carne obumbretur [ibid]
- Sapientia est **lux** purissima de luce aeterna, scilicet a Patre procedenw [158 V.26]
- illuminans effective est **lux** per essentiam, quae est solus Deus; illuminans dispositive est per participationem, illuminata a prima **luce** [251 23]
- Deus est **lux** vera [VI 420 50. 158 V.25]
- Deus est **lumen** illuminans [392 47]
- Deus est **lux** [382 55 arg. 1]
- Deus est summa **lux** [284, 34]
- Nomen **lucis** est commune tribus personis [253 33]

- Christus est **lux** huius mundi [VI 373 5. 398 19]
- mundi est Verbum incarnatum [284 32]
- Christus venit ut **lux** in hunc mundum [597 V.46]
- filius dei vocatur **lux** propter quinque [632 a]
- Christus est **lux** mundi per instructionem [358 48]
- hominum dicitur Verbum ut hominibus cognitionem praebens, quia illumunat etvedere facit [249 12]
- In Christo non est defectus **lucis** [251 21]
- Christus est **lux** quantum ad naturam Divinitatis illustrans interius hominem vel animam et quantum ad naturam humanitatis informans exterius vitam [VI 535 1]
- Christus secundum quod homo est **lux** arguens malos, dirigens iustos, delectans Beatos [ib. 2]
- Christus est **lux** tripliciter lucens tum exterius secundum operationes humanae naturae, tum interius secundum operationes divinae naturae [536 3, 5]
- Christus secundum quod Deus est **lux** altissima, purissima, speciosissima[ibid. 4]
- Christus secundum operationes divinae naturae emittit interius triplicem **lucem** sive **lumen** [ibid. 5]
- apparens in baptismo Christi significat apertionem ianuae celestis [VII 83 52]
- Divinae **lucis** radium primo recipiunt Angeli de prima hierarchia, secundo illi de media,ultimo illi de postrema [VI 109 V.9]
- Qui vadit post Christum **lucem** non offendit [398 19]
- in **luce** ambulandum [ibid. 20]
- Qui credit in Dominum, qui est **lux** mundi, quamdiu **lux** est,scilicet Christus [373 5]

<전집 8권에서>

Lumen divinum animam illustrat et movet. [32 9]

Lux tanquam parens generat splendorem [17 11]
- producit calorem, sed non per modum prolis [ibid]
- et tenebrae non simul cohabitant [439 4]
- tantum bonum est, quantum eius absentia mala [140 10]
- augebitur, mundi facie innovata [84 44]
- Deus est inaccessibilis [17 11]
- Ab aeterna **luce** immensa et simplicissima oritur splendor coaeternus

나타나고 있다. 보나벤투라도 광학자들처럼 빛을 구분하여 사용하지만 이러한 빛의 명사들은 대부분 빛의 형이상학자들이 빛을 신과 절대자에게 적용하였듯이 삼위일체이신 성부(하느님)와 말씀이신 성자 그리스도를 지칭하고 있다. 三位一體의 내적인 상호 관계를 들어 말하면서, 聖父, 聖子 聖靈의 관계를 빛(lux)과 밝음(splendor) 그리고 열(calore)로 설명하기도 한다. 따라서 신은 빛과 밝음과 열의 본질과 실체를 이루고 있는 가까이 갈 수 없는 빛26)이다.

그러면 '보나벤투라의 빛의 사상에 대응되는 어두움은 무엇일까?'라는 문제가 제기된다. 빛을 가장 많이 언급한 플로티누스에서 보면 어둠27)은 질료와 연관되어 있는데 이것은 또 '일자'적인 것이 선임에 반하여 악이다. 그러나 적극적인 악이 아니라 선의 결핍, 빛의 결핍에서 나오는 악이며, 어두움이다. 신플라톤주의의 틀을 그리스도교 안에서 세운 보나벤투라에 의하면 빛은 신이며 어두움은 윤리 철학적 면에서 선의 결핍으로서의 罪로 자주 나타난다. 그는 이를 그의 작품 『하느님께 나아가는 정신의 여정』에서 성서를 빌려 설명하는데 태초의 인간이 원죄로 말미암아 낙원에서 추방당한 상태를 인간이 참된 빛으로부터 돌이켜서 가변적인 선으로 향한 모습을 그려

[71 4]
- sapientiae est Christus [85 46]
- Mundus **lucem** veram et summam non agnovit [13 4]
- Spiritus S. intellectui **lucem** ministarat [82 39]
- Opera nostra **lux** esse debent [337 a]
- Etiam ratio actionis in **lucem** ponenda est [ibid. b]
26) 보나벤투라, 『세 가지 길』, p.68.
27) 근세에 들어서, 페히너(G. T. Fechner)는 근세 자연과학이 사물의 성질을 추상하여 量으로 환원하고 주관 이외의 세계를 색이 없고 빛이 없으며 소리 없는 암흑의 세계, 의식이 없는 기계적인 세계로 본다 하여 이를 暗黑觀이라 부르고 이에 대립되는 자기의 주장을 光名觀이라 불렀다.

낸다. 이 원죄 때문에 인간은 일그러졌다는 것이다. 그는 이 원죄의 잔재를 구체적으로 무지와 색욕으로 표현한다. "이것은 이중적으로 정신은 무지로 육체는 색욕(色慾)으로 일그러졌다. 그리하여 만일 색욕을 막을 의(義)를 지닌 은혜와 무지를 막을 지혜를 지닌 지식이 인간을 돕지 않는다면, 인간은 어둠 속에 실명"[28])된다고 한다. 따라서 罪의 어두움이 영혼을 침범하였을 때 관조의 눈이 완전히 시력을 잃어 아무것도 볼 수 없기 때문에 신앙의 필요성이 나타나는데, 신앙은 인간이 보지 못하는 것을 믿게 해 주는 탓이다. 그러므로 보나벤투라에 의하며 "이성적 피조물은 죄 때문에 단지 어두워진 눈으로만 보게 된다."[29])라고 신학적 의미로 말한다.

主義主義者인 보나벤투라는 罪는 인간의 의지로부터 나오고(의지 작용이 없으면 죄는 죄가 아니다), 인간이 의지를 통해서 빛의 근원인 제일근원에서 멀어질 때 이것이 죄이며 본질적으로 덕이 아니면 악을 할 수 있는 의지의 일탈(逸脫)이라고 했다. 다시 말해 빛 자체와의 의존성이 없는 일탈이 어두움이며, 이는 선의 결핍으로 또한 악이라고 볼 수 있을 것이다. "罪는 오직 선의 타락이며, 죄는 선 안에 있다. 선의 결핍, 즉 죄는 나쁜 것의 추구가 아니라 좋은 것의 포기이다.(Peccatum non est appetitio malarum, sed desertio meliorum)"라고 한다.[30]) 이와 같은 어두움으로서의 죄는 빛으로 나아가기 위하여 정화되어야 하는 것으로 나타난다. 즉 인간이 빛이신 신에게로 나아가는 걸림돌이 되는 죄는 먼저 도덕적 정화를 거친 후 이성적 조명을 거치고 마지막으로 靈的 고양을 거쳐야 한다는 것이다.

---

28) 여정, p.35, Iti., c.1, n.7.
29) 환원, p.178, Red. art., n.,12.
30) 같은 책, pp.154-155 참고.

4. 보나벤투라의 사상의 계보

'빛의 형이상학'이란 "절대자 또는 신(神)을 시원적인 빛으로써 유한한 존재자의 출현 또는 존재를 규정하려는 일종의 형이상학"이라 정의할 수 있다. 즉 "신을 근원적인 빛이라 생각하여 이 광원에서 쏟아져 나오는 광선의 양태에 의해서 여러 가지 유한적인 존재를 설명하려고 하는 형이상학"이다. 이러한 빛의 형이상학은 '빛'을 신과 一者, 絶對者라는 형이상학의 궁극적 존재로 보고 '一'에서 여러 존재들, 즉 '多'를 설명하려 했다. 그리고 '빛의 형이상학'의 틀은 자연히 下降과 上昇의 構圖를 벗어날 수 없다. 예컨대, 플라톤의 이데아論이나 플로티누스의 流出說이 그리고 아우구스티누스와 그의 노선을 걷는 보나벤투라와 같은 그리스도교 철학자들이 말하는 神의 創造說이 바로 이러한 형태로 설명된다 하겠다. 그래서 보나벤투라의 빛의 형이상학을 다루기 전에 <도표-2>를 따라 간략히 고찰하려 한다.

1) 플라톤(Platon, BC. 427-347)

"그것은 대체 어떤 종류를 말씀하는 겁니까?" "자네가 빛[光]이라고 부르고 있는 것일세" 『국가』, 7권 507e

빛에 관한 논의를 형이상학으로 최초로 발전시킨 철학자는 플라톤이다. 그래서 선구자로서 플라톤을 최초의 빛의 형이상학자라 칭한다. 사실 고대로부터 현재에 이르기까지 많은 사람들이 태양을 순수한 빛, 절대자, 만물의 근원, 신 등으로 나타냈었다. 예를 들면, 천문학자 케플러(Kepler, Johannes, 1571-1630)[31]는 이러한 면을 잘 표현하고 있다.

"우주의 모든 물체 중에서 가장 뛰어난 것은 태양이다. 태양 전체의 본질은 순수한 빛 그 이상이 아니다. 이 태양보다 더 큰 항성은 없다. 태양이 유일하게 홀로 모든 물체를 생산하고 유지하고 그리고 따뜻하게 해 준다. 태양은 빛의 원천으로 풍부한 빛으로 충만해 있고 우리 눈으로 볼 때 가장 밝고 투명하고 순결하며, 시야의 원천이고 비록 그 자체는 색깔이 없지만 모든 색깔을 보여주고, 그 움직임 때문에 행성의 왕이라 불리며, 그 힘 때문에 세상의 심장이라 불리고, 그 아름다움으로 인해 눈이라 불리고, 태양만이 지극히 위대한 신의 가치가 있다."[32]

그러나 플라톤의 태양은 천문학자 케플러가 말하는 항성으로서의 태양이 아니라 존재의 근거로서의 태양(절대자)이다. 그는 형이상학의 최고 정점인 이데아의 이데아, 즉 선의 이데아를 '태양'에 비유한 것이다. 즉 태양은 모든 것들에게 존재와 생명과 가치를 부여하는 것처럼, 보이지 않는 것의 세계에 있어서 이데아의 이데아가 모든 존재자들에게 본질과 가치성을 부여하지만 이데아의 이데아 자체는 그 어느 것에도 의존하지 않고 자신을 통해 존재하는 스스로 있는 존재(ens a se)로서

---

31) 그는 근대 과학 발전의 선구자로서 정신을 포함한 모든 存在에서 質을 量으로 還元시키는 시도를 하였다. 質이 있는 곳에 量이 있지만 항상 그 역은 아니며, 양이 없으면 어떤 것도 완전히 알려질 수 없다고 주장함으로써 量化를 통해 '가장 잘 알려질 수 있는 것'과 '가장 實在적인 것'을 同一視하였다.
32) Kepler "*Opera Omnia*", in: James McEvoy, The Philosophy of Robert Grosseteste, Clarendon Press, (Oxford, 1982), p.201.

절대자이다.(『국가』, 510b, 511b.) 따라서 절대자는 모든 존재자(存在者)들보다 다르고 우월하며, 모든 존재자들의 저편에 존재한다. 플라톤에 의하면 상징으로서의 태양은 또한 인식의 근거이기도 하다. 먼저 플라톤은 우리의 인식의 근거로서 태양[日]을 우리의 눈[目]과 대별시키고 있다. "감각에 관계가 있는 기관 중에서는 눈[目]은 가장 태양[日]과 비슷한 것이라고 생각하네." 그리고 그는 태양의 비유를 통해서 '보는 것(인간의 눈)'을 볼 수 있게 해 주고, '보이는 것'이 보일 수 있게(508) 하지만 태양 그 자체는 보는 것도 보이는 것과는 다른 인식의 근원이듯이 선의 이데아는 마찬가지로 인식하는 것이 인식할 수 있게 해 주고 인식되는 것들에게 인식됨의 힘을 줄 뿐 아니라 그들에게 존재와 본질을 준다. 그러면서도 선의 이데아는 이들과 다르며 이들을 훨씬 '뛰어넘어' 있다.(509b) 이데아의 이데아가 절대적인 존재요, 스스로 있는 존재, 모든 존재자들을 위한 충족 이유의 개념, 최고선, 신의 개념이라면 태양도 그러하다. 마치 케플러가 말하고 있는 태양은 빛의 원천으로 모든 것을 생산, 성장, 힘의 역동성, 최고의 항성처럼 최고의 신이며 동시에 태양은 그 자체는 색깔이 없지만 모든 색깔을 보여주며 모든 시야(視野)의 원천으로서 태양은 분명 우리 인식의 근거이다. 태양의 작용은 우리의 눈이 제대로 기능을 발휘할 수 있도록 해 주고 사물은 빛으로 자신의 존재를 드러낸다. 그러므로 동굴의 비유와 태양의 비유를 통해서 볼 때 플라톤의 존재론과 인식론은 모두 빛을 매개로 하고 있다. 이데아론이 일종의 형이상학이라 할 수 있기 때문에 선의 이데아는 태양의 비유에서 알 수 있듯이 빛 그 자체인 동시에 앎[33]의 근거가 되기도 한다. 이제 그의 두 비유—태

---

33) 사물들은 눈(신체의 눈)에 의해 보이지만 이데아는 눈에 보이지 않고 理性에 의해서 알려지기(이성의 눈) 때문에 [국가, 507]에서는 이를 태

양의 비유와 동굴의 비유—를 좀 더 자세히 살펴보자.

(1) 태양의 비유(太陽의 比喩)[34]

"눈에는 시각이 있고, 그것을 가지고 사람이 시각을 쓰려고 애를 쓴다 하더라도, 그리고 보이는 것에는 빛깔[色]이 있다 하더라도, 만약 본래부터 바로 이 목적을 위해서 특별히 알맞은 제3의 종류가 거기 함께 있지 않다면, 자네도 알다시피 시각은 아무것도 보지 않고 또 빛깔도 보이지 않는 채로 있는 걸세." "그것은 대체 어떤 종류를 말씀하는 겁니까?" "자네가 빛[光]이라고 부르고 있는 것일세."[35]

위의 인용문을 통해서 플라톤은 인간 인식이 어떻게 가능한가를 보여주고 있는데 '감각 속에 먼저 있지 않는 것은 지성 속에도 있을 수 없다.'란 아리스토텔레스의 주장이나 근대 인식론의 주체가 인간임에 바탕을 둔 것과는 너무 대조적이다. 플라톤은 전통에서 감각적 경험에 의존하지 않는 것이 이성 속에 있음을 빛의 이데아를 통하여 먼저 말하고 있는 것이다. 이 비유를 통해 또 다른 하나의 중요한 것은 근세 철학 이후 인식론은 객체로서 혹은 대상으로서의 세계와

양의 비유를 통해서 설명한다. 그래서 태양 빛을 언급하면서 플라톤은 천체의 태양과 또 하나의 인식 안에서 눈을 말하고 있다. 여기서, 우리 몸의 五官으로 눈과 태양의 모습의 유사를 통하여 둘은 認識함에 있어 가장 중요한 것임을 말하면서 다른 한편, 인간이 무엇을 안다는 것의 일차적 차원은 보는 것이지만 이차적 차원은 이성으로 보는 것을 말하고 있다. 더 나아가 '봄(인식)'이란 視覺的 차원과 觀照的 깨달음의 형태도 있을 수 있다.

34) Plato, *Republic*, Book Ⅶ, 507e–9, in: The Collected Dialogues of Plato, ed., E.Hamilton and H. Cairns(Princeton, 1973) 참조.

35) 플라톤, 『국가 / 소크라테스의 변명』, 조우현 역, 삼성출판사, 1995, p.268. Rep., Ⅶ, 507e.

주체로서의 인간 의식이란 인간 본위의 이분법적 구도인 데 반하여 플라톤은 인식의 주체가 인간도 아니요, 객체인 사물도 아닌 '제삼자(제3의 종류)인 빛'이 인식의 주체임을 분명하게 3분법 구도로 제시하고 있다. 플라톤 아우구스티누스의 노선을 따르는 보나벤투라도 "빛 없이는 육체적, 정신적으로 보지 못한다(Sine lumine corporali et spirituali non est videre (Oper Omnia., Ⅵ, 249 12))."고 분명히 언급한다. 이 플라톤의 인식 구도는 적어도 오늘날 이분법적 사유를 벗어나는 동시에 인간 중심적 시각을 넘어서고 있으며, 인간과 세계를 보다 근원적인 존재론적 관점에서 이해하고 있다. 즉 이 자연적 빛은 모든 사물의 인식뿐만 아니라, 정신 면에서도 조명 혹은 생득적 개념으로 나타나면서 자연스럽게 인식론과 존재론으로 방향 지어진다 할 수 있겠다.

(2) 동굴의 비유(洞窟의 比喩)36)

'동굴의 비유'는 다음과 같다.

동굴을 인간 육신의 감옥으로 비유한 플라톤은 인간은 태어나면서부터 동굴 속에 감금된 포로의 신세로 살아간다. 그들은 땅 밑에 있는 동굴 안에 있으며, 태어나면서부터 의자에 붙들어 매여 있어서, 뒤돌아볼 수도 없으며, 항상 출입구와 맞서 있다. 이 포로의 뒤쪽의 동굴을 가로질러 사람 키만 한 벽이 있고, 그 뒤에서 불이 타고 있다. 그런데 불과 벽 사이로 인간들이 지나다니며, 이때 벽보다 높은 사람의 모습과 형체, 동물의 모습 및 도구 등을 짊어지고 다니게 되면, 불 때문에 생긴 이 사물들의 그림자가 동굴의 벽에 비치게 된다. 동굴에 갇혀 있는 포로는 벽에 투영된 모습만이 실재적인 것이라고 생각하기

---

36) 같은 책, pp.276−279, Rep.Ⅶ. pp.514−517.

에 익숙해져 있다. 동굴의 입구는 막혀 있고 그 바위와 입구 틈을 통하여 동굴 밖을 지나다니는 사람들의 그림자가 이 포로들이 대면하고 있는 벽에 어른거린다. 그런데 한 사람이 자기 뒤를 돌아볼 수 있게 됐고, 자기의 상황을 벗어나게 되었다. 지하에서 나오는 사람은 태양 광선 속에서 눈이 부시게 되어 어둠 속에서만 살았기 때문에 나오다가 넘어진다. 그러나 익숙해지면 이 불빛에 의해서 비추어졌다는 것을 희미하게 알게 된다. 마침내 동굴 밖으로 나온 포로 중 한 사람이 한 걸음 더 나아가 그곳에서 나올 수만 있다면 사물의 생동하는 실상을 보고 매료될 것이다. 그러나 동굴에 있는 포로들에게, 너희들이 보고 듣고 하는 것은 본래적이고 참된 현실이 아니라고 설명해 준다면, 아마도 이들은 믿으려 들지 않고, 오히려 비웃기만 할 것이며 도리어 참된 세계로 인도하려다 죽음을 당할지도 모른다.[37]

'동굴의 비유'는 플라톤의 『국가론』 7권 전반부에서 인식의 세계를 동굴로 비유하여 진리와 현실의 세계에 관한 자신의 사상을 분명히 밝히면서 우리들을 동굴로부터 빛의 세계인 참된 존재에로, 즉 그 자체로서 선한 이데아의 세계로 나아가도록 요구하고 있다. 그래서 하이데거는 이 '동굴의 비유'는 유럽의 형이상학 전체의 밑바탕에 깔려 있다고 하였다. 이 비유에서 태양은 이데아의 이데아를 인식게 하는 상징어이다. 플라톤에 의하면 '이데아의 세계'에는 선한 것 자체라는 이데아가 있는데, 이것은 이데아의 이데아이다. 그리고 이것은 다른 모든 이데아들에게 그 존재와 본질을 부여해 주는 이데아이다.[38] 또한 이 비유를 통하여 플라톤은 4단계의 인식을 말하고 있는데 ― 이 동굴의 비유에서 두 편은 감각의 세계(불빛의 동굴 안, 1, 2단계)와 이데아의 세계(태양이 비치는 동굴 밖, 3, 4단계)[39] ―

---

37) 정달용, 『그리스도교 哲學』, 韓國 中世哲學硏究所 出版部, 1994, p.29 참조.
38) 위의 책, p.29.

이 단계들을 통하여 어떻게 인간이 참다운 認識으로 돌아갈 수 있는가를 말하고자 한다. 플라톤은 진짜 참된 존재는 이상적 존재뿐이며 이것이 이데아의 세계인데, 이 이데아를 설명하기 위해 동굴의 비유를 들어 불빛의 동굴 안과 태양이 비치는 밖의 풍경을 그려 놓고 있다. 그리고 그는 상승과 하강, 귀납과 연역이라는 과정을 거쳐서 辨證法的인 절차를 거쳐서 올바르고, 참다운 인식의 근원에까지 올라갈 수 있다고 말하고 있다. 이것이 플라톤의 동굴의 비유의 기본 구조이다.

플라톤에 의해서 定礎된 변증법과 대화 논증법은 궁극적인 참진리를 찾기 위한 방법론이라 할 수 있겠다. 플라톤에 의하면 변증법적인 인식은 두 편으로 갈라진 속에서 개념들의 분석과 종합들이 이루어지며, 특히 존재자들의 인식을 통해서 관념들이 파악되는 認識方法이다. 진리를 찾음에 있어 감각의 세계를 일단은 배제한 플라톤임을 생각할 때 이 비유의 초점은 동굴 밖의 이데아의 세계에 있다. 동굴을 나온 사람은 캄캄한 곳에 익숙하기 때문에 빛에 익숙하지 못하여 처음은 넘어지기도 한다. 마침내 동굴 밖으로 나와 처음에 보게 되는 것은 실제적인 대상들을 보는 것이 아니라 불빛에 비친 그림자 같은 대상들을 보게 된다. 플라톤은 이것을 '수학적 대상들'이라고 한다. 더 나아가서 빛이 눈에 익숙해지면서 실재 사물 그대로 보게 된다. 그 다음에는 이것들을 볼 수 있다는 것이 다름 아닌 태양이 있기 때문이라는 것을 깨닫게(인식하게) 된다. 즉 태양은 바로 선의 이데아인 것이다. 또한 이 비유는 이론적 앎과 실천적 앎을 말

---

39) 이 두 세계는 보이는 감각의 세계(doxa)와 지성적 사유의 세계(episteme)로 나누고 이를 다시 각각 두 단계로 나눈다. 전자는 자연물과 그림자 혹은 신념과 허상으로, 후자는 이데아의 세계로 지성, 즉 변증법과 오성, 즉 수학적 추리로 표시할 수 있다.

하고자 한다. 즉 이 태양(이데아의 이데아)을 보고 나서 포로는 다시 동굴로 되돌아간다. 상승의 길에서 다시 하강의 길을 가는 셈이다. 여기서 동굴로 다시 들어갈 때에는 잘 보이지 않는다. 어둠에 익숙해지고 나서는 동굴로 되돌아간 사람은 그 안에 있는 포로들을 설득하고, 허상을 보고 있음을 이야기하지만 오히려 배척받고 박해를 받는 입장이 된다.

플라톤은 이 비유를 통해서 이론적인 인식에 머물지 않고, 자신의 변화와 자신이 몸담고 있던 일상의 세계를 변화시키는 실천적 삶을 강조한다. 즉 이론과 실천은 동전의 양면과 같다는 것을 이야기해 주고자 했다. 또한 이 선의 이데아는 인간 인식의 마지막 토대, 전제가 더 이상 없는 데까지 도달하기 전 판단을 보류하는 과정이 동굴의 비유에서 나타나고 있다. 그러나 그 인식을 마치 현학자처럼 지성의 유희에 머물고, 자신의 일상의 삶을 변화시키고자 하는 의욕이 없는 것을 비판하면서 오히려 태양에서 다시 일상의 삶으로 되돌아가야 된다는 것을 이야기한다. 즉 참다운 인식은 이론이 아니라 실천[40]에 있다는 것이다. 결국 플라톤은 이 비유를 통하여 참된 인식을 말하면서 동시에 참된 존재에로 인도하고자 했다고 볼 수 있다. 이 참된 존재란, 소위 실재적이고 시간 공간적인 세계가 아니다. 이러한 세계는 일종의 模寫에 지나지 않고, 참으로 존재하는 세계는 '원형인 이데아의 세계'뿐이다.

---

40) 동굴의 비유와 상기설을 통하여 플라톤의 이데아는 항상 자기 동일적인 것, 생득적이고 선천적인 진리를 가리킨다. 마치 정삼각형과 칠판에 그것을 흉내 내게 그려진 삼각형의 관계를 원형과 모사 혹은 유사의 관계로 나타낸다. 그리고 동굴의 비유 구조는 상승과 하강, 귀납과 연역 과정을 거치어, 즉 변증법적인 절차를 통하여 참다운 인식의 근원에까지 오를 수 있다는 것을 말한다. 그리고 참다운 인식은 이론이 아니라 실천에 있다는 것을 동시에 보여준다.

이 비유의 전체 핵심은 단순히 존재의 여러 가지 층, 더 정확히 말하자면 존재에는 여러 가지 양태들이 있다고 하는 사상이 아니다. 오히려 여기서는 한 가지의 층이 다른 층에 뿌리박고 있으며, 더욱이 위에 있는 것이 밑에 있는 것의 발판이 되며, 위에 있는 것이 자기에게 의존하고 있는 것의 바탕으로서보다 강한 존재라고 하는 사상이다. 즉 그림자의 존재는 물리적−실재적인 세계의 시·공적인 존재에 바탕을 두고 있으며, 이 시·공적인 존재는 다시 관념적인 존재에 바탕을 두고 있다.

이렇게 보자면 존재자가 아닌, 존재자보다 존재론적으로 앞서는 존재의 빛의 선행성이 형이상학의 고유한 주제를 이루게 된다. 그래서 하이데거는 "플라톤이 존재를 이데아로서 해석하는 데에서 형이상학이 시작된다."[41]고 말하고 있다. 따라서 플라톤에게 있어 빛은 形而上學의 빛이며, 또한 진리의 근원이며, 인식의 근거이며 동시에 존재론적 근거로 나타난다고 볼 수 있을 것이다. 동굴의 비유와 상기설을 통하여 플라톤의 이데아는 항상 자기 동일적인 것, 생득적이고 선천적인 진리를 가리킨다. 마치 정삼각형과 칠판에 그것을 흉내내게 그려진 삼각형의 관계를 원형과 모사 혹은 유사의 관계로 나타낸다. 그리고 동굴의 비유 구조는 상승과 하강, 귀납과 연역 과정을 거치어, 즉 변증법적인 절차를 통하여 참다운 인식의 근원에까지 오를 수 있다는 것을 말한다. 그리고 참다운 인식은 이론이 아니라 실천에 있다는 것을 동시에 보여준다.

(3) 이데아와 빛

플라톤의 사상은 결국 그의 '이데아론'으로 귀결된다. 이 이데아론

---

41) 요한네스 힐쉬베르거, 『서양 철학사』, 강성위 역, 이문출판사, p.150.

은 일종의 형이상학이다. 이데아란 어떤 사물의 '그것 자체'이다. 그 참된 모습이며 原型인 것이다. 이데아論이란 '참된 것', '선한 것', '아름다운 것', 즉 眞, 善, 美 그 자체가 있음을 말한다. 플라톤에 의하면 우리가 일상생활 속에서 만나는 '현실의 세계' 이외에도 '그것 자체의 세계'라고 하는 또 다른 하나의 세계가, 즉 그가 부르는 '이데아의 세계'가 있다고 한다. 이러한 이데아 論을 구체적으로 설명해 내기 위하여 플라톤은 '동굴의 비유'와 '태양의 비유'를 들고 있다. '태양의 비유' 속에서는 '보는 것'과 '보이는 것' 사이를 떠나서 제삼자로서의 태양 빛을 이데아의 세계에 비유하고 있다. 또한 동굴의 비유에서는 이원론의 세계를 펼치면서 동굴 속의 세상은 '현실의 세계' 그리고 동굴 밖의 세상은 '이데아의 세계'로 설명한다. 이 '이데아의 세계'가 참된 세계이며, '현실의 세계'는 그림자의 세계이다. 다시 말해서 '이데아의 세계'는 '原型의 世界'이며, '현실의 세계'는 '模型의 世界'이다. 따라서 플라톤에 의하면 이러한 '이데아의 세계'에는 '선한 것 자체'라는 이데아가 있는데, 이것은 이데아의 이데아이다. 그리고 이 '선한 것' 자체라는 이데아는 다른 모든 이데아들에게 그 存在와 本質을 부여해 주는 그러한 이데아(Idea)라는 것이다.[42] 그러므로 우리가 "무엇을 근거로 혹은 척도로 진, 선, 미를 말하고 판단하는가?"란 질문의 핵심이 바로 플라톤의 이데아 사상의 요지이다. 따라서 선의 이데아는 하나의 규범이다. 이는 사물 중에 하나가 아니다. 그것은 모든 인식을 가능하게 해 주는 조건을 의미한다.

플라톤은 이 善의 이데아를 태양으로 설명한다. 마치 태양이 모든 것들에게 존재와 생명과 가치성을 부여하는 것처럼 이데아의 이데아가 모든 존재자들에게 본질과 가치성을 준다는 것이다. 바로 이런 선

---

42) 정달용, 위의 책, pp.22 - 29 참조.

의 이데아는 '절대자'로 자기 자신을 통하여 스스로 만족하는 자로 일반 존재가 아니라 모든 존재의 근거가 되는 것으로 다른 존재자보다 우월하며 존재들의 저편에 있다는 것인데 이것은 상기설과도 연관될 수 있다. 즉 플라톤의 이데아는 항상 自己同一的인 것, 生得的이고 先天的인 眞理들을 지칭하는데, 이러한 이데아가 실재한다는 것은 수학, 기하학,43) 논리학이 보편타당한 것을 통해서 분명하게 알 수 있다는 것이다. 이와 같은 진리의 이데아는 외적 감각세계가 아닌 정신세계 속에서 발견된다. 우리가 잘 아는 소크라테스와 소년의 대화 속에서 처음 질문에는 모른다고 답했던 소년은 그와 대화를 통해 알려주지도 않았지만 자신이 알게 되었다는 상기설에서 잘 나타나고 있다. 플라톤의 작품 『메논(Meno)』44)에 나타난 상기설은 보나벤투라의 본유관념과도 연관이 되기 때문에 여기서 중요한 대목만 살펴보기로 하자.

84a 소년: 그렇지만 소크라테스 선생님, 단연코 저는 모릅니다.
소크라테스: 메논, 다시금 잘 생각해 보게. 이 소년이 이제 상기의 어
　　　　　느 단계에 와 있는가? 처음에 8평방피트의 도형의 변이
　　　　　어떤 것인지 몰랐었네. 지금 모르고 있듯 말일세. 그렇지만
　　　　　그땐 적어도 그걸 자기가 알고 있다고 생각했고, 따라서
　　　　　대답하게 아는 자로서 대답을 했었지…….
메논: 정말입니다.

---

43) 우리가 삼각형을 칠판에 그렸을 때 그 그려진 삼각형은 참된 삼각형을 흉내 낸 것에 지나지 않을 것이다. 즉 참된 것에 비슷한 모사요, 유사이다. 마찬가지로 플라톤은 참된 이데아의 세계가 있다고 생각하였으므로 감각적인 實在的인 사물들은 모두 이 참된 이데아들을 본뜬 것이라고 생각하였다.
44) Plato, *Meno*, Book Ⅱ, 84a－85b, in: The Collected Dialogues of Plato, ed., Harvard Univ. Press(London, 1967), pp.313－317 참조.

85b 소크라테스: 어떤 걸 변으로 해서지?

소년: 이걸 변으로 해서입니다.

소크라테스: 4평방피트 도형의 모서리에서 모서리로 뻗는 선을 변으로 해서겠지?

소년: 예……

소크라테스: 그렇지만, 조금 전에 우리들이 말했듯, 그는 알지 못하였지.

메논: 정말입니다.

소크라테스: 그러나 이 의견(doxa)들이 적어도 그에게 內在해 있었지 않겠나?

메논: 예……

소크라테스: 그러니까 아무도 가르쳐 주는 일 없이 다만 질문만 할 뿐 인데도, 그 자신이 스스로부터 지식(episteme)을 되찾게 됨 으로써 인식하게 되는 거겠지?

메논: 예.

소크라테스: 스스로 자신 속에 있는 지식을 되찾는다는 것은 상기하게 되는 것이 아니겠느냐?

메논: 물론입니다.

위 글은 수학, 도형에 관해 소크라테스와 소년 그리고 메논 3자의 대화 논증을 통하여 상기설(想起說)을 말하는 핵심 대화라 할 수 있 는데, 여기에서 플라톤은 우리 안에 내재된 이데아의 진리를 상기를 통해 발견할 수 있다고 말한다. 플라톤은 정신이 본성적으로 항상 진리에 대한 앎을 가지고 있다고 주장한다. 그리고 우리는 이것을 태어나기 전부터 원래 알고 있었지만 태어난 후에 교육을 통해서 다 시 기억해 낸다는 것인데 이것이 곧 상기설이다. 다시 말해 우리들 은 본질적인 것에 대한 순수한 사상을 영혼이 신들 곁에 미리 존재 하고 있을 때는 이미 보았으나 이제는 시간과 공간 안에 있는 감각 적 지각을 통해서 자극을 받음으로써 다시 이 순수한 사상을 상기

혹은 기억할 수 있다는 것이다.

이렇게 생각한 이유는 수학과 같은 내용의 경우에서 쉽게 이해할 수 있는데 모든 수의 계산들을 다 배우지 않음에도 불구하고 그 계산을 틀리지 않고 해낼 수 있다는 것이다. 그래서 플라톤은 "本質的인 것 자체에 관한 지식은 통틀어서 인간 안에 깃들어 있다."라고 주장한다. 이 본질적인 것 자체를 그는 '개념', '사상', '알려져 있는 것'이라 하기도 하고 간단히 이데아라고도 했다. 이런 이데아를 生得的, 혹은 선천적인 진리들이라 하거나 플라톤은 이 선천성의 진리를 '원형적인 지식'이라고 생각하고 있다.

결국 플라톤이 문제 삼은 것은 정신이 선천적, 원형적으로 알고 있다고 하는 사실이다. 만약에 우리가 유사성의 이데아를 가지고 있지 않으면 모든 것을 비교할 수도 없다. 비교할 수 있기 위해서는 우리들은 미리부터 하나와 많음, 동일한 것과 다른 것을 알고 있어야만 구별, 즉 인식할 수 있다. 그러므로 플라톤은 그의 작품 『파이돈』(72e)을 통하여 "안다는 것은 다름 아닌 상기라고 하는 이론",[45] 즉 지식과 올바른 개념들은 인간 안에 이미 깃들어 있다는 사실을 말한다. 이 상기설은 이데아의 형이상학적 빛 개념과 함께 후에 플라톤을 추종하는 아우구스티누스와 보나벤투라의 인식론 측면에 큰 영향을 끼쳤다고 볼 수 있겠다. 이 생득적 관념(본유관념)은 보나벤투라가 신의 존재 증명에서 3가지 길로 증명하는 가운데 가장 먼저 첫 번째 길(Prima via)에서 말해 준다.

---

45) 플라톤, 『파이돈』:『플라톤의 대화』, 최명관 역, 훈복문화사, (서울 1971), pp.170 – 171.

2) 플로티누스(Plotinus, A.D. 204-269)

> "정신이 생산해 내는 것은 어떤 사상이다. 그리고 사상은 성찰을 하는 영혼 안에 실재하게 된다. 사상은 정신을 에워싸고 이리저리 움직이는 것이며, 정신에서 방출되는 빛이다."(『에네아데스』 5권 1장 7절)

플로티누스의 사상은 아우구스티누스에게 깊은 영향을 주었을 뿐만 아니라 보나벤투라의 신비주의 사상에도 많은 영향을 주었다. 고대 철학과 교부철학의 분기점에 살았던 플로티누스는 플라톤의 철학을 이어받고서는 자기 스스로를 가리켜 "나는 플라톤의 해석자이다."라고 했다. 그는 암모니우스 삭카스(Ammonius Saccas, 175-245)의 제자로 신플라톤학파의 실제적 창시자이며, 그의 사상은 신비주의적 색체가 농후하여 신비주의의 시조라고 일컬어진다. 그의 사적 생활은 잘 알려지지 않고 있지만 그의 제자 포르피루스가 스승의 책을 편찬하고 전기를 썼는데 확실치는 않지만 205년경 에집트에서 태어났으며 헬레니즘 영향을 받았다는 것이다. 그는 특히 인간은 영적인 것과 육체적인 것이 기이하게 혼합된 존재로 淨化를 통한 인간 완성과 직관에 관해서 매우 개성적인 표현을 하여 그리스도교 교부철학자들에게 영성, 수덕(修德) 면에 큰 영향을 주었다.[46] 특히 성 아우구스티누스에게 지대한 영향을 주었을 뿐 아니라 스콜라 철학의 보나벤투라에게도 그리스도교적 진리를 신플라톤적 형식으로 옷 입혔다고 할 만큼 영향을 주었다.

이러한 영향력은 신플라톤주의가 갖고 있는 "특유한 사고의 생동성, 보나벤투라의 정신에 침투한 관조적이며 신비적 특색, 사물을 질

---

46) 전통과 영성, p.72, p.76, p.239 참조.

서 있는 신의 방사광(放射光)으로 고찰하는 것, 그것을 성직 계급적인 구성과 종국적으로 그 목표인 동시에 출발점으로 환원(還元)시키는 것"47) 등등이 그리스도교적 세계관과 유사하기 때문이었다. 따라서 여기서는 플로티누스의 이러한 사상을 중심으로 살펴보려 한다.

신플라톤주의의 사상의 창시자는 사실상 플로티누스이다. 그의 사상을 알아보기 전에, 일반적으로 말하는 형이상학적 체계로서 신플라톤주의의 내용들은 이와 같이 요약하여 말하고 있다. 1. 있음과 앎을 초월하는 일자 혹은 선으로서의 절대자, 2. 一者, 누스, 존재, 생명, 세계영혼 및 인간, 동물, 식물의 영혼으로 이어지는 존재의 위계질서이다. 3. 빛과 어둠의 은유로 표현되는 一者의 현현, 4. 참여를 바탕으로 한 일자로부터 필연적 유출과 그것으로의 복귀로 표현되는 영원한 과정, 5. 一者의 숭배와 일자의 내적 관조를 통한 일자와 자기와의 초월적 결합(엑스타시스)으로서의 신비주의적 요소를 가진다. 6. 이 형이상학 체계는 도한 진리와 본질을 악으로 간주하는 영성주의적 요소를 지닌다는 것48)이다. 또 다른 한편에서는 신플라톤주의의 중요한 7가지를 다음과 같이 말한다.

1. 이런 입장의 특징은 시공 세계가 위계질서로 이루어진 그런 존재표로 다수로 구성되어 있다.

2. 실제 세계는 종속관계가 아니라 상호 작용하는 관계를 한다.

3. 어떤 원리에서 나오는 존재의 최고 원인은 다른 존재이어야 하며, 뛰어넘는 존재보다 우월하다. 즉 최고의 존재는 초월해 있어야 되고 다른 것이어야 한다.

---

47) 환원주석, p.204.
48) 장욱, 「신플라톤주의와 창조설(플로티누스에서 토마스 아퀴나스까지)」, 『중세철학』 제3호, 한국 중세철학연구소편, 분도출판사, 1998, pp.95-107 참조.

4. 一者는 단순하다.

5. 一者와 열등한 존재는 시공이 갖고 있는 존재의 결함이다. 따라서 제1원리는 일자와 다른 존재에 아는 것이 다르다.

6. 일자는 예측 가능한 설명 가능한 것이 아니다.

7. 신플라톤주의는 중요한 난점 – '왜' 일자 '하나'로부터 '여럿'이 나올 수 있는가를 묻고 그것을 '의지'로 설명한다.[49]

이러한 신플라톤주의의 사상 속에서 플로티누스의 틀은 일자(一者)를 중심으로 상승과 하강의 구도로 나타나며 신적인 것과 일치되는 것이다. 플로티누스의 철학의 방법론은 그 자신의 체험이며 신비적 깨달음이다. 그것은 이성과 감성 둘 다를 결합시키는 것으로서 교부들과 스콜라 시대의 보나벤투라에게 더 큰 영향을 끼쳤다. 플로티누스는 "육체를 떠나 높은 곳으로 올라가는[上昇] 경험을 했다. 그래서 신적인 것과 하나가 되는 신비체험(神秘體驗)을 통해서, 즉 관조(觀照)를 통한 깨달음을 갖고서 다시 내려와서[下降] 일상생활에서 문제들을 사유하게 되었다."[50] 따라서 플로티누스의 형이상학은 플라톤의 이데아론같이 모든 존재가 '善의 이데아'에서 나와 다시 '선의 이데아'로 회귀(回歸)되어 완성되듯이, 일자(一者)에서 흘러나와[下降] 다시 회귀하는[上昇]의 형태로 끝마무리를 짓고 있다. 이런 상승과 하강을 설명하기 위해 이론적으로 중요한 두 개의 축이 나타나는데 그 하나는 순환적 3구도로 일자로부터 나온 3기체 — 일자(一者), 영혼(魂), 물질(物質)[51] — 가 있다는 것이고, 다른 하나는 그의 독특

49) Maria Luisa Gatti, 「Plotinus(The Platonic tradition and the foundation)」 in: Lloyd P. Gerson, *The Cambrdge Companion to Plotinus*, univ. Cambridge Press, 1996, p.25.

50) 정달용, 같은 책, p.51.

한 창조적인 觀照('모든 것은 관조이다.'라는 개념으로)이다. 이를 출발점으로 플로티누스는 고전 형이상학을 재구성하고 있다.52)

먼저, 플로티누스의 上昇(올라감)의 사상은 "혼은 '物質'에 붙들려 있기 때문에 죄를 짓고 악을 저지르게 된다. 따라서 '혼'은 무엇보다도 먼저 물질(육체)을 벗어나서 스스로를 '淨化(purificatio)'하는 데 힘써야 한다. 그 다음은 혼은 정신으로부터 照明(illuminatio)을 받아 한 단계 상승하여 정신으로 올라서야 한다. 마지막 단계로, 정신은 일체의 근원이요, 원천인 一者와 一致(unio)되어야 한다. 이렇게 환원될 때, 일체의 것은 完成된다."53)는 것이다.

플로티누스의 下降사상은 곧 그의 유출설이다. 그에 의하면, 모든 것은 '하나'[一者]에서 흘러나왔다. 이 一者는 그 자체로 충만하다. 一者는 일체의 것의 근원이요 원천이다. 이는 빛[光]과 같다. 이 일

---

51) 1단계. 정신(Nous): 신의 직접적 모상이다. 정신은 신의 관념세계이며, 여기서부터 사유하는 것과 사유되는 것이 갈리고 만물의 원형인 '이데아'가 나온다. 2단계. 영혼(psyche.Soul): 여기서는 이데아를 본으로 삼아 감각적 형체의 세계가 물질 속에서 이룩된다. 3단계. 물질(hyle.Physics): 물질의 단계는 절대적 소극성이요, 순수한 결핍이며 비존재이다. 여기서 모든 존재는 최고선 자체인 일자를 향하고 있으며, 신으로부터 유래한 인간의 영혼은 물질적, 육체적, 감상적인 것에서 벗어나는 데서 구제를 얻는다. 인간의 덕(신일합일)은 유출의 단계 순서의 반대 방향으로 신의 본질 속으로 몰입하는 엑스타시스[脫我]에 있어서 성립한다.
   1) 일자(一者, to proton): 항존, 불멸, 언표할 수 없는 궁극 존재.
   2) 누우스(睿智界, Nous): 종합 개념을 하는 이데아 세계로 예지계이다.
   3) 영혼(靈魂界, psyche): 영혼은 세계영혼과 개별영혼으로 구분되고 신인합일의 인간의 덕은 유출의 단계 순서의 역순으로 신의 본질 속으로 몰입하는 엑스타시스(existasis)이다.
   4) 물질계(物質界, hyle): 물질계 혹은 감각계는 현상계이다.
52) Maria Luisa Gatti, 「Plotinus(The Platonic tradition and the foundation)」 in: Lloyd P. Gerson, *The Cambrdge Companion to Plotinus*, univ. Cambridge Press, 1996, p.27.
53) 정달용, 같은 책, pp.53 − 54.

자로부터 정신(Nous)이 흘러나온다. 이것은 '빛'이 어둠 속에로 번져 나가는 것과 같다. 그 다음은 정신으로부터 혼(Psche)이 흘러나온다. 그리고 마지막으로 혼으로부터 '물질(物質)'이 나온다. 이 물질은 一者에서 가장 멀리 떨어진 마지막 단계의 것으로 一者가 '빛'이라면 물질은 하나의 '어둠'이요, '惡한 것'이다.54)

플로티누스는 유출설을 주장하면서 플라톤의 형이상학의 불충분함을 수정, 보완을 통해 종합을 꾀한 철학자이다. 그래서 플로티누스는 스스로 플라톤주의라고는 하였지만 플라톤과 분명 차이점이 있다. 첫째, 이원론자인 플라톤 사상의 두 개의 축은 이데아의 세계와 현실의 세계인 데 반하여 플로티누스의 축은 일자가 정점에 있는 일원론이다. 이것은 그의 사상을 이해함에 있어 매우 중요하다. 일자는 언표 불가능한 존재이기에 거기에서 흘러나온 가장 낮은 단계에 있는 물질도 순수한 물질은 결코 아니라는 것이다. 즉 물질도 영혼을 가지고 있다고 생각했다. 이러한 의미에서 보면 그는 결코 유물론자는 될 수 없었다.55) 즉 一者는 스스로의 원인이고 다른 존재를 만들어 내는 원인으로서 자생적(causa sui)이다. 둘째, 플라톤의 '선의 이데아' 원리는 설명되고 정의되지만 플로티누스의 一者는 설명되지 않고 정의가 불가능하다. 따라서 관조를 통한 합일에서만 알 수가 있다는 결론이 나온다. 셋째, 플로티누스에게 있어 변증법적인 3가지 요소 — 영속 불멸(perdurance), 진행(processione), 회귀(return) — 는 순환하는 구도이다.56) 이 구도 속에서, 플로티누스는 관념적 틀을 가지

---

54) 위의 책, pp.52 − 53 참조.
55) Henry J. Blumenthal, 「On soul and intellect」in: Lloyd P. Gerson, *The Cambrdge Companion to Plotinus*, univ. Cambridge Press, 1996, p.84.
56) Maria Luisa Gatti, 「Plotinus(The Platonic tradition and the foundation)」

고서 '창조적 관조'를 통하여 위로부터 아래를 규정하는 '下降의 形而上學'을 구상한다. 그러나 플라톤과는 달리 관념적 세계의 이데아들을 실제적 세계의 정신적 존재자들로 대치하려 한다. 이 구도에서 그는 일자를 實存의 산출자로, 精神(nous)을 本質의 산출자로 제시한다. 다시 말해 플로티누스는 플라톤의 統一의 原理인 善의 이데아를 창조의 원리인 一者로 대체하며, 또한 누스를 실재적인 非同一性의 원리로 뚜렷이 제시함으로써 플라톤주의적 관념론에서 實在論으로 나아가는 통로를 마련한다. 이제 그의 사상을 신플라톤의 특징 속에서 네 가지로 나누어 고찰한다.

(1) 생동적 사고-자유[57]와 의지

플라톤과 플로티누스의 사상에 현저한 차이성은 '왜'라는 물음에 있었다. 그리스의 형이상학의 중요 문제는 '왜, 어떻게 일(一)에서 다(多)가 나올 수 있는가?' 하는 것이 핵심이었다는 것은 너무나 잘 아는 사실이다. 그런데 플라톤 작품에서는 다수가 하나요, 하나가 다수라는 것에 경탄(敬歎)했지만 플로티누스는 일과 다의 근본 문제를 제기하고 그 해결을 보고자 했다. 그래서 플로티누스는 '왜 일자는 존재하는가?' 그리고 '왜 그렇게 존재하는가?'라는 물음을 제기함으로써 양자의 차이점을 가장 현저하게 나타내었다고 볼 수 있다.

'왜 일자는 존재하는가?' 이는 제일원리에 대한 물음이다. 이것은 플라톤과 아리스토텔레스의 형이상학에서는 문제 삼지 않았기 때문에 묻지도 않았으며 무조건적이었다. 왜 세계가 있고, 왜 혼돈한가를

---

in: Lloyd P. Gerson, *The Cambrdge Companion to Plotinus*, univ. Cambridge Press, 1996, pp.25 – 26 참조.
57) 一者의 '自由'에 대해서는 위와 같은 책, p.28 참고.

규명하는 일은 실제로 불가능하다고 보았기에 제일원리의 존재 이유에 대해서는 더 이상 묻지 않았다. 그러나 플로티누스는 이에 관하여 물었고 그의 저서 『에네아데스』(Enneades)에서 이렇게 답한다. "일자가 존재하는 이유와 그 원인은 자유에 있다."(『에네아데스』 6권 8장) 그리고 "일자의 작용은 그 의지를 표명한 것이다. 왜냐하면 일자는 의욕하지 않고는 작용하지 않기 때문이다. 그러나 그의 활동은 어느 정도까지는 그의 실체다. 따라서 그 의지와 실체[58]는 동일한 것이다."(『에네아데스』 6권 8장 13절)

이처럼 플로티누스는 일자의 존재 이유와 원인을 '자유'로 규정하고, 신적인 근원적인 일자에는 '의지'가 있다는 것을 강조하였다. 이 자유와 의지에 관한 이 한 편의 글은 철학사에서 가장 중요한 기록들 중의 하나가 된다. 그 이유는 '그리스의 주지주의가 분명히 시작되고, 서구에서 의지의 형이상학이 시작'[59]되었기 때문이다. 특히 주지주의자 토마스 아퀴나스와는 달리 주의주의를 취한 보나벤투라의 사상을 이해하는 데 플로티누스의 '의지' 개념은 중요하다. 이 의지와 자유 개념은 먼저 아우구스티누스에게 전해지고 그의 노선을 취한 초기 프란치스칸 학파의 보나벤투라와 그의 후계자인 둔스 스코투스의 사상에서 차례로 나타나는데, 둔스 스코투스에 이르러 의지와 자유 개념은 더욱 심화되어 '자유와 의지와 사랑'은 같은 말이며 換置할 수 있는 단어가 된다.

따라서 플로티누스에게 있어서 모든 실재는 선을 추구하려는데 그것은 최고선에 참여함으로써 가능하다고 믿었다. 선은 소유하지 않

---

58) 여기서 말하는 實體란 존재하고 있기 위해서 다른 그 어떤 것도 필요로 하지 않는 그런 방법으로 존재하는 것이다.
59) 요한네스 힐쉬베르그, 같은 책, p.369 참조.

는바, 우리는 무엇인가 원하게 되고, 선을 소유한다는 것은 선을 원하는 것으로, 이러한 면에서 존재함과 의지함은 같은 것이다. 그리고 의지는 항상 자유를 전제하고 있다. 그러므로 존재는 사유(존재＝사유)의 등식이 아니라, 존재는 의지(존재＝의지)[60]의 등식이다. 이런 이유 때문에 선 자체를 통해서 우리는 그렇게 되길 원한다. 모든 존재는 선을 추구해야만 하는(당위) 것이다. 이에 덧붙여 플로티누스는 선이 모든 것을 그 자체로 무언가 다른 것으로 변화시키길 원하며 그렇게 되길 원하는데 그것은 선 그 자체가 一者가 되기를 원하기 때문이다. 왜냐하면 모든 존재는 선 자체인 일자에게로 참여하려는 원의(願意)를 가지는데 그것이 존재하게 하는 것(원의＝존재)이기 때문이다. 그러므로 선택은 의지의 자유문제로, 선(善)＝선택(自由)＝의지(意志)의 등식이 성립된다. 선 그 자체는 창조자 자신이다. 타 존재는 선에 참여할 때만 그러하다. 그래서 선택과 참여가 그(善) 안에 포함되어 있다.

그러므로 이러한 플로티누스의 사상은 서양 철학에 최고 정점을 다룬 것으로 플라톤과 아리스토텔레스를 뛰어넘었다.[61] 일자는 왜 존재하는가에 대한 그의 첫째 대답은 바로 자기 창조와 자기 설명이고, 또 다른 하나는 多의 설명으로 말하는 것이다. 즉 제일원인은 그 자체가 자기 발전적 활동이며, 자기 생산성(自己 生産性)으로 말하고 있다.

---

60) 이 등식은 우리가 어떤 존재 가치로 서 있느냐에 의미를 주면서 또한 우리가 도덕, 윤리, 형이상학적 존재임을 가능하게 한다.
61) Maria Luisa Gatti, 「Plotinus(The Platonic tradition and the foundation)」 in: Lloyd P. Gerson, *The Cambrdge Companion to Plotinus*, univ. Cambridge Press, 1996, p.28 참조.

(2) 빛의 방사-빛의 유출

플로티누스는 빛을 은유로 하여 아래와 같이 유출을 설명하고 있다.

"정신이 생산해 내는 것은 어떤 사상이다. 그리고 사상은 성찰을 하는 영혼 안에 실재하게 된다. …… 정신에서 방출되는 빛이다." (『에네아데스』 5권 1장 7절)

그는 서양 철학의 일과 다의 문제를 유출설로 풀어낸 최초의 철학자이다. 즉 신으로부터 만물이 생겨남은 의식적 창조에 의해서가 아니라 넘쳐흐르는 신의 본질의 필연성에서 저절로 되는 것이다. 세계는 넘쳐흐르는 신의 힘(에너지)에서 필연적으로 흘러나온다는 것이다. 그는 은유법을 사용하여 표현하기를 이는 마치 태양에서 빛이 흘러나오는 것으로 다함이 없는 것이다. 다시 말해 그의 유출설은 제일원리와 다양한 실재, 즉 一과 多의 문제를 설명하는데 그 가운데 특별히 빛[光]을 들어 설명하고 있다. 또한 거울에 비유하여 거울에 비치는 대상은 배가되지만 그 자신은 어떠한 변화를 겪거나 손실을 입지 않는다. 그러나 태양에서 멀어지면 그 빛도 옅어지듯이 빛의 신으로부터 멀어짐에 따라 신의 본질도 얕아지고 완전성도 잃게 된다. 따라서 일자의 유출 과정에서 아래로 정신, 영혼, 물질로 설명되는데 마지막 물질은 광명에 맨 끝으로 어둠으로 표현된다. 따라서 빛은 플로티누스의 뛰어난 은유 표현이다. 빛과 어두움의 은유로 표현되는 일자(一者)로 나타나고 있다. 그러므로 그에 있어 창조는 빛의 放出이다.

플로티누스는 창조를 유출로 설명하는 가운데 일과 다를 빛으로 설명한다. 일자는 선이요, 단순하며, 설명 가능한 존재가 아니다. 플로티누스에서 괄목할 만한 몇 가지를 볼 수 있는데, 첫째는 플라톤과 아리스토텔레스가 第一原理에 대해서 '왜'라고 묻지 않은 것을 문제 삼았다는 것이다. 즉 일자의 존재 이유와 원인에 대하여 그의 작품 『에네아데스』 6장에서 자유에 있다는 것이며, 一者가 왜 존재하는가에 대해서는 '自己 生産性'이라는 것이다. 또 하나는 一者에는 '意志'가 있다. 그것도 이 의지는 선의 자기 자신의 의지이다. "일자의 작용은 그 의지를 표명한 것이다. 왜냐하면 의욕하지 않고는 작용하지 않기 때문이다."(『에네아데스』 6, 8, 13) 이러한 自由와 意志에 대한 그의 사상은 그리스 主義主義를 낳았으며, 후일 아우구스티누스와 보나벤투라에게 여러 개념들이 전해진다고 봐도 무방하다. '의지와 일자의 작용'에 대한 플로티누스의 대답은 빛과 유출이다. 一者로부터 창조, 즉 빛의 발산은 그 자체의 자기 작용이다. 일자는 모든 것을 산출하는데 일자의 활동을 2가지[62]로 구별하여 그는 설명한다.

1. 존재의 활동성(activity of Being)이란 가만히 있지 않고 활동한다. 빛 그 자체의 자기확산이라 할 수 있다. 이 존재의 활동 특징은 자기 창조인 힘과 자유이다.

2. 존재로부터의 활동성(activity from Being)은 '~에서 나오는 활동'이다. 이는 일자의 자기 창조와 필연적으로 따라 나오는 일자 활동성 안에 자기 창조와 자유이다. 예를 들면 촛불의 불을 밝히는 순간 열과 빛을 발하며 손이 따뜻함을 느끼는 것과 같다.

'존재의 활동성'은 가만히 있지 않고 움직임(활동)이고, '존재로부터의 활동성'은 비유를 들면 촛불의 불을 켤 때 전원체인 초가 열과

---

62) ibid., p.28.

빛을 발하면 손이 따뜻함을 느낄 수 있는 바로 이것이 이 존재로부터의 활동이라 할 수 있다.

일자에게 유일한 활동, 즉 존재 활동의 특징은 자기 창조인 힘과 자유이다. 존재로부터 활동은 '~에서 나오는 활동'으로 자기 창조적인 힘의 문제인데 극도로 큰 힘, 가장 큰 힘, '~으로부터 에너지'이다. 이 일자 활동에서 많은 것들이 생산된다. 일자의 활동성은 자기 창조와 필연적으로 따라오는 일자 활동성 안에는 자기 발견, 자유, 창조가 있다. 자기 발견과 자유는 반드시 필연적 관계에 들어가야만 설명된다. 이처럼 플로티누스는 일자의 원리를 가지고 다(多)의 산출을 설명해 내는 유출설은 아주 독특한 그 자신만의 독창성이다.

그러므로 플로티누스가 말하는 一者는 모든 존재를 산출하는 能動因이며 동시에 모든 존재가 의당히 추구해야 하는 目的因이기도 하다. 우리의 언어와 사유는 한계성이 있어 일자 파악에는 제한을 받는다. 이는 후설의 현상학에서(노에시스, 노에마) 판단중지하고 직접 사물에 들어가서 본질 직관이 필요하듯이 일자는 설명되지도 않고 정의 불가능하기에 관조를 통한 合一 안에서만 알 수 있다. 따라서 그의 작품 『에네아데스』에서 말하고자 하는 全部는 관조에 있고, 관조를 통하여 나왔다는 것이다.

(3) 모든 것은 관조(contemplatio)이다

첫째로, 플로티누스는 '모든 것은 관조(觀照, contemplatio)'라고 말한다. 이것은 일자를 최고의 단순함으로 보는 데서 비롯된다. 그의 형이상학 체계는 세 가지 基體로 구성되어 있다.

첫 번째 기체인 一者는 복잡한 것이 아닌 필연성이 없는 가장 '단순함(simplicitas)'이다.

두 번째 기체인 정신(nous)은 자기반성적이고, 관조하는 주체와 객체가 일치한다.

세 번째 기체인 영혼은 테오리아로 학문을 하는 것이다. 영혼은 등급에 따라 大小가 있다. 존재들은 이성, 로고스, 관조로 영혼에 참여한다.

플로티누스의 일자의 단순함에 관해서는 관조를 선호한 보나벤투라에게서도 잘 나타난다. 즉 "존재는 단순하기 때문에 그것은 유일한 제일의 것이다."(Itin., c.5, n.6, 7.) 때문에 유일신(하느님)이라는 이름은 가장 영원한, 가장 단순한 존재를 의미한다고 하였다. 그리고 최고로 하나인 것은 모든 다수의 보편적 원리가 된다. 이것으로 말미암아 존재는 만물의 보편적 활동인과 형상인 목적인일 뿐만 아니라 존재의 근거가 된다고 하였다.

둘째로, '모든 것은 觀照에서 나온다.' 플로티누스에게서 모든 존재는 위계질서를 따라 아래에 내려가는 것, 즉 형상이 질료로, 점점 낮은 단계로 나아가는 것이다. 그래서 현실의 세계는 형식이 내용을 입어서 나타난 것이라 볼 수 있는데 문제는 물질이다. 우선 플로티누스는 관념론적 실재론자로서 일원론자라고 할 수 있다. 그러하기 때문에 전통적인 이분법에 따라 물질세계와 영의 세계, 다시 말해 영혼과 물질이 관계로서가 아니라 영혼과 같은 것이다. 단지 영혼의 단계가 내려오면서, 즉 우주영혼이 희박해 질 때 물질세계(자연세계)가 된다는 것이다.[63]

따라서 그의 세 가지 기체 중에서, 최고의 정점은 一者에 있으며 직관능력을 가진다. 이 일자에서는 존재와 사유가 동일하다. 그러므로 일자로부터 관조 활동을 통해서 예지적인 사물이 그곳에서 태어

---

63) ibid., p.32 참조.

나고(존재와 사유) 다시 일자의 관조에로 회귀하는 것이다. 두 번째 기체인 누우스[精神]는 자기 관조가 자기 단계이고, 여기서 사물이 나오고 영혼이 나온다.

일자의 세계는 관조이다. 플로티누스의 철학은 창조적 관조주의 철학이다. 바로 이 관조이라는 것은 존재를 존재하게끔 하는 것이다. 그러므로 일자의 활동성은 '관조'이며, 관조로부터 모든 것이 흘러나온다. 플로티누스의 관조 이론은 창조적 관조라는 중심축의 종합으로서 주장되어 왔다. 이것은 존재를 가능케 하는 一者 회귀의 열쇠이기도 하다.[64] 결론적으로 말하면 일자존재 이유가 자유이다. 이것은 필연성의 심오한 관점을 열어 주는 어떤 생산이다. 어쨌든 그는 플라톤의 전통에서 독특한 부분을 구성하여 형이상학의 근본적 문제들을 파악하게 해 준다.[65]

(4) 회귀 혹은 환원 - 신비로운 일치

플로티누스는 신비적 일치를 궁극적인 목표(회귀사상)로 정하고, 이를 불타고 있는 것 같은 색채로 묘사하고 있다.(『에네아데스』 6, 9.) 이는 후대의 신비가들에게서 나타나는 '영혼의 불꽃(scintilla animae)', '영혼(정신)의 극치(acies, apex mentis)', '영혼(정신)의 도성(archa mentis)'이라는 상징어들과 연결된다. 인간은 근원적 존재에로 상승이 가능한데 그 이유는 자기의 내면 가장 깊은 곳에 신적인 것, 즉 원이 가지고 있는 것과 같은 중심을 가지고 있기 때문이다. 이 중심이 직경과 원의 둘레를 있게 해 주고, 이것들은 자신으로부터 유출되게 된다. 플라톤에게서 상승은 선한 것으로 올라가는 것이며 플로티누스는 프

---

64) ibid., op.cit., p.33.
65) ibid., op.cit., p.34.

로네시스와 에로스가 합쳐지는 것으로 정화와 조명 일치의 단계를 말하고 있다. 신비적 일치란 그 근원과 본질에 따라 보자면, 예지적인 것으로 상승 이외에 아무것도 아니다. 이 일치는 또한 완성이기도 하다. 그러나 에스타시스에게 있어서도 신으로는 되지 않고, 신을 닮는 것으로 된다. 인간의 정신은 그 신적인 영혼의 불꽃 속에서도 항상 진짜로 신적인 원상의 묘사로 지나지 않는다.[66]

플로티누스의 생성 과정은 빛의 유출로서, 일자에서 제일 먼저 유출된 것이 정신, 즉 누우스이다. 이 누우스는 일자의 가장 근사한 것으로서 모든 관념 및 존재 구조의 종합 개념(이데아)이며 지혜의 세계이며 모든 존재의 율법자요, 그 존재 법칙이다. 누우스로부터 유출된 것이 영혼이다. 영혼에는 세계영혼과 개별영혼이 있다. 세계영혼과 개별영혼은 하나이면서 같은데 이 둘 사이에 차이는 개별영혼은 육을 갖고 있다는 점이다. 영혼과 육의 공존은 마치 빛이 공기에 있듯이(빛은 열을 갖고 있음) 영혼도 육체 안에 함께 존재한다.[67] 이 영혼은 예지적인 것과 감각적인 것의 영역 사이의 중간적인 것이다. 따라서 이 영혼은 두 방향의 활동성을 가지고 있다. 한편으로는 누우스를 향해 갈망하며 관조(정관)하고, 다른 한편으로 하위의 존재를 유출하는 활동을 한다. 따라서 영혼은 모든 낮은 존재의 창시자요, 생성하는 원리이다. 그러므로 현상계의 모든 만물은 영혼의 현상이다. 영혼의 욕구에 의해서 제3단계인 물질이 유출되었다. 광명의 최후의 단계에 어둠이 있듯이 일자의 빛의 맨 끝에 물질, 즉 무의식적 자연이 있다. 물질은 독립적인 실재성을 전혀 갖지 못한다. 이처럼

---

66) 요한네스 힐쉬베르그, 같은 책, p.372.
67) Henry, J. Blumenthal, 「On Soul and intellect」 in: Lloyd P. Gerson, *The Cambrdge Companion to Plotinus*, univ. Cambridge Press, 1996, p.85.

일자에 이르기까지의 단계적 하향설이 플로티누스의 유출설이요, 일원적 유심론이다.[68]

이와 정반대로 영혼의 정화는 그의 유출설(하향설)을 거꾸로 해서 성립시킨 것이라 할 수 있다. 즉 정화를 향한 상승설이라 할 수 있다. 영혼과 육체의 결합인 인간은 이 두 사이를 넘나들고 있다. 즉 인간 영혼은 이성적인 능력이 없는 물질적인 육체에 깃들어 있으므로 죄와 고통, 죽음과 슬픔을 벗어나지 못한다. 그러므로 영혼은 육체를 벗어나서 스스로를 정화하고 누우스와 결합하고 마침내는 누우스를 넘어서서 근원적인 일자와 하나가 되지 않으면 안 된다. 따라서 인간 영혼의 윤리적 임무는 온갖 육체적, 세속적인 욕심을 버리고 영혼을 일자에로 회귀에는 3단계의 과정이 있다.

1) 영혼의 단계에서는 플라톤이 말하는 사추덕(四樞德)과 같은 실천적인 덕을 통해 현세적인 생활의 번뇌와 쾌락을 벗어나는 것이다.

2) 누우스의 단계에서는 엄격하고 올바른 사유를 할 수 있도록 수양해야 한다. 그러한 사유 활동을 통하여 자신의 개체성을 벗어나며, 사물들에 대한 광범위한 지식을 통해서 可視的인 세계의 모든 사랑과 관조에 의한 직관(파루시아)을 통하여 절대적 일자(一者)와 合一하는 것이다. 즉 우리들 자체 내에 주어져 있는 신비적 경지 속으로 스스로를 몰입시켜야 한다.

3) 일자와의 무아적 일체감을 바탕으로 한 무의식의 상태로 승화되는 것이다. 그 속에는 일자와 자아가 분리되어 있다는 어떤 의식도 이미 존재하지 않는다. 이때에 비로소 유출의 과정은 완전히 전도되고 자아는 일자와 융합한다. 이러한 일자의 융합,

---

68) 요한네스 힐쉬베르그, 같은 책, p.372.

곧 완전히 합일하는 상태를 황홀경이라 하였다. 이 순간은 일자를 직관하는 순간이요, 일자 안에 잠겨서 취하는 상태이며, 온 세상을 모두 잊고 마침내는 자기 자신마저 잊어버리고, 기쁨의 도가니 속에 젖어 있는 상태인 것이라 하였다.[69]

이와 같은 그의 사상이 神秘主義的 색채가 농후하기 때문에 그를 신비주의의 시조라고 한다. 사실은 이러한 사상은 그 이전에 동양의 인도에서 접할 수 있었으며, 그 이후에는 아우구스티누스 교부철학자와 성 보나벤투라와 근세 초의 신비주의자들에게서도 나타났다.

"철학에 있어서 중요한 것은 주어진 대답이 아니라 오히려 제기된 질문이다."라고 한 B. Russell의 말처럼 플로티누스는 플라톤과 아리스토텔레스의 제일원리에 대한 무조건적으로 받아들이지 않고 '최고 존재는 왜?'라는 문제를 제기함으로써 그리스 철학의 혁신적 공헌을 하였다. 그래서 그의 사상이 장구한 세월이 흘렀어도 오늘날 재조명되고 있는 이유이다. 그는 플라톤주의를 따르면서도 구별되는 신플라톤주의의 시조가 되었다. 그는 서양 철학의 중심 문제였던 일과 다의 문제를 유출설로 설명하고 있으며, 모든 만물이 선을 지향하는 까닭과 영혼의 정화를 통한 최고선과의 일치를 회귀사상으로 말해 주고 있다. 또한 신비주의자로서 플로티누스는 초대 그리스도교의 영성과 신비주의 신학에 지대한 영향을 주었으며, 특히 라틴 교부인 성 아우구스티누스에게도 영향을 주었다. 그리고 아우구스티누스의 노선을 따르는 보나벤투라 역시 심심치 않게 그를 거명하는 것을 보아 자신의 큰 틀을 형성하는 데 플로티누스의 사상이 분명 큰 영향을 끼쳤음을 볼 수 있다. 그의 유출설은 그리스도교의 창조설, 즉 생

---

69) 정진일, 『철학 개론』, 박영사, 1998, pp.73-76 참조.

성 과정을 설명하는 데는 역부족이었으나 플라톤보다는 더 많은 발판을 놓는 데 큰 역할을 한 셈이다. 보나벤투라는 한 발 더 나아가 "모든 존재와 사건(事件)까지도 신에게로부터 흘러나와서 다시 신에게로 돌아가는 것이다. 특별히 구원의 역사(役事)는 본향으로 돌아가는(귀향) 큰 행위"[70]로 파악하고 있다.

보나벤투라의 빛의 형이상학에 있어서는 앞으로 언급되겠지만 플로티누스의 빛으로 상징되는 일자 존재의 '자기 활동성', '자기확산'이라는 속성은 보나벤투라의 빛의 형이상학에 중요한 바탕이 된다고 볼 수 있다. 플로티누스는 '모든 것을 관조'라고 하였다. 이것은 우리의 앎이 오늘날과 같이 이성과 실증과 검증이라는 척도의 관문을 통과할 때만 참인식에 이를 수 있다는 것과는 거리가 멀다. 그러나 인간이 지니는 더 심오함이 영적으로 내재해 있음을 그는 관조를 통해서 우리에게 말하고 있다. 이러한 플로티누스의 관조에 관한 사상은 보나벤투라의 작품 『하느님께 나아가는 정신의 여정』에서 잘 나타나고 있다. 물론 플로티누스의 관조 사상은 교부들과 영성가들에게 끼친 영향이 지대하지만, 그 큰 사상의 맥을 함께하고 있는 것을 볼 때, 보나벤투라에게 큰 영향을 준 듯하며, 적어도 관조를 통한 괄목할 만한 중요한 인식 방법을 물려주었다고 볼 수 있다. 플로티누스가 일자의 자유와 의지에 관한 언급으로 서구에서 '의지의 형이상학'이 시작되었다고 평가한다. 이러한 시각에서 우리는 플로티누스를 '최초의 주의주의자'라고 부를 수 있을 것이다. 일자의 자유와 의지 같은 개념들은 아우구스티누스에게 전달되었다. 아우구스티누스는 신을 사랑이라고 하고 삼위일체론에서는 성령을 성부와 성자를

---

70) 환원주석, p.204.

연결시켜 주는 실체적인 끈이라 해석하고 이 실체적 끈을 다시 의지와 사랑이라 말한다. 즉 일자의 작용(활동)은 의지(의지의 의욕 없이는 작용 없다)이기 때문에[71] 삼위일체에 있어 서로를 잇게 하는 끈은 '사랑의 발로'라 하겠다. 아우구스티누스의 이러한 사상은 주의주의를 취하고 있는 보나벤투라에게와 후일 둔스 스코두스에게서 확실하게 드러나면서 자유와 의지 그리고 사랑은 같은 등식이며 서로 환치할 수 있는 단어들로 나타나기도 한다.

3) 아우구스티누스(아우구스티누스, 354-340)

"우리 눈 속에 있는 빛은 너무 양이 적기 때문에 외부 빛의 도움이 없으면 우리는 어떠한 것도 볼 수 없을 것이다."(De Genesi ad litteram, 1, 16, 31)

아우구스티누스는 헬레니즘과 헤브라이즘을 종합하여 서양 철학의 토대를 마련해 준 '서양의 스승'이라 불린다. 그는 교부철학자로서 특히 그리스 철학에서 플라톤과 플로티누스의 사상과 성서와 전례, 즉 유대-그리스도교 사상과의 종합(혹은 아테네와 예루살렘)을 시도한 위대한 그리스도교 철학자이다.

그의 간략한 생애와 사상을 보면, 그는 북아프리카 타가스테에서 태어나 카르타고(Cartago)에서 교육을 받으면서 초기에는 선악의 이원론과 확고한 이성주의를 표방한 마니교에 매력을 느껴 심취했다.

---

71) 요한네스 힐스베르거, 같은 책, p.369 참조.
71) Armand A. Maurer, ibid., p.152.

그 후 플로티누스의 작품들을 읽으면서 신플라톤주의 철학에 탐닉하게 되고 마지막에는 그리스도교로 개종하였다. 그런 후에 평생을 신플라톤주의와 그리스도교 사상을 접목시키면 조화를 꾀하였고 말년에는 신플라톤 사상을 버리긴 하지만 그의 영향은 그의 작품을 통해서 보더라도 대단히 컸었다.

예컨대 『신국론』에서 아우구스티누스는 행복의 근원을 이야기하다가 조명에 관하여 자신이 아주 존경하고 있는 플로티누스의 견해를 아래와 같이 말하고 있다. "그 근원은 그들의 하느님으로서 그들 자신과는 다른 일종의 지성적인 광채인데, 그들이 빛에 쬐며 하느님께 참여함으로써 완전한 행복을 향유할 수 있도록 그들을 조명해 준다."[72] 플로티누스는 플라톤에 대하여 부인하면서 그들이 우주의 혼이라고 믿고 있는 혼조차도 우리가 복을 이끌어 내는 바와는 다른 근원, 즉 우주의 혼과는 구분되며 그것을 창조했던 근원으로부터 복을 이끌어 낸다고 반복하여, 강력하게 주장하고 있다. "우주의 혼은 그 지성적인 조명에 의하여 지성적인 일들에 대한 광채를 향유하게 된다는 것이다. 그는 또한 마치 神이 태양이요, 혼이 달인 것처럼 그러한 영적인 일들을 광대하며 두드러진 천체에 비유하고 있다. 왜냐하면 그들은 달이 태양으로부터 광채를 끌어낸다고 생각하기 때문이다. 따라서 그 위대한 플라톤주의자는 이성적인 혼, 또는 오히려 지성적인 혼은 우주와 영혼 자체의 창조자인 신 이외에는 자기보다 상위의 자연을 가지고 있지 않으며, 이런 천상의 영들은 우리와 동일한 근원으로부터 복된 삶과 진리의 빛을 파생시킨다."[73] 이어서 아우구스티

---

72) 성 아우구스티누스, 『신국론』(Civitate Dei), 조호연, 김종흡 역, 현대지성사, 1997, pp.481−482.
73) 위의 책. p.482.

누스는 그리스의 빛과 헤브라이즘의 사상으로도 볼 수 있는 성서의 빛을 곧바로 접목·연결시키고자 노력한다. 그래서 아우구스티누스는『신국론』에서 '위로부터의 조명에 관하여 플라톤주의자인 플로티누스의 견해'라는 제목으로 플로티누스가 요한복음(1: 6-9)[74)]에 빛 사상에 동의[75)]하고 있다고 말한다. 즉 "이성적이거나 지적인 혼이 그 자체로서 빛이 될 수 없고 참된 빛이신 다른 존재로부터 빛(光明)을 받을 필요가 충분히 입증되고 있다."라고 아우구스티누스는 설명한다. 여기에 대한 정확한 해석은 질송이 해 주고 있다. "플라톤과 플로티누스는 사물들이 오직 형상일 뿐인 세상에서 인식하는 지성이 사물들을 신적인 이데아인 그 모델에 연결짓지 않으면 참된 지식이 불가능함을 알았다. 이것이 바로 아우구스티누스가 플로티누스의 가르침에서 성 요한과 의견을 같이한다고 말한 이유이다."[76)] 위에서 보

---

74) 하느님으로부터 파견된 사람이 있었으니 그의 이름은 요한이었다. 그는 증언하러 왔다. 빛에 관해 증언하여 자기로 말미암아 모두 믿게 하려는 것이었다. 그는 빛이 아니었으며 다만 빛에 대하여 증언하려 했을 따름이다. '말씀(Verbum)'이 '참된 빛(Lux vera)'이셨으니 그 빛이 세상에 오시어 모든 사람을 비추고 있다.(Gv. 1: 6-9)

75) 이러한 아우구스티누스가 주장에 관하여 질송은 말하길 (E. 질송,『중세 철학사』, 김기찬 역, 현대지성사, 1955, p.111.) "하느님의 많은 속성 가운데 두 가지가 우리에게 특별히 중요하다. 하느님은 스스로 안에서 그리고 스스로에 대하여 영원하시다. 사람에 대하여 하느님은 빛이시며, 동시에 지복이시다. 성 요한은 말씀이 모든 사람을 비추며 이 세상에 오는 빛이라고 말한다.(Gv. 1:9) 철학적으로 말하면, 이 말은 말씀(로고스인 성자)이 성부의 살아 있고 영원한 생각이라는 뜻이다." 이는 그리스도교의 삼위일체의 신을 교리상 풀이하면서 말씀은 성부의 자기 지식이며, 형상이요, 모형이시다는 것이며 그리고 세상에 빛이다. 또한 말씀은 인간 지성의 빛이다. 플라톤과 플로티누스는 사물들이 오직 형상일 뿐인 세상에서 인식하는 지성이 사물들을 신적인 이데아인 그 모델에 연결짓지 않으면 참된 지식이 불가능함을 알았다. 이것이 바로 아우구스티누스가 플로티누스의 가르침에서 성 요한과 의견을 같이한다고 그 이유를 덧붙인다.

았듯이 아우구스티누스는 그리스의 빛의 철학을 그리스도교의 성서에 나타난 말씀인 빛, 즉 신에 접목시키려고 노력에 경주를 더했다. 그 외에도 그는 플로티누스의 일자의 존재 개념을 성부 하느님께 사용하고 그가 말하는 존재성이 언제나 스스로와 동일하다. 즉 영원하고 불변하기에 이 영원성과 불변성을 아우구스티누스 입장에서는 하느님의 속성과 같이 보았다. 이처럼 신플라톤주의에 탐닉한 아우구스티누스가 문제 삼았던 것은 철학을 계시와 그리스도교 신앙에서 활동하도록 설정하는 것이었다. 따라서 그에게서 이성과 신앙의 문제는 크게 부각되어 나타난다. 그는 신앙과 이성과의 관계를 전제조건과 궁극적 목적 사이에 관계, 즉 수단과 목적의 관계로 보았다. 그러나 우리가 다루고자 하는 것은 아우구스티누스와 빛의 관계이다.

13세기에 아리스토텔레스의 사상이 새롭게 유입됨으로써 세계 기원에 대한 신학과 자연철학(과학)의 해석이 큰 마찰을 불러왔지만, 이보다 훨씬 이전인 아우구스티누스 당시에도 그리스의 우주론의 자연철학적 해석과 그리스도교의 창조론의 문자적 해석은 불일치를 이루고 있었음을 교부들을 통해서 볼 수 있다. 예컨대 대표적 인물로 그리스의 우주론과 자연철학에 상당히 박학했던 바실리우스(Basilius, 330-379)를 꼽을 수 있다. 그는 창조 기사를 변증하고 해명할 수 있는 자연철학을 세우는 데 전념하여 4원소설을 받아들이면서 그에 더하여 제5의 천상적 원소에 대한 논증을 기술하였다[77].

아우구스티누스는 자연 지식이 바실리오보다는 못했지만 이 자연

---

76) E. 질송, 『중세 철학사』, p.111.
77) 데이비드 C. 린드버그, 로널드 L. 넘버스, 『신과 자연』, 이정배, 박우석 역, 이화여자대학교출판부, 1998, p.65.

지식을 그리스도교 교리와 성서 주석에 도움이 된다는 것을 인정하였다. 따라서 그의 작품들 속에는 그리스 자연철학의 단편들이 면면이 배여 있는데 그중 하나의 훌륭한 예가 바로 그의 조명설이라 하겠다. 아우구스티누스는 자신의 신학과 인식론을 발전시켜 가면서 빛과 시각에 대한 그리스적 개념을 빈번하게 사용하였다. 특히 삼위일체의 본성을 증명[78]하기 위해 신플라톤주의의 유출설을 도용하면서 빛의 방사와 유비시켜 설명하고 있다. 그의 조명설은 우리가 앞서 본 빛의 선구자 플라톤의 방식을 전용하여 그의 인식론에 활용하였다. 즉 육체의 눈이 물질 대상을 볼 수 있으려면 그 물질이 태양의 조명을 받아야 하듯이, 이성적인 것을 파악할 수 있으려면 신적인 빛의 조명을 받아야 한다고 주장하였다.

> "영혼이 그 자체 안에 있든 혹은 빛 안에 있든 간에 모든 것을 보고 참되게 이해할 수 있으려면 빛의 조명을 받아야 하는데, 그 빛은 이성의 시각 대상과 구별된다. 왜냐하면 그 빛은 하느님 자신인 데 반해 영혼은 하나의 피조물이기 때문이다."[79]

아우구스티누스는 여기서 지칭되는 이 빛을 진리 그 자체이신 그리스도교의 빛, 즉 신과 연관시켜 말한다. 빛은 모든 사람들의 시각에 공통되고, 그것에 의해서 우리가 동일한 사물을 보는 것인데 이 경우에 보이는 사물은 분명히 우리 자신이나 우리의 시각과는 별개의 것이다. 이와 마찬가지로 이성적 인식에 있어서도 각 사람의 마음에 의해서 인식되는 진리는 우리 자신이나 우리의 정신과는 별개의 것이다. 그러기에 이 빛은 인간의 내면을 비추는 것으로서 은밀

---

78) 아우구스티누스, *De Trinitate*, 4. 20.
79) *The Literal Meaning of Genesis* 12. 31. 59, trans. Taylor, 42: 222.

하게 감추어져 있는 것인 동시에 진리를 인식하는 사람들에게 공통된 것으로서 드러나는 것이다. 아우구스티누스는 '은밀하게 감추어져 있는 것'을 그의 『자유의지론』(De liberi arbitrio Ⅱ. 12.)에서 이렇게 말하고 있다.

> "눈의 감관 역시 색깔에 무엇이 결핍되고 무엇이 충족한지 판단하고 있다. …… 저 내적 감관이 신체의 감관들에게 대해서 판단하여 후자들의 (작용이) 온전하면 이를 승인하고 (그렇지 못하면) 응분의 작용을 촉발하듯이 신체의 감관들 자체도 물체들에 관해서 판단을 내려서 보드라운 촉각은 수용하고 거친 촉각은 배척한다."[80]

따라서 진리는 일시적이고 순간적이 아니고 불변적이라면 또한 이 사람에게 진리고 저 사람에게 진리가 아니라 모두에게 공통된 것이라면, 생성, 소멸하는 피조물이 아닌 영원한 존재여야 하는데 이러한 진리 자체는 창조되지 않은 신(하느님)일 수밖에 없다. 그러므로 진리들이 바로 참다운 진리라고 하여지는 그 '진리 자체'는 여러 진리들이 우리들의 마음을 초월하는 것처럼 모든 진리를 초월해 있는 것, 즉 모든 진리들을 성립시키는 근거로서 결국은 신을 의미하는데 그리스도교 성서와 관련하여 '신의 로고스(logos)', 즉 진리의 말씀 그리스도(Christus) 혹은 '내적인 교사'[81]한다. 이 빛의 이론과 그의 진리

---

80) 아우구스티누스, 『자유의지론』(De libero arbitrio), 성염 역, 분도출판사, pp.179-181.
81) 그는 적절한 유비로써 예지계를 설명한다. 감각적인 세계를 비추는 빛인 태양은 모든 사람들의 시각에 공통되고, 그것에 의해서 우리는 동일한 사물을 본다. 이 경우 보이는 사물은 분명히 우리 자신이나 또는 우리의 시각과는 별개의 것이다. 마찬가지로 이성적 인식에 있어서도 각 사람의 마음에 의해서 인식되는 진리는 어디까지나 우리 자신이나 우리 마음과는 별개의 것이다. 아우구스티누스의 견해는 이 스승 격인 진

론은 13세기 스콜라 시대에 아우구스티누스의 완성자라고 부를 수 있는 보나벤투라에게 큰 영향을 주어 그의 인식론에 근간을 이루고 빛의 방사로 설명되는 삼위일체론에도 큰 영향을 주었다고 볼 수 있다. 빛의 방사도 그대로 전달된다.

결국 그의 조명설은 우리가 앞서 본 바처럼 플라톤과 플로티누스[82]의 영향 속에서 나타난다고 볼 수 있는데, 플라톤에게 있어서 선의 이데아를 태양에 비유하여 존재와 인식의 근거로 설명하였듯이, 아우구스티누스도 빛의 이론에서 참된 것을 형성하고 근거 짓는 이념, 규칙, 영원한 근거 등을 인정하며 언급하고 있다. 특히 플라톤의 "불완전한 것들의 배후에는 완전한 것이 있다."는 것에서 나타난 그의 진리관이다. 상기설에서 유래하는 인식론적인 선천주의의 근본적인 뜻을 지니고 있다고 한다. 그래서 아우구스티누스의 조명설은 비철학적인 방법으로 종교적 확신에 따라서 갑자기 자기의 인식론에서 신의 도움을 끌어들였다고 생각해서는 안 된다. 그것은 앞에서 언급하였듯이 그리스 철학의 우주론의 빛과 그리스도교의 창조론의 빛에 조우(遭遇)라고도 할 수 있기 때문이다.

정한 교사는 자기 안에서 찾아야만 한다는 것이다. 이는 플라톤이 말하고 있는 '제3의 빛'과 견줄 수 있다.

82) 아우구스티누스는 플로티누스의 일자의 속성이나 개념을 그리스도교의 신에게 적용한다. 예를 들면, 플로티누스의 존재성은 언제나 스스로와 동일하다. 즉 영원하고 불변하다. 이 영원성과 불변성은 아우구스티누스 입장에서는 신의 속성과 같은 것이다.

4) 위-디오니시우스(Pseudo-Dionysius, 485-515)와
빅톨 후고(Hugo de Victore, 1097-1141)

"거룩한 구름은 하느님께서 그 안에 거하신다는 접근할 수 없는 빛
이다. 찬란하기 그지없는 그 광채로 볼 수 없고, 그 빛의 초본질적 팽
창으로 인해 접근할 수 없으므로, 하느님을 볼 수 있다고 판단되는 이
는 누구나 보지 못하고 알지도 못한다는 바로 그 사실에 의해 하느님을
보게 되고, 그분은 감각적 또는 지적인 것을 모두 초월하시는 분임을
앎으로써 보는 모든 것과 인식하는 모든 것을 초월하는 분에게 진실로
도달하게 된다."(위-디오니시우스의 글 중 Epistola 5, PG3, 997-
1000.)

보나벤투라는 그의 저서 많은 부분—『삼중도』,『삼위일체의 신비
에 관하여』— 에서 위-디오니시우스를 거명하고 있다. 그것은 위-
디오니시우스가 무한자인 하느님을 바라봄과 어둠 간의 외견상의 모
순을 말하면서, 하느님을 접근할 수 없는 빛으로 나타내며 특히 그
의 신비신학 속에서 무한에 대한 접근과 표현이 자주 빛과 선(善)으
로 나타내고 있기 때문이라 볼 수 있다. 그는 빛의 형이상학자라기
보다 신비가로 그리스도교에 더 널리 알려져 있는데, 사도행전(17:
16-34)에 나타나 있는 바오로를 보필하던 위-디오니시우스로 여겨져
왔으나, 그보다는 6세기경 시리아에서 활동하던 수사로 보는 편이 더
정확하다.

그 이유로는 앞 장의 도표에서 보듯이 그는 플로티누스와 프로클
루스의 사상과 필론과 그리스도교의 교부들 오리게네스, 특히 헬레
니즘과 헤브라이즘의 종합을 꾀한 아우구스티누스의 영향을 받고 있
기 때문이다. 이러한 사상을 바탕으로 하여 위-디오니시우스는 그리

스 철학과 그리스도교 계시 사이에 관계에서 나타나는 문제 해결을 위해 노력한 모습이 역력히 드러나 보인다. 또한 그는 신비신학자로서 중세의 신학과 영성의 중요한 원천을 제공하고 있음을 부인할 수 없는 것은 스콜라 철학의 신비가인 보나벤투라의 신비신학적 작품 속에서도 위-디오니시우스의 이름을 때때로 거명하면서 많이 인용하고 있기 때문이다. 한 예를 들어 보면 위-디오니시우스의 영성 생활의 세 가지 길─정화, 조명, 완성─을 구분한 창시자라 하는데 보나벤투라도 그의 작품 『세 가지 길』(삼중도) 서두에서 위-디오니시오의 『신비신학』(De Mystica theologia) 1.1을 인용하면서 같은 세 단계 말하고 있다.

"정화되고 싶다면 양심의 가책에 의지하라. 조명되고 싶다면 이지의 빛에 의지하라. 완전한 일치를 얻고 싶다면 지혜의 작은 불꽃에 의지하라. 이렇게 할 때 당신은 '빛에 의지하라'고 복된 위-디오니시우스가 디모테오에게 한 충고를 따르는 것이다."[83]

그의 주요 작품은 『신명론』(De divinis nominibus)과 『신비신학』(De mystica theologia)과 『천상적 질서론』(De caelesti hierarchia)이다. 그는 신에 인식에 대하여 인간이 지각할 수 있거나 상상할 수 있는 상(像)으로 신을 인식할 수 없다는 주장에서 출발한다.[84] 인간이 신에 대하여 가지는 상은 오히려 장애가 되기에 지성과 신비적 관상이란 두 가지 방법을 통해서만 신을 인식할 수 있다는 것이다.

---

83) Bonaventura, 『세 가지 길』, 권숙애, 시글, 1997, p.19.
84) 그에 의하면, 신에게는 어떤 이름도 없고, 그에 대한 어떤 이름도 발견될 수 없다. 그리고 모든 이름은 추상적이거나 보편적인데 신은 단순한 그 자체이기에 구체적일 수 없다는 것이다.

(1) 지성의 방법

『신명론』에서 부정의 길과 긍정의 길을 통하여 신을 설명하고 있는데, 부정의 길을 통해서 그는 인간이 가지는 신에 대한 개념과 상이 어떻든지 간에, 그것들은 실제 그대로의 신이 아닌 신의 뜻이 더 많이 내포되어 있다는 사실을 표현하려고 한다. 그래서 신은 어떤 속성이나 본질을 넘어서 있음을 보여준다. 긍정의 길을 통해서는 모든 가능한 존재와 온갖 완전성을 신에게 종속시킴에 근거해서, 신이 원인으로서, 원형으로서, 잠재적인 것이며 그 이상의 것임을 말하고 있다. 그러면서도 위-디오니시우스는 긍정의 길을 타당한 것으로 받아들이기는 하지만 부정의 길을 더 의미 있는 것으로 받아들인다.

신의 창조 행위는 플로티누스의 일자의 유출설과는 달리 창조로서의 산출로 두 가지 원리 — '가지지 않는 것은 주지 못한다.'와 '결과는 원인 안에 더 탁월한 방식으로 포함 된다.' — 에 입각하여 신을 설명한다. 이러한 그의 원칙은 플라톤주의 및 신플라톤주의에서 하나의 본질과 속성에 있어서 그것에 대응하는 각기 다른 보편적 원인들, 즉 형상들을 제시하여 일자나 선의 이데아로 비실재적 원인으로 나타났지만, 위-디오니시우스의 존재는 '무'가 아니고 '무엇'이며, '있다.'는 것이다. 따라서 그에게서 신은 모든 존재자들의 창조자이고, 신은 능동인이며, 동시에 모든 존재자들이 참여하는 원형이다. 그리고 신은 목적인으로서 피조물 안에서만 드러내고 이를 통해 자신의 머무름을 감춘다. 이러한 머무름과 감추어짐으로써의 신은 모든 것의 직접적이며, 전체적인 원인이라는 것이다.[85]

---

85) 장욱, 「신플라톤주의와 창조설-플로티누스에서 토마스 아퀴나스까지」, 『중세철학』 3: pp.104-107.

(2) 관상의 방법

그의 『신비신학』 저서는 성서에서 나타나고 또 철학자들이 하느님께 붙이는 여러 가지 명칭을 설명한다. 『신비신학』에서는 신적 어두움과 또 하느님과 결합되려면 완전히 초탈해야 할 필요성을 다루고 있다. 또 긍정신학과 부정신학의 차이를 설명한 다음, 초월적인 것이 어떤 감각적인 형상이나 지적 개념 속에 포함되지 않는 이유를 제시한다.[86] 그의 정신은 본질적으로 신비적이라서 그가 단계적인 상승의 방법으로 나아가려고 하는 직접적인 일체는 모든 관조의 목적이다. 단계라는 개념은 그에게 있어 특징적인 개념이다. 그에 의하면 지성의 정신적 세계는 단계적으로 조직되어 있고, 모든 지성적 존재는 자신의 합당한 장소와 기능을 갖고 있다. 이것은 정화와 회개를 향한 항구한 노력과 정화, 조명, 완전함의 단계적인 행동에 의해 신적인 것이 된다.

이러한 위-디오니시우스의 위계질서에 따라 수세기 동안 그리스도교의 천사론이 발전하게 되었다. 위-디오니시우스는 그의 단계 개념에 따라 인간의 단계를 천상의 단계와 구약의 율법 사이의 단계에 놓았다. 인간의 단계에 있어서 지식은 성서에 의해 제공되고 그것의 해석은 전통에 의해 이루어졌다. 위-디오니시우스의 그리스도론은 형상에 있어서 신플라톤주의적이었다. 이런 사실은 육화와 유일자와 선 자체가 존재들의 단계를 풍부하게 만들어 주기 위해 스스로 자신을 확산시킴을 의미한다. 세상에 대한 말씀의 자기비하는 세상이 유일자에게 방향을 돌리게 하는 데 결정적인 역할을 하였다.

빅톨 후고(Hugo de Victore, 1097-1141) 역시도 위-디오니시우스와 같이 그의 작품에 많이 거명되고 있다. 수세기 동안의 가톨릭 신비주의

---

86) 전통과 영성, p.8 참조.

의 주도적인 대표자 중의 한 사람인 후고(Hugo de Victore)는 파리의 성 빅톨 수도원과 관계된 학교의 교사였다가 후에는 그 학교의 교장이 되었다. 그의 신비주의는 베르나르두스만큼 극단주의는 아니었으나 모든 종교적 신비 구원을 인식하였다. 그는 의지와 사랑의 중요성을 인정하였으나 베르나르두스가 했던 것만큼 이성의 사용을 비난하지 않았다. 그는 여러 과목들의 교사로 주로 신학에 관심을 가졌다. 그의 저서『그리스도교 신앙의 신비에 관하여』(De Sacramentis Christianae fidei)는 그 당시에 나타난 그리스도교 신학에서 가장 포괄적인 체계를 지닌 책이다. 이 책의 주요 주제는 타락한 상태에서의 인간의 구원이다.

성 빅톨 학파는 아우구스티누스의 실천 사변적 방법을 따르는 노트르담 대학 교수인 캄포의 윌리엄(1122 타계)과 함께 시작되었으며 두 지도자, 즉 빅톨의 후고(Hugo de Victore, 1097－1141)와 빅톨의 리까르도(St. Richardus de Victore, 1173 타계)를 통해서 대단한 명성을 얻게 되었다. 이 두 사람은 보나벤투라에게 강력한 영향력을 주었는데 특히 두 작품『하느님께 나아가는 정신의 여정』과『모든 학문의 신학으로의 환원』에 큰 영향을 주었다. 빅톨 후고는 12세기의 가장 뛰어난 학자며 '제2의 아우구스티누스'로 불리었으며, 아우구스티누스의 저서를 깊이 연구하여 이전에 완성되지 않았던 아우구스티누스의 종합적인 체계를 제시하였다. 리까르도(St. Richardus de Victore)는 후고의 제자이면서도 독창적인 사상가로 스승을 능가한다. 빅톨 학파는 스콜라 신학의 큰 원천으로서 강력하고 개방적이며 단순한 성격을 나타내었다. 프란치스코 학파는 초기부터 이런 영향하에 놓이게 되었다. 프란치스코 학파의 창시자인 할레스의 알렉산더는 자주 빅톨 학파인 후고와 리까르도를 인용했고 그의 제자인 보나벤투라 역시

이 빅톨 학파의 스승들의 글을 읽으며 그들의 글을 인용했다. 한마디로 빅톨 학파는 보나벤투라에게 강력한 영향을 준 것이다.[87] 그리고 후고(Hugo de Victor)의 작품이라 추정되는 『관상과 그 종류』(De contemplatione et ejus speciebus)에서 오늘날 이해가 힘든 관상(contemplatio) ―혹은 관조(觀照)로 번역되는― 에 대하여 정의를 분명히 내리고 있다. "하나의 분명한 직관 안에서 모든 것을 이해하는 지성의 침투"이다. 후고는 이 관상은 독서와 반성(consideratio), 묵상(meditatio)과 구별하고 있다. 그것은 진리를 소유하는 기쁨이며 그 결과로서 영혼은 평화와 고요를 누린다. 철학 자체도 어떤 유형의 관상을 제공할 수 있으나 그것은 신학을 형성하는 상급 지혜(sapientia superior)보다 훨씬 못하다.[88] 따라서 보나벤투라가 지혜의 개념을 강조한 것은 빅톨 후고의 직접적 유산이다. 그래서 보나벤투라는 그의 작품 『모든 학문의 신학으로의 환원』은 위-디오니시우스와 후고에서 이 책의 근본 사상을 끌어왔다는 설[89]까지 있을 정도이다. 여기에서 자연적 사물과 학문과 성서의 진리 사이에 유사의 섬세한 실례를 들고 있다. 여기서 성서가 어떻게 개별적 학문 속에 그림자를 각개 인식과 모든 자연 속에 모형화되는지 지적하고 있다. 그리고 후고의 작품이라 추정되는 『관상과 그 종류』(De contemplatione et ejus speciebus)에서 관상에 대하여 잘 설명을 하는데 후고에 의하면 그리스도교 신앙은 본질적으로 하나의 역사이다. 즉 신적 말씀을 통하여 신적 말씀 안에서 살아계신 신으로부터 나오는 인간성 전체의 여정은 영원한 삶을 위하여 신께로 돌아선다. 이러한 후고의 사상을 보나벤투라

---

87) 같은 책, pp.174-177 참조.
88) 같은 책, p.177 참조.
89) 환원주석, p.150.

는『모든 학문의 신학으로의 환원』(Red.Art. n.5 참조)에서 매우 높게 평가한다. 또한 그는 리까르도의 사상도 즐겨 인용한다. 특히 삼위일체에 관한 논쟁에서 그의 사상을 많이 인용하고 있다. 여기서 리까르도의 사상과 일치하여 어떻게 삼위일체적인 위격들이 본질과 다른 개별적 특성과 하나로 일치되는가를 체계적으로 설명한다.[90]

5) 로버트 그로스테스트

(Robertus Grosseteste,1170 − 1253)[91]

지금까지 고찰한 고대 그리스 철학자(플라톤과 플로티누스)와 교부철학자(아우구스티누스와 위−디오니시우스) 가운데 빛의 형이상학자들을 살펴보았다. 이제 스콜라 전성기, 즉 13세기 안에서 보나벤투라와 동시대에 살았던 빛의 형이상학자로서 로버트 그로스테스트의 '빛'을 고찰해 보려 한다. 그는 오늘날의 시각에서는 철학자라기보다 과학자이다. 그러나 서론에서 밝힌 바처럼 이 시기는 철학과

90) 전통과 영성, pp.177 − 179 참조.
91) 옥스퍼드대학의 설립자며, 1221년경에 옥스퍼드대학 총장이 되었으며 그리고 1253년에는 Lincoln 교구의 주교가 되었다. 그는 옥스퍼드학파의 시조이며 대표적 인물이다. 그는 철학자며 신학자이지만 수많은 자연철학서를 집필하여 철학에서는 별로 이름이 알려지지는 않았지만 과학자들에게 더 명성이 있는 것은 그의 光學에 대한 해박한 지식 때문일 것이다. 옥스퍼드학파는 샤르트르(Chartres)학파의 유산을 계승한다. 초창기 그가 프란치스칸들을 가르쳤으며 빛에 관해서는 유사한 생각을 가지고 있으면 또한 프란치스칸인 보나벤투라의 노선과 같아서 철학자 아우구스티누스와 안셀무스를 존경했다는 것은 분명하다. 그는 光學을 알고 있어 빛에 대한 많은 저서 — 빛과 형태의 발생에 관하여, 빛의 굴절과 반사의 관하여, 색체에 관하여, 태양열의 관하여, 운동과 빛에 관하여 — 들을 썼다.(주80 참조할 것)

신학도 거의 구분되지 못하고 오늘의 시각에서 말하는 과학은 태동기에 머문다. 그러나 그에게 있어 특이한 것은 빛을 물리학적으로 생각하였다는 것이다. 그리고 물리학적 빛에서 출발하여 정신계로까지 관련시켜 빛을 궁극적 신으로 사유하였던 것이다. 보나벤투라가 말하는 빛도 옥스퍼드의 로버트 그로세테스트(Robert Grosseteste)에 의한 물리학의 빛의 가르침과 더불어 그의 형이상학과 연결된다. 그러므로 그로스테스트의 사상은 보나벤투라의 빛의 형이상학을 이해하는데 매우 유익하기 때문에, 여기서는 두 가지, 즉 빛에 관한 그의 물리학 가르침과 빛을 정신세계에 접목시키는 과정을 몇 가지로 나누어 고찰하도록 하자.

첫째로, 그의 '빛론'의 중심사상은 물리학적 빛이다. 그로스테스트의 중심 학설은 빛론이다. 이 빛론은 위에서 언급된 것처럼 아우구스티누스 성격을 띠고 있다. 그는 물체세계의 형상을 빛(lux)으로 본다. 神은 처음에 무에서 동시적으로 질료와 형상을 창조하였다. 이 형상은 빛이다. 빛은 질료(아리스토텔레스적 제일질료)와 결합하여 부피를 갖지 않는 단순 실체를 형성한다. 그는 이와 같이 용적 차원이 없는 상태에서 어떻게 입체성을 갖게 되는지 설명하면서 빛은 매우 섬세한 물체적 실체이라고 한다. 그것은 비물체적 실체에 가까운 실체이다. 그러므로 말하기를 "나는 물체라고 부르는 물체적 제일형상을 빛이라고 생각한다.(Primam formam corporelem quam quidem corpo-reitatem vocant, lucem esse arbitor)"[92]라고 말한다. 그러면서 그는 빛의 특성을 세 가지—1. 빛은 自體를 영원히 多數化한다(multiplicat). 2. 빛은 즉시(instantanee) 중심 주위를 圓形으로 放射한다. 3. 形相으로서 事物을 구성한다.—로 말하고 있다. 그로스테스트의 빛론은

---

92) 정의채 · 김규영, 『중세철학사』, p.195 재인용.

보나벤투라의 빛의 이론과 맥을 같이한다고 볼 수 있기 때문에 그의 중심사상을 간략히 살펴본다면 다음과 같다.

빛은 창조되자마자 중심 주위에 무한량한 원형이 생성된다. 이런 빛의 확산은 '暗黑'이나 희박화(rarefacio)의 끝한계(extremus limes)에서 방해된다. 처음에는 형상과 질료는 다 같이 무연장적인 것이다. 그것들은 點으로 환원된다. 그러나 빛이 형상으로 주어질 때 연장이 생긴다. 이와 같이 확산적으로 주어지는 빛은 질료를 수반하며 그것과 같이 원형적으로 연장되어 나간다. 빛과 질료는 불가분적인 것이다. 이와 같이 물체성이(corporeitas) 형성되며 무한량적 圓(immensa sphaera)이 생겨난다. 빛과 질료의 이런 확산 연장은 우주의 원형적 물체세계를 형성한다. 이런 확장은 희박화의 가능성이 한계에 도달할 때 끝난다. 따라서 우주의 이 극한한계에서 질료는 희박화된다. 그러나 질료의 중심에는 아직 희박화가 가능하다. 그러므로 지상세계의 물체세계의 물체적 실체들은 작용할 수 있다. 희박화의 극한한계는 궁창(firmamentum)이다. 이 穹蒼의 광휘(lumen)는 세계의 중심을 향해 다시 반사한다. 이와 같은 광휘의 반사 작용은 계속적으로 천체구형들을 산출한다. '빛은 모든 물체의 형상이며 완성이다(Lux est species et perfectio corporum omnium). 빛은 또 運動의 原理이다. 운동은 빛의 多數化能力(Vis multiplicativa lucis)'이다.[93]

위에서 언급된 그로스테스트의 빛의 이론은 다음 장에서 다루게 될 보나벤투라의 빛에 대한 질송의 해석과 상당히 유사함을 발견할 수 있다. 그의 물체세계의 빛론에 대하여 힐쉬베르거는 이렇게 말한다. 그의 "특징적인 것은, 빛의 형이상학이다. 이 문제는 신플라톤주의자들로부터 비롯된 오랜 주제였다. 이런 주제로 그가 다루려고 했던

---

93) 위의 책, pp.195－198.

것은 존재와 생성 전체의 형이상학이었다. 즉 빛은 물체이기는 하나 지나치게 섬세한 실체여서 관념적인 것과 현실적인 것 사이에 놓여 있다. 그러므로 빛은 물체적인 것의 원리이며 그 형상이다. 즉 빛은 본성적으로 모든 방향으로 퍼지기 때문에, 어둠이 방해를 하지 않는 한 한 점(點)으로부터 마음대로의 크기의 球로 된다. 그런데 이 빛은 물체적인 것의 근원적인 형상이며 원리라는 점이다."[94]

둘째로, 그로스테스트는 물체세계의 이와 같은 빛의 특성을 신령한 인식세계에 적용하고 있다. 그의 형이상학의 핵심은 보나벤투라와 유사한 3가지인데 창조와 모형주의와 환원이다. 창조에서 신은 창조자요, 존재자의 제일원리이며 無로부터 신이 세계를 창조했기에 모든 존재는 피조물이고, 모형주의에서는 플라톤의 이데아를 그리스도교의 신적 내용으로 해석하고 존재는 하느님에게 서 있다는 것이다. 그리고 마지막으로 아우구스티누스의 조명주의를 기초로 한, 하느님께로 다시 환원이다. 따라서 그로스테스트에게 있어서 神은 순수 현실이며 다른 모든 것은 현실태와 가능태로 구성되어 있다. 신은 순수 빛이고 다른 모든 사물들은 참여 또는 분여를 통한 빛이다 (Lux per partecipationem). 신이 빛이라고 하는 것은 물체적 의미에서가 아니다. 천사들도 비물체적 빛이며 분여된 빛이다. 신은 그 외 모든 사물들의 원형이다. 신은 모든 사물을 초월한다.

이와 같은 유사성 혹은 합치성은 최고의 진리로 조명된 정신에 의해서만 파악될 수 있다. '모든 창조된 진리는 최고 진리의 빛에서만 보인다(Omnis veritas creata nonnisi in lumine veritatis summae conspicitur).' 여기서 그로스테스트의 설은 아우구스티누스의 조명설과 관련된다. 아우구스티누스는 창조된 진리도 '영원한 이성(ratio

---

94) 요한네스 힐쉬베르거, 같은 책, p.520.

aeterna)'의 빛이 인간 정신에 현존할 때 파악된다고 한다. 그로스테스트는 이 설에 관하여 '영원한 이성'을 직접 보는 것이 아니고, 마치 눈이 태양 자체를 보는 것이 아니고 그 빛 속에 사물을 보는 것처럼, 신적 조명 속에 정신이 진리를 파악한다고 설명한다. 그는 명제의 진리론에 있어서 '말 혹은 의견의 진리는 말 혹은 의견과 사물의 합치이다(Veritatis sermonis vel opinionis est adaequatio sermonis vel opinionis et re).' 혹은 또 진리를 '사물의 지성에 대한 일치(adaequatio rei ad intellectum)로 본다. 그러나 위에서도 말한 바와 같이 진리는 근원적으로 만물의 영원한 신적 말씀과의 유사성 혹은 일치에 성립된다. 그리고 진리 혹은' 올바름은 다만 정신으로만 파악할 수 있는 것(Rectitudo sola mente perceptibilis)이란 표현은 안셀무스적이다.[95]

즉 그의 인식론에서 보면 모든 사물에게는 '올바름'라는 것이 있고, 이 올바름은 정신에 의해서만 파악될 수 있다는 것이다. 그리고 이런 내적 올바름이 있다는 것이 진리인데(존재론적 진리) 이 진리가 바로 모든 인식의 참된 근거이다. 이는 안셀무스의 개념으로 일종의 인식론적 선천주의로 되는 것이다. 그의 심리학설도 아우구스티누스적이다. 신이 빛을 통해 세계에 작용하는 것처럼 영혼도 감관과 육체에 대해 작용한다. 영혼은 육체에 대해서 작용할 수 있다. 그러나 더 하위 것인 육체는 영혼에 대해 작용할 수 없다. 육체와 영혼을 결합시키는 것은 어떤 광휘적 물체이다.

이상으로 그로스테스트의 빛의 형이상학을 간략히 보았다. 그것은

---

95) 빛의 실체는 신에 의해 창조되며 신은 초월적이다. 초월은 곧 영원을 의미하기에 그로스테스트는 여기서 세계가 영원하다는 아리스토텔레스를 비판하고 아우구스티누스를 받아들인다.

과학의 태동기라는 13세기의 시대적 상황에서 빛을 물리학적으로 탐구하고 사유했다는 사실이다. 그는 자신의 저서 『핵사메론』(Haxae-meron)을 논하는 과정에서, "천체 운동이 물리적 원인에 기인될 수 있다는 가능성을 언급"[96]하였다. 그리고 보나벤투라는 『명제집 주해』에서 이와 유사한 빛론을 말하고 있다.

---

96) James McEvoy. *The Philosophy of Robert Grosseteste*. (Oxford, 1982). Claredon Press. p.197.

제 3 장

보나벤투라의 '빛의 형이상학'

　보나벤투라의 사상적 계보를 따라 고찰한 빛의 형이상학자들은 '최고의 빛'을 신과 일자(一者) 혹은 절대자라고 생각하여, 형이상학의 궁극적 존재 '一'에서 여러 존재들, 즉 '多'를 설명하는 각기 나름대로의 자기 사상을 펼치고 있었다. 이제 본론으로 보나벤투라의 빛의 형이상학을 살펴볼 차례이다. 먼저, 보나벤투라의 일반적 형이상학의 핵심을 살펴보고, 다음은 보나벤투라는 과연 '빛의 형이상학자'인가를 되묻는다. 그 해답을 후대 보나벤투라 연구가들과 시대적 배경 속에서 그리고 그의 작품 속에서 나타난 '빛의 이론' 안에서 찾고자 한다. 그런 후 그의 『명제집 주해』 2권 13장에 나타난 빛의 본질과 철학자 질송에 의한 해석을 고찰하고자 한다.

1. 보나벤투라의 형이상학

보나벤투라는 그리스도교 철학자로서 무엇보다 창조주와 피조물의 의존성 관계에서 출발하면서 플라톤-아우구스티누스의 노선을 걷는다. 그의 구도는 어떻게 나타나고 있을까? 먼저 그의 형이상학의 핵심을 살펴보자.

보나벤투라의 형이상학의 구도 역시 앞서 본 빛의 형이상학자들과 같은 틀을 가진다고 볼 수 있겠는데 주요한 문제는 세 가지이다. 즉 '창조'와 '모형'과 '환원(혹은 완성)'이 그것들이다. 그는 이 형이상학의 3가지 중추 핵심에 관하여 그의 작품 『핵사메론』에서 다음과 같이 언급하고 있다.

> "이것은 형이상학적 맥이다. 그리고 그 다음은 우리의 형이상학이다. 유출(emanatio), 모형성(exemplaritas), 완성(consummatio), 즉 영적인 빛에 조명된 존재의 수직으로 인도된 존재의 형이상학이 바로 그러하다. 그러므로 당신은 참된 형이상학적인 존재가 될 수 있을 것이다."[1]

보나벤투라의 사상은 2장에서 언급한 바와 같이 신과 모든 존재 사물(창조주와 피조물의 관계)은 의존성 관계에 기초하고 있다. 따라서 그에게 있어서 신은 형이상학에 주요한 대상은 능동인(能動因), 모형인(模型因) 그리고 목적인(目的因)이다. 그리고 첫째, '창조'에서 신은

---

1) *In Hexamaeron collatio*, Col. 1, 17; vol.5, 332: Hoc est medium metaphysicum reducens, et haec est tota nostra metaphysica: de emanatione, de exemplaritate, de consummatione, scilicet illuminari per radios spirituales et reduci ad summum et sic eris verus metaphysicus.

능동인이고, 둘째, '모형주의'에서 신은 모형인이며, 그리고 신에게로의 사물들의 환원(reditus)에서 신은 목적인으로 나타난다.

그러나 우리의 편에서, 즉 우리의 형이상학에서는 유출(emanatio)이고 모형성(exemplaritas)이며 우리의 완성(consummatio)이다. 이 3가지 중에 무엇보다도 보나벤투라는 모형주의 안에서 창조주와 피조물 간의 유사성[2])과 존재적 관계를 명백히 하고 있다. 그러면 보나벤투라의 형이상학의 3가지 핵심을 순서에 입각하여 고찰해 보고자 한다.

1) 창조—유출(emanatio)

보나벤투라의 형이상학에서의 첫째 주제는 능동인으로서의 신이다. 세계는 신으로부터 발생되고 신은 세계 존재를 창조한다. 이런 창조는 아베로에스주의처럼 세계의 영원성, 모든 자유를 부인하는 숙명적 필연성을 말하지 않는다. 보나벤투라에 의하면, 창조는 영원한 창조가 아니다. 그는 세계의 시간적 시원이라는 계시된 이론이 인간의 이성과 완벽하게 일치한다고 주장한다.[3]) 그래서 영원한 창조는 모순된 것이다. 세계는 유출이며 과정이다. 그러나 이것은 자동적이며 필연적 유출이 아니다. 부언하자면, 세계는 신의 피조물이요, 신은 창조주로서의 능동인이다. 세계는 그 자체로 존재하는 것이 아니라 그것에 존재를 부여하는 신에 의해 존재한다는 것이다. 피조물은 그 자체로 남겨질 경우 무의 심연 속에 잠들기 때문에 세계는 철저하게 신의 의

---

2) 유사란 제3의 사물 안에서 어떤 완전한 同質을 뜻하는 것이 아니라 다른 사물과 닮은 것을 뜻한다. 그래서 보나벤투라는 유사를 동질적 유사와 模倣的 유사 혹은 表象的 유사로 구별한다.
3) Sent., Ⅱ, 1, 1, 2; vol.2, 20－22.

지에 대해 부수적인 것이다. 그래서 세계는 항구성이 없다.[4]

　이렇게 창조된 존재의 특징은 그것이 "본질과 존재, 질료와 형상
으로 합성된 데 있다. 모든 피조물은 질료를 갖는다. 영혼도 질료를
갖는다. 여기서 말하는 질료는 가능태를 말하는 것이다. 보나벤투라
는 정신적 질료도 인정하며 또한 형상의 복수성을 인정한다. 개개인
의 존재자를 그것으로 완성하는 형상이 있지만 전체성의 형상은 생
명과 무기물의 영역에 있어서도 다른 하위의 형상과 잘 조화"[5]된다.
보나벤투라는 이러한 물리적 세상에 대하여 논하면서 옥스퍼드학파
의 로버트 크로스테스트의 빛의 형이상학을 수용하여 물리적 세계를
설명한다. 즉 빛은 물체의 우연한 형상이 아니라 모든 실체적 형상
들 중 가장 고귀한 것이다. 이 형상은 물체 안에 있는 보편적인 현
실적 원리로서 물체에 기본적인 추동력과 활력을 준다. 그 밖의 실체
적 형상들은 이 형상에 뒤이어 질료를 완성한다. 다시 말해 빛은 4온
과 더불어 5요소로 모든 물체의 공통 요소이다. 따라서 모든 동·식
물과 인간의 활동은 빛의 기본적 추동력에서 발원한다. 심지어는 감
각적 지식과 이성적 지식까지도 빛과 조명을 통해서 생겨난다.[6] 그
러므로 신과 피조물의 관계에서 보면 신은 빛의 원천(Lux)이고 피조
물은 가시적 빛(lumen)으로 명암에 따라 빛의 원천에 참여하는 것으
로 보았다.

---

4) Armand A. Maurer, ibid., p.142.
5) 정의채, 김규영, 『중세 철학사』, p.212.
6) Armand A. Maurer, ibid., pp.142－143.

2) 모형(exemplaritas)

보나벤투라의 형이상학에서의 두 번째 주제는 모형인으로서의 신이다. 신은 모든 것을 창조하였다. 그래서 피조물들은 어느 정도 유사성을 갖고 신으로부터 발현한다. 아우구스티누스와 보나벤투라에 의하면 인간의 영혼은 신의 모상(imago Dei)이고 그것은 신적 완전성에 참여할 수 있다. 이것은 신과 인간 사이에 직접적 인간관계가 있음을 의미하고 상호 유사성이 있음을 의미한다. 이러한 사상적 바탕 안에서 보나벤투라가 발견한 유사는 그로 하여금 유비 현상의 보편성을 설명하게 한다. 보나벤투라는 모형론으로 존재 사물과 신 사이의 유사를 설명한다. 그에 의하면 유사란 제3의 사물 안에서 어떤 완전한 동질(同質)을 뜻하는 것이 아니라 다른 사물과 닮은 것(類似)을 뜻한다. 그래서 그는 유사를 동질적 유사(similitudo univocationis sive participationis)와 모방적 유사 혹은 표상적 유사(similitudo imitationis, et expressionis)로 구별하고 전자를 배격한다. 왜냐하면 전자에 의하면 모든 존재 사물들은 신이 되어 버리는 범신론적 오류에 빠지기 때문이다.[7] 그러므로 자연 안에서 신의 모습을 발견하는 성 프란치스코의 정신이나 유사의 방법을 통하여 신의 특성을 탐구하려는 보나벤투라의 정신을 범신론적 방법이라고 비난하는 것은 타당하지 못하다.

이러한 방법으로 보나벤투라는 감각적 사물의 세계 또한 신의 흔적(痕迹) 혹은 신의 그림자라고 생각한다. 물론 자연철학자에게는 자연은 신과는 아무런 관계가 없는 그 자체로서만 고찰될 뿐이지만 보나벤투라에게 있어서 자연은 신을 반사하는 거울로서 혹은 서책(書冊)

---

7) F. C. 코플스톤, 『중세 철학사』, p.348 참조.

으로 생각하면서 다음과 같이 말한다. "창조된 세상은 삼위일체가 빛을 비추고 반영되어 읽히는 서책과[8] 그러므로 보나벤투라에게 있어서 자연은 모형이고 신은 원형인 것이다. 이러한 관점에서 우리는 보나벤투라가 왜 플라톤의 모형론과 이데아론을 비판한 아리스토텔레스를 참된 형이상학자가 아닌 자연철학자로만 생각한 것인가를 이해할 수 있다. 반면에 보나벤투라가 존경하는 아우구스티누스의 이데아들은 신적 정신 안에 있고, 이 신적 정신이 신적 말씀이고, 신은 신적 말씀 안에서 자신을 드러내고, 모든 존재 사물을 창조한다. 그러므로 존재 사물의 근거는 신의 마음속에 영원으로부터 신적 이데아로 존재하고 있다. 따라서 창조된 사물들의 영원한 근거들은 신 안에 변함없이 그대로 머무는 것이다. 이런 까닭에 신적 이데아들은 존재 사물들의 원형적 형상들이고 불변하는 근거들이다. 이런 것들은 그 자신으로써 형성되는 것이 아니고 신의 정신 안에 영원히 내포되어 있고 언제나 같은 것으로 있는 것이다.

이러한 견해로부터 두 가지 결론을 이끌어 낼 수 있다. 하나는 존재 사물들은 신의 정신 안에서만 존재적인 진리를 갖는 것이고, 다른 하나는 신 자신이 진리의 표준이라는 것이다. 이 같은 아우구스티누스의 모형주의적 사상은 신플라톤주의의 사상에서 영향을 받은 것인데 이 사상에 의하면 플라톤적인 이데아들은 신적 정신 속에 포함된다. 물론 아우구스티누스에게는 이데아들이 신적 말씀 안에 포함되지만 이 말씀은 신플라톤주의의 신적 정신과 같은 차원의 단계적 원리가 아니고 성부와 동질적인 삼위일체의 제2위의 위격적 실재인 것이다.

삼위일체의 신학자인 동시에 성육신의 스승이기도 한 보나벤투라는 이러한 모형주의를 내세워 신적 말씀 안에 있는 신적 이데아들의

---

8) Breviloquium, Ⅱ, 12; vol.5, pp.153 − 155.

존재를 강력하게 주장한다. 즉 "삼위일체인 신은 세상을 만들어 그 위에 자신의 흔적을 새겨 놓았다. 삼위일체의 흔적은 모든 피조물들이 형상과 질료로 결합되어 있는 것에서 확인할 수 있다. 우리는 이와 같은 결합에서 이 결합물과 함께 이를 이루고 있는 질료 형상이라는 요소를 확인할 수 있다. 질료는 근원적인 근거이고 형상은 이것의 완결이며 결합은 양자의 통합이다. 이것은 삼위일체의 근원인 성부와 성부의 모상인 성자 그리고 성부와 성자 사이의 사랑의 유대인 성령에 상응하고 있다."[9]

보나벤투라는 모형론으로 피조물과 신 사이에 유사성으로 설명할 때, 모든 존재 사물이 신에게 질서 지어져 있다고 보고 그는 조명설과 모형주의의 사상에 입각해서 인간 정신이 존재 사물로부터 신에게로 나아가는 상승 단계와 신과의 신비적 합일을 체계화시키고 있다. 그래서 그는 이성적인 인간만이 직접적으로 신에게로 인도되고 비이성적 존재 사물들은 간접적으로 인도된다. 왜냐하면 인간 정신의 삼중적 능력인 기억(memoria), 오성(intellectus), 의지(voluntas)와 신의 삼위일체적 본성과 유사성이 있기 때문이다. 이 비례적 유사성을 통하여 인간은 신을 알아보고 찬미하고 의식적으로 섬길 수 있다. 이같이 인간은 비이성적 존재보다 신에 대해 더 순응성을 갖고 있으므로 신의 모상이 되고 비이성적 존재들은 신의 그림자 혹은 신의 痕迹이 된다.

보나벤투라에 의하면 이러한 유사성의 단계는 신적 말씀의 빛 안에서 볼 수 있는데, 그 말씀은 신과 동질적 모상이며 모든 존재 사물의 원형이다. 신은 이 원형 안에서 단계적 표상을 통하여 자신의 모습을 반영한다.

---

9) Armand A. Maurer, ibid., p.146.

그러므로 그에 의하면 추론의 진리는 영원한 말씀 안에 나타나는 원형에서 유래하며, 이 원형에 의해서 서로 순응하고 상호 종속되어 있다. 이러한 아우구스티누스의 조명설과 모형주의는 보나벤투라의 『하느님께 나아가는 정신의 여정』의 핵심적 요소를 이룬다. 여기서 보나벤투라는 조명설과 모형주의의 사상에 입각해서 인간 정신이 존재 사물로부터 신에게로 나아가는 상승단계와 신과의 신비적 합일을 체계화시키고 있다.

3) 환원 혹은 완성(Consummatio)

그의 셋째 테마는 목적인으로서의 신이다. 보나벤투라의 사상은 철저하게 그리스도교 철학에 기초를 두고 있으므로 그는 이성을 신앙의 봉사하는 위치에 놓고, 신앙의 유비 안에서 존재의 유비를 발전 시켜 나간다. 신은 자신의 모상과 유사성에 의해 인간을 창조하였다. 그런데 인간은 낙원 상태에서 원죄로 말미암아 참된 빛으로부터 돌이켜서 가변적인 선에로 향하게 되고 그리하여 꾸부러지고 휘어졌다. 정신은 무지로, 육체는 색욕으로 일그러졌다. 그래서 그의 종합은 어떻게 완전한 창조가 신에게로부터 나와서 신에게로 되돌아가는가를 규정하고자 한다. 보나벤투라는 "색욕을 막을 의를 지닌 은총과 무지를 막을 지혜를 지닌 지식이 인간을 돕지 않는다면 인간은 어두움 속에서 실명되고 불구된 채로 앉아 있게 된다."[10]라고 말하면서 신앙 안에서 은총과 지혜의 빛만이 인간을 어두움 속에서 완전히 되돌릴 수 있다는 것이다. 더 나아가 모든 자연적 인식과 모든 학문, 모

---

10) 여정, p.35.

든 철학은 깊이 성서의 이해에 관계된 그것을 통해서 영원한 조명에 관계된다.

이와 같이 지적 확실성은 제일원리인 神에 의해서 영원한 이성과 신적 기원에 필연적으로 연결되어 있다. 다시 말해 어떤 판단에 의한 진리는 결국 그 판단기준 자체에로 되돌아간다. 왜냐하면 보나벤투라는 다음과 같이 말하고 있기 때문이다.

> "결여적 존재가 그 자체는 완전한 존재를 통해서만 인식될 수 있다. 그런데 모든 참된 피조물은 그 자체상 그림자와 결여이다. 그러므로 저 최고의 참된 것을 통하지 않고서는 아무것도 오성 안으로 들어오지 못한다."(De Scientia christi, Ⅳ, fund. 25)

이러한 변증법적 과정 안에서 신에 대한 확실한 인식을 얻기 위해 신의 직접적인 협력을 요청하는 환원의 과정이 생겨난다. 보나벤투라에게 있어서 이 환원은 단순한 기술이 아니고 신에게로 돌아가려는 정신이다. 그러므로 그는 모든 학문과 예술을 신학적으로 환원시켜 신에게 필연적으로 연결시킨다. 따라서 보나벤투라에게 있어서 성서는 모든 자연적 인식과 철학을 종결시키고 완성시킨다는 것이다. "성서 전체는 그 사랑을 목표 삼고 있다. 따라서 위에서 내려오는 모든 조명도 사랑을 목표 삼고 있으며, 그러한 조명이 없다면 모든 인식은 허망한 것이 된다."(환원, 26항.) 따라서 그의 형이상학의 핵심은 이 세상 만물의 기원, 창조의 모형, 만물의 완성에 대하여 최고의 지혜를 밝히는 것으로 보나벤투라는 유출, 모형, 환원이라는 도식으로 압축하고 있다.

2. '빛의 형이상학자'로서의 근거들

보나벤투라는 지금까지 스콜라 시대의 탁월한 철학자로서 혹은 신비주의자로서 소개되어 온 것은 사실이다. 그래서 이 항에서는 스콜라 철학을 대표하는 '빛의 형이상학자'로서의 보나벤투라의 일면을 보기 위해 먼저 그 근거를 찾아본다.

1) 후대 그의 주석가들의 관점

보나벤투라의 주 작품인 『하느님께 나아가는 정신의 여정』과 『De reductione artium ad theologiam』에 해설을 한 Julian Kaup은 주석을 달면서 "보나벤투라의 인식론은 빛의 형이상학에 기초를 두고 전개한 것"[11]이라고 언급한다. 물론 보나벤투라가 자신의 철학을 '빛의 형이상학'이라 말한 적은 없지만, 후대의 주석가들이 그의 철학 전반과 신학 특히 신비신학의 기저에 나타나고 있는 빛이라는 주제가 흥미롭게도 중요한 위치를 차지하고 있다는 점을 보고 그렇게 붙인 말이다. 또한 『철학대사전』을 비롯하여 일반 『철학사전』[12]에서도 보나벤투라를 '빛의 형이상학자'로 기술하고 있다. 더욱이 보나벤투라가 빛의 형이상학자라는 근거는 중세 철학 사가인 질송과, 영국의 예수회 신부로서 현대의 가톨릭 거장인 코플스톤의 해석에서도 찾아볼 수 있다. E. 질송은 자신의 저서 『The Philosophy of St. Bonaventure』

---

11) 환원주석, p.152.
12) 『철학대사전』, 학원사, 1964. 그리고 『철학사전』, 도서출판 중원문화, 1989.

에서 한 장(章)을 할애하여 보나벤투라의 빛에 관한 사상을 다음과 같이 언급하고 있다.

빛은 하나의 형상이며, 신체적 활동을 하는 형상으로 이해할 수 있다. 그리고 오직 우리의 사유 속에서 존재가 구별되는 빛을 추상에 의해 물질에서 고립시킬 때에 구별 가능하다. 물체들의 형상이라고 하는 것은 단순한 모든 것 가운데 빛은 근본적이고 고귀한 형태이다. 이 관점은 특별히 중요한데, 보나벤투라에 의하면 이 실체성의 근거가 자연 빛의 활동이라는 이유이며, 그리고 또 한 이유로는 이것은 옥스퍼드의 로버트 그로세테스트(Robert Grosseteste)와 로저 베이컨(Roger Bacon)에 의한 물리학의 가르침과 더불어 보나벤투라의 형이상학과 연결된다.13)

F. C. 코플스톤은 자신의 저서 『철학사』(*A History of Philosophy*) 9권 중 2권 『중세철학사』에서 보나벤투라의 빛의 사상에 대하여 다음과 같이 언급하고 있다.

"빛은 창조의 첫째 날, 즉 태양이 생겨나기 3일 전에 창조되었다. 그리고 성 아우구스티누스는 이를 천사의 창조를 의미하는 것으로 해석했지만, 보나벤투라의 견해에 의하면 이는 유형적인 것이다. 정확히 말하면, 빛은 유형체가 아니라 유형체의 형상이고 모든 유형체들에게 공통하는 제일의 실체적 형상이며 그 활동원리이다. 그리고 여러 가지 종류의 유형체들은 빛의 형상을 분류하는 정도에 따라서 단계적 계층을 형성하고 있다. 따라서 '최고 천'은 이 계층의 한쪽 끝에 있고 지구는 다른 끝, 즉 낮은 끝에 있다. 이와 같은 방법으로 이 빛이라는 주제는, 보나벤투라의 철학에 있어서 아우구스티누스 학파와 매우 친밀하고 플로티누스를 소급하여 플라톤의 태양과 선의 이데아와의 비교에까지 소급하는 중요한 위치를 차지하고 있다."14)

---

13) Etienne Gilson. ibid., op.cit. p.251.

이 밖에도 이냐시오 브래디(Ignatius Brady) 역시 보나벤투라가 '빛의 형이상학자'임을 다음과 같이 말하고 있다.

"성 보나벤투라의 쾨라키 출판의 편집자들이 문답서, 설교집, 작은 논문집을 발견해 출판한 덕분에 오랜 세월 잊혀졌지만 그러나 가치 있는 위대한 스콜라 학자(보나벤투라)를 이해하는 데 새로운 통찰력을 제공했다. 그들이 발견한 것 가운데 핵심은 보나벤투라의 '빛의 이론'이다."15)

호세 메리노(J. A. Merino)는 이러한 보나벤투라의 빛의 사상을 다음과 같이 말하고 있다.

"빛에 관한 보나벤투라의 형이상학과 베이컨에 의한 과학 안에서의 빛의 중요성은 단순한 철학적 혹은 과학적 문제를 훨씬 뛰어넘는 문제이다. 프란치스칸주의에서 빛에 관한 주제는 형이상학적 재원보다 훨씬 더한 것이고 아름다운 은유법보다 더욱 심오한 것이다. 그것은 현존으로서, 견해로서, 선물로서 그리고 진리로서 제시되는 참된 것에 대한 진리이다."16)

상기 여러 중세 철학 전문학자들의 언급을 통하여 적어도 보나벤투라에게 있어 빛은 중요한 과제이며 흥미로운 테마였음을 알 수가 있으며 동시에 그는 스콜라 시대의 분명한 빛의 형이상학자이었다.

---

14) F. C. 코플스톤, 위의 책, pp.357－358 참조.
15) I. Brady, 「St. Bonaventure's Doctrine of Illumination」, in: *Bonaventure and Aquinas*, by Shahan and Kovach, University of Oklahoma Press, 1976, p.57.
16) 호세 마리노, 『프란치스칸 휴머니즘과 현대사상』, 김현태 譯, 가톨릭대학 출판부, 1992, p.44.

2) 빛의 세기로서 13세기

철학사를 통하여 보면, "과학과 신학이 라틴 중세 시대보다 더 밀접한 상호 관계를 맺은 적이 없었다."[17]고 한다. 보나벤투라가 살았던 13세기는 그 어느 시기보다도 창조에 초점을 맞추면서 천체 운동에 관한 관심이 커 과학자와 신학자들이 빛에 대해 논하였던 시대였다. 그것은 프란치스칸들에게 영향을 준 로버트 그로스테스트가 빛과 관련해서 저술한 숱한 논문들—「광론」, 「무지개론」, 「색체론」, 「태양 열」, 「별의 발생론」, 「천구(天球)론」, 「혜성(彗星)론」—의 제목들을 보더라도 알 수 있다. 로버트 그로스테스트는 프란치스칸은 아니었지만 옥스퍼드대학에서 초기 프란치스칸들을 가르친 교수들 가운데 한 사람이다. 예컨대, 프란치스칸으로 경탄할 만한 박사(Doctor mirabilis)라는 칭호를 받은 로저 베이컨이 로버트 그로스테스트에게서 배웠다. 보나벤투라는 그로스테스트의 직접적인 영향은 받지 않았지만 간접적으로는 그의 영향은 받는다. 이 두 철학자는 자연적인 '빛'에 관하여 그리고 '인간 소우주'에 관하여 언급하는 과정에서 많은 공통점이 나타난다.[18]

이러한 관점에서 보나벤투라의 연구가인 이냐시오 브래디도 그의 논문에서 몇 가지 중요한 관점을 언급하고 있는데, 무엇보다도 13세기는 프란치스칸에게 있어서 '빛의 유행 시대'라는 지적과 함께 이와 같은 빛의 이론은 13세기를 통해 프란치스칸 학파에서는 외부적으로나 내부적으로 한때 유행이었음을 강조하고 있다.[19] 이런 유행

---

17) 데이비드 C. 린드버그, 로널드 L. 넘버스, 『신과 자연』, 이정배, 박우석 역, 이화여자대학교출판부, 1998, p.78.

18) James McEvoy. *The Philosophy of Robert Grosseteste*. (Oxford, 1982). Claredon Press. p.197, p.370, p.377, p.390, p.401 참조.

에 대한 반대급부로서, 토마스 아퀴나스는 아우구스티누스와 보나벤투라와는 달리, 이성에 대한 확신을 갖고 아리스토텔레스의 노선에 충실함으로써 위로부터 오는 빛의 조명에서 인간 인식을 설명하지 않고 이성의 자연적 빛에서 설명을 하고 있다.

이렇듯 우리가 오늘날 중세를 암흑기로만 생각해 버리는 일반적 경향이 있지만 중세의 절정기인 13세기는 프란치스코의 새로운 영성 사상과 초기 프란치스칸 학파였던 보나벤투라의 빛의 이론과 영국 옥스퍼드학파의 로버트 그로스테스트의 광학 이론 등의 등장으로 인해 '빛의 충만함 시대'라 할 수 있다. 바로 이 시기에 이러한 빛의 담론(談論)은 프란치스칸의 내적 삶과 외적 삶 전반에 조명되어 철학뿐만 아니라 문학, 신학과 과학 등 여러 분야에서 나타났던 것이다.

그러나 이렇게 한 세기 동안 담론되었던 빛의 사상이 오랜 기간 동안 우리들에게 단절된 사실에 관하여 브래디는 아래와 같이 기술하고 있다.

"13세기 말엽, 헨리쿠스 드 강(Henry of Ghent)에 의한 빛의 이론에 대한 극단적 해석은 프란치스칸이었던 둔스 스코투스에 의해서 반박되고 격렬한 비판을 받았다. 그 이후 빛의 이론은 망각 속으로 사라지고 보나벤투라와 그의 후계자들 문답서는 여러 세기 논의가 되지 않았다. 둔스 스코투스의 공격은 보나벤투라를 거슬린 직접적인 것은 아니지만 모든 실재적인 목적을 가지고 40-50년 동안 지속되어 온 이 논쟁에 종지부를 찍었다. 그리고 더 이상 보나벤투라의 문답서는 출판되지 않았다."

---

19) I. Brady, 「St. Bonaventure's Doctrine of Illumination」, in: *Bonaventure and Aquinas*, by Shahan and Kovach, University of Oklahoma Press, 1976, p.57.

유행된 과거의 것은 복고풍으로 다시 돌아오듯이, 13세기의 사라진 빛의 담론은 6세기가 지나서야 비로소 재발견되었다. 그것은 보나벤투라의 문답서가 부분적으로 출판된 1874년에 와서야 비로소 가능했기 때문이다. 보나벤투라의 죽음이 1274년이라는 사실을 감안한다면 사후 정확히 600년 만이다.

3) 작품들 속에 나타난 '빛의 이론'

보나벤투라는 자신의 방대한 작품 여러 곳에서 빛에 관해 언급하고 있다. 브래디가 찾아낸 이 언급들을 연대순으로 재구성해 보면 아래와 같다.

① 페트루스 롬바르두스의 『명제집 주해』(Magistri Petrus Lombardi Sententiae in IV libris distinctae, 1250 – 1252년)

페트루스 롬바르두스(Petrus Lombardus)는 4권의 명제집을 저술하였는데, 보나벤투라는 이 명제집에 대한 주석을 썼다. 그리고 그는 서언(序言)에서 세상과 역사의 감추어진 신비를 하느님의 빛 안에서 찾아 밝히려 한다고 하였다. 브래디에 의하면, 초기 작품, 즉 『롬바르두스의 명제집에 대한 보나벤투라의 주해』(Commentaria in quatuor libros Sententiarum, 1252 – 1253년)와 그리고 『주일 강론집』(Sermones de Tempore)으로 구성되어 있는데 설교집이나 주석집 어디에서나 빛의 이론에 관한 언급은 거의 없다. 우연한 암시 외에 빛의 이론은 간헐적으로 흩어져 있다.[20]

---

20) ibid., pp.58 – 59.

② 『그리스도의 지식』(De scientia Christi, 1254년), 『모든 이의 유일한 스승 그리스도』(Christus unus omnium magister 혹은 De Christo unico magistro)

빛의 이론이 본격적으로 나타나는 것은 보나벤투라가 석사학위를 받은 이후, 성서 연구를 담당하던 때에 앞서서 흩어져 있던 생각들을 좀 더 일관성 있게 위의 저서들에서 보충·정리하였다. 이 작품에서 괄목할 사실은 '확실한 인식'에 관한 것과 모형론(exemplarism)과 그리고 '빛의 이론'들이 내포되어 있는 저서이다. 이러한 내용을 담고 있는 괄목할 만한 한 구절이 있는데, 보나벤투라는 우리들의 확실한 인식이 영원한 원형에 대한 직접적인 인식으로, '참된 확실성'은 인간 정신에 의해서는 얻어질 수 없다는 것을 확신하면서 이렇게 말하고 있다. "확실하게 알려지는 것은 '영원한 근거들'에 의한 빛 안에서 알려 진다(Quod cognoscitur certitudinaliter, cognoscitur in luce aeternarum rationum)."[21]

보나벤투라에게 있어, '참된 확실성'은 인간 정신에 의해서는 얻어질 수 없고 '영원한 근거들(aeternae rationes)'[22]에서이다. 바로 이것은

---

21) *Opera Omnia*, V, pp.22−23, "확실하게 알려지는 것은, '영원한 근거들'에 의한 빛 안에서 알려진다." 또는 "확실한 認識은, '영원의 이념'들에 의한 빛 안에서 인식된다(Quod cognoscitur certitudinaliter, cognoscitur in luce aeternarum rationum)."

22) 보나벤투라에게 있어서 빛의 이론은 코플스톤의 말처럼 '인식론적 진리이며 동시에 종교적 진리'이기도 하다. 그가 저서에서 언급한 '영원한 근거들(Aeternae Rationes)'은 우리가 다른 모든 것들을 인식하는 척도가 되는 빛으로, 그것은 이해를 통해 보이거나 파악되는 대상이 아니라, 그것으로써 우리가 여타의 모든 것들을, 곧 피조물을 피조물로서, 우리 자신들을 신의 형상으로서, 그리고 창조주를 우리 존재의 제일원리로 그리고 우리 아름다움의 궁극적 원천으로서 보고 이해하는 척도가 되는 것이다.

우리들의 "정신을 움직이고 정신을 확실한 판단으로 나아가게 함으로써 정신으로 하여금 사변적인 질서와 도덕적인 질서에 있어서의 확실한 영원의 진리를 파악하게 하고 감각적인 대상에 관해서도 확실하고 참된 판단을 할 수 있게 하는 것"[23]인데 보나벤투라에 의하면 '말씀(Verbum)'인 그리스도가 신의 '영원한 근거들'을 통하여 만물을 인식한다고 주장한다. 이 '영원한 근거들'은 다름 아닌 만물들을 대표하고 표현해 주는 완전한 모형적 유사성이며, 결국 신 자신과 본질적으로 동일한 것이다.

③ 『하느님께 나아가는 정신의 여정』(Itinerarium mentis in Deum, 1259년)

이 작품은 보나벤투라가 1257년 프란치스코 수도회 7대 총장으로 선출되었을 때 성(聖) 프란치스코가 오상을 받았던 아레쪼의 라베르나 산에서 쓴 영적 체험기이다. 그는 이 작품 속에서 인간 영혼이 피조물을 통한 관조로부터 시작하여 6단계를 거쳐 신의 신비에 오를 수 있다는 것을 자신의 체험을 통해서 말하고 있다. 보나벤투라는 우리의 영혼 외부, 내부를 거쳐 마지막으로 우리 영혼을 초월하는 차원으로 들어가는데, 이때 비로소 신의 영원한 진리의 빛을, 다음으로 신의 본질을 인식하고, 그런 후 신의 세 위격으로 알려진 선(善)으로서의 신을 인식한다. 보나벤투라는 이 저작의 제5장에서 신을 '존재 그 자체', '순수 존재'로 제시하면서 신 앞에서 우리는 '지성의 눈이 먼' 상태와 같음을 말한다. 그러나 우리가 영원한 빛의 조명을 받는다면 순수 존재에 마음을 집중시킬 수 있다는 것이다. 특히 보나벤투라는 서두에서 제일 먼저 신을 '빛의 근원'으로 나타내었듯이 이 책의 마지막 장에서는 신을 '선(善)의 신'으로 드러내고 있다.

---

23) F. C. 코플스톤, 위의 책, pp.373-374 재인용.

이 저서를 통하여 보나벤투라는 자연적 빛의 특징과 본질을 삼위일체(三位一體)로서의 선의 신에 대비하여 설명하고 있다. 즉 빛이 스스로 확산하는 속성과 밝음을 지니듯이 선은 스스로 확산하는 속성(bonum diffusivum)이 있기에 선은 선을 낳고, 사랑을 발산하고 사랑을 받아들여야 하는 속성이 있다. 선은 신에 의해 발산되는 말씀(Verbum)이며, 선물이다. 따라서 신은 본질적으로 하나이며 삼위로 삼위일체라고 보나벤투라는 말한다. 그리고 제일원리인 '빛의 아버지'는 동시에 '선의 하느님'과 동일하다.

④ 『성령의 7가지 선물』(Collationes de septem donis Spiritus Santi, 1268)

보나벤투라가 파리에서 교수로 있을 당시 아베로에스주의(Averroism)를 반대하는 주장을 제기했다. 무엇보다도 아리스토텔레스 철학이 라틴 세계에 유입되게 된 결과로 생긴 새로운 철학적 입장들이 당대에 유행했었다. 1) 시제 브라방(Siger de Brabant)의 라틴 아베로에스주의(모든 인간에게 있어서의 지성의 단일일과 세계의 영원성, 그리고 모든 자유를 부인하는 숙명적 필연성을 주장), 2) 아베로에스주의 오류를 비판하면서 아리스토텔레스주의적 사상에 정신적 문호를 개방한 그리스도교적 아리스토텔레스주의, 3) 전통적 아우구스티누스주의. 이러한 세 가지 입장에서, 플라톤-아우구스티누스의 노선을 걷는 보나벤투라는 의당 '전통적 아우구티누스주의'에 속할 뿐만 아니라 그 완성자였다. 따라서 그는 아베로에스주의와 아리스토텔레스주의를 격렬히 반대하였다.[24] 또한 인문학부 교수들의 합리주의적 교만을 비판하면서 아우구스티누스의 전통을 고수하였다. 그는 이 저서를 신

---

24) 환원주석, p.193 참조.

학의 관점에서가 아니라 실천적이며 영성적 관점에서 접근하였다. 즉 은총은 모든 은사들의 아버지, 빛의 아버지로부터 오며, 재창조의 원리인 육화된 말씀(Verbum)을 통해서 오며 은사의 원천은 성령이라고 한다.

브래디에 의하면, 보나벤투라의 모든 이론들은 관상의 최고 관점에서 어떻게 인간의 정신이 기여하는가라는 물음에 초점이 맞추어져 있는데, 몇 년 후 보나벤투라는 라테라노 공의회(1268년) 때 조명의 주제로 되돌아와서 그의 저서 『성령의 7가지 선물』에서 이를 잘 드러내고 있다.[25]

⑤ 『육일간의 창조집』(Collationes in Hexaemeron, 1273년) 또는 『교회의 조명』(Illuminationes Ecclesiae)

이 당시도 마찬가지로 파리대학은 시제 브라방의 영향 아래 아베로에스(Averroes)에 의해 주해된 아리스토텔레스 철학이 '전통 아우구스티누스' 사상을 위협한다. 그래서 보나벤투라는 아리스토텔레스의 오류 — 세상의 영원성, 영원으로부터의 창조 가능성, 영혼과 영혼의 능력 사이의 실재적 구별 — 를 강하게 비판한다. 브래디에 의하면, "보나벤투라는 1273년 봄 파리 인문학부 內에 유행하고 있었던 이성주의(rationalsm)에 직면해서 23편의 긴 연속 저녁설교를 했는데, 그것은 『육일간의 창조』(헥사메론) 혹은 『교회의 조명』이란 작품으로 우리에게 전해지고 있다. 이 작품을 통해서 보나벤투라는 우리에게 그리스도의 지혜로 돌아갈 것을 요구하고 있다. 그리고 궁극적으로 모든 앎과 어떤 확실성은 '영원한 지혜'에 의한 빛을 통해서만

---

25) I. Brady, 「St. Bonaventure's Doctrine of Illumination」, in: *Bonaventure and Aquinas*, by Shahan and Kovach, University of Oklahoma Press, 1976, p.60.

얻어진다는 것이다."[26] 그는 이 작품에서 성서적 표상인 '6일 창조'에 걸맞게 일곱 가지[27] 빛에 대한 통찰을 하고자 했다.

이상으로 브래디가 제시하는 보나벤투라의 주요 작품을 통하여 빛에 관한 고전적 출처를 살펴보았다. 그것은 『하느님께 나아가는 정신 여정』을 비롯하여 『그리스도의 인식』(De scientia Christi) 등에 흩어져 나타나고 있다. 보나벤투라가 말하고자 하는 '빛'은 자연적, 물리적인 빛이 아니라 존재의 궁극적인 제일원리로서, 확실한 인식에 '영원한 근거들'의 빛의 신이다. 그러므로 우리는 참된 진리와 참된 인식을 위해서는 위로부터의 조명을 필요로 한다는 것이다. 또한 그리스도교적 철학자인 보나벤투라는 자신의 작품 『요한복음 주해』를 통하여 참된 빛이 말씀(Verbum)인 그리스도를 중심에 두고 있기에 '그리스도 중심주의'의 주창자로 평가될 수 있다.

보나벤투라 이후, 그의 '빛의 이론'[28]은 일종의 지식을 획득하는 일과 앎과 행위가 조화를 이루는 '확실한 인식'을 가능하게 해 주는 이론이라 하여 받아들여졌다. 따라서 그의 인식론은 독특하다고 한다. 한 예로 보나벤투라의 후계자인 발트(Walter of Bruges)는 페트루스 롬바르투스의 주해에서 시각과 지성의 봄을 흥미롭게 비교한다. 눈이 제 기능을 하기 위해서는 어떤 외적인 빛이 필요한 것처럼, 지성은 존재이신 하느님에 의해서 우리들 마음에 부여된 빛을 필요

---

26) *Ibid.*
27) 7가지란 자연적 지성의 빛, 신앙적 지성의 빛, 성서적 지성의 빛, 관상적 지성의 빛, 예언적 지성의 빛, 신비적 지성의 빛, 영광적 지성의 빛인데, 보나벤투라는 4번째까지만 강연하였다.
28) 이런 조명이론에 더 관심을 가진 이는 John Pecham과 Mattew of Aqua-sparta 그리고 Roger Marston과 19세기 초반에는 Malebranche이다.

로 한다. 빛은 아우구스티누스의 의미처럼—눈이 보기 위해 빛이 필요한 것— 모든 사물을 아는 데 근거가 되는 것으로 이해하고 있다. 그렇다고 빛이라는 것 그 자체가 보인다는 것은 아니라고 지적하고 있다.[29] 이 예를 보면서 보나벤투라의 빛의 이론의 근간은 아우구스티누스의 조명설이 뒷받침하고 있음을 엿볼 수 있다.

3. 『명제집 주해』 2권 13장과 질송의 해석

브래디는 보나벤투라의 빛에 관해 언급하면서 『명제집 주해』 2권 13장을 간과한 듯하다. 그러나 실제로 이곳에는 빛에 관한 중요한 부분들이 내포되어 있다. 사실 앞서 보았듯이, 코플스톤은 보나벤투라의 빛의 형이상학을 언급하면서 『명제집 주해』 2권 13장을 중시하고 인용하고 있으며, 질송도 이 13장을 가장 많이 인용하고 해석한다.

보나벤투라의 이 『명제집 주해』는 원래 출처는 페트루스 롬바르두스의 『명제집』이다. 페트루스 롬바르두스(Petrus Lombardus, 1160 타계)는 4권의 『명제집』[30]을 저술하였는데, 그 내용은 하느님과, 창조, 성육신 그리고 성사에 관한 것이었다. 이 명제집은 스콜라 시대에 약 4세기 동안 모든 학생들이 강의를 듣고 주석을 해야 했던 당시의

---

29) I. Brady, 「St. Bonaventure's Doctrine of Illumination」, in: *Bonaventure and Aquinas*, by Shahan and Kovach, University of Oklahoma Press, 1976, p.61.
30) Magistri Petri Lombardi, *Sententiae in Ⅳ Libris Distinctae*, Editiones Collegii S.Bonaventurae Ad Claras Aquas Grottaferrata(Roma, 1971.)

교과서와 같았다. 이 4권의 명제집 가운데 2권은 특히 창조에 대하여 기술하면서 특히 빛의 본질, 4원소, 천체 등을 다루고 있어 오늘날의 과학 주제들을 숙고할 만한 충분한 여지를 제공해 주고 있는 책이다. 보나벤투라는 이 명제집에 대한 주석을 썼다. 그리고 그는 서언(序言)에서 세상과 역사의 감추어진 신비를 하느님의 빛 안에서 찾아 밝히려 한다고 하였다. 따라서 우리는 보나벤투라의 빛의 내용을 정확히 파악하기 위해 그의 『명제집 주해』 2권 13장의 내용 — 13장은 빛의 본질을 자연철학적 관점에서 논하고 있다 — 을 분석할 필요가 있다. 보나벤투라는 늘 같은 방법으로 논증하고 있는데, 제일 먼저 스승의 텍스트(textus magistri)를 열거하고, 그 다음은 주해되는 본문의 기본 골격들을 구획하는 '본문 구분(divisio textus)'을 한 다음 각각의 항들을 제시하고 있다.

1항: 빛의 산출(그 자체의 발광)에 관하여(De ipsa lucis productione)

질문 1: 첫째 날에 창조된 빛은 물체였는가 아니면 정신적인 것인가?

(Utrum lux primo die facta fuerit corporalis vel spiritualis)

질문 2: 어떻게 낮과 밤을 만들었는가?

(Qualiter illa lux fecerit diem et noctem)

2항: 그 자체 안에서 빛의 존재와 본질에 관하여

(De ipsius lucis essentia et natura in se)

질문 1: 빛은 유형체인가, 유형체의 형상인가?

(Utrum lux sit corpus, vel forma corporis)

질문 2: 빛은 실체적 형상인가 혹은 우유적 형상인가?

(Utrum lux sit forma substantials, vel accidentalis)[31]

---

31) 실체적 형상(forma substantialis)은 스콜라 철학의 용어로 無規定한 질료에 결합하여 그것에 규정을 부여함으로써 비로소 實體로 구성되는 形

3항: 빛의 작용과 방사에 관하여(De lucis effectu et irradiatione)

질문 1: 광선은 조명된 유형체(물체)로 존재하는가 아니면 유형체인가?

　　　(Utrum lumen, quod exit a corpore luminoso, sit corpus)

질문 2: 광선은 실체적인가 아니면 우유적인가?

　　　(Utrum lumen sit substantialis, an accidentalis)

　　　Dubia 1-4: 스승의 글에서 (circa litteram Magistri)[32]

위의 『명제집 주해』 2, 13에서 우리가 가장 비중 있게 다루어야 할 부분은 제2항인 것 같다. 보나벤투라는 제2항에서 유형적 빛의 통일성 원리와 본질에 관하여 질문한다. 그리고 두 가지에 관하여 더 질문하는데, 첫째는, '빛은 유형체인가 혹은 물체의 형상인가?'이고 둘째는, '빛은 실체적 형상인가 혹은 우유적인가?'를 찬-반 논거를 제시한 후, 그는 빛에 대해 다음과 같이 결론을 내리고 있다. "빛은 본질적(구체적) 그리고 추상적 개념 속에서 물체가 아니라 조명된 형상이다."

보나벤투라에 의하면 빛이 물체인가 아닌가에 대한 철학자들과 교부들의 말을 인용하는데 그의 텍스트의 찬반의 논거를 아래와 같이 제시하고 있다.

가) "빛은 유형체, 즉 물체이다(Lux est corpus)."에 대한 찬성 논거를 6가지로 제시하고 있다.

相을 말한다. 사물에 遇有的 혹은 偶性的 규정을 부여하는 데 그치는 우유적 형상(forma accidentalis)과는 구별된다. 이 사상은 아리스토텔레스주의자인 토마스 아퀴나스에게서도 볼 수 있다.

32) 『명제집 주해』, Ⅱ d.13, pp.308-330. 필자가 라틴 텍스트에서 중요한 부분만을 번역하였다.

1. 아우구스티누스의 『자유의지론』 3장(3, 5, 16)에서 유형체들 가운데 빛이 첫자리를 차지한다.

2. 아우구스티누스의 『창세기 문학』 7장 19항 25에서 영혼은 자연 권위의 모든 자연 물체들보다 탁월하다. 부언하자면, 빛도 공기를 통하여 이 세계에서 탁월하고 물체를 관리한다.

3. 아우구스티누스는 Volusianum 3장에서 빛은 공기처럼 단지 유형체이다.

4. 이것은 이성으로 보인다. 정신 안에서는 정신을 얻어 만난다. 빛은 물체이다.

5. 태양 속에서 빛은 물체이다.

6. 공간적으로 어떠한 움직임도 없다.

나) "빛은 유형체, 즉 물체이다."에 대한 반대 논거(sed contra)를 4가지로 제시하고 있다.

1. 다마세누스에게 있어서 광선은 그 자체로 물체이다. 그러나 그 특성은 물체가 아니다. 그러므로 빛은 물체가 아니고 물체의 특성[質]이다.

2. 철학자들은 말하기를, 형상은 활동하는 원리이다 그러므로 첫 번째로, 빛은 활동의 원리이기에, 그것은 형상이다. 부언하자면, 빛은 다른 물체 안에서 우선적으로 활동이다. 그러므로 순수 형상같이 보인다. 그러나 순수 형상은 물체가 아니다. 모든 물체와 함께 결합된다. 따라서 빛은 물체가 아니다.

3. 아우구스티누스는 『창세기 문학』 22장에서 빛이 물체 가운데 가장 탁월한 것으로 기술하였다. 그러나 그것은 고귀한 형상에 가깝다. 빛은 첫 번째로 형상의 이성에 참여한다. 그러므로 볼 수

있는 것으로서의 빛은 순수한 형상이다.

4. 또한 물체가 아니라는 것은 어떤 '결여'로 인하여 반대된다. 따라서 그것은 물체이다. 그러나 빛이기 때문에 비춘다. 어두움은 (빛의) 결여로 인한 반대이다. 그러므로 빛은 물체가 아니다.

다) 결론: 나는 대답한다. 빛은 본질적(구체적) 그리고 추상적 개념 속에서 물체가 아니라 조명된 물체적 형상이다(Lux proprie, et in abstrac-tione dicta non est corpus, sed forma corporis luminosi).[33]

보나벤투라는 앞서 언급된 프란치스칸들에게 영향을 끼친 영국의 로버트 그로스테스트의 빛의 형이상학(광학설)을 받아들인 듯하다. 로버트 그로스테스트는 빛에 대하여 말하기를 자연현상에서 본 "빛은 모든 물체의 형상이며 완성이다(Lux est species et perfectio corporum omnium)."라고 말한다. 그는 이 빛(lux)을 철학 신학적인 견지에서 신으로 파악하고 설명하고 있다. 신은 가장 순수한 빛이며, 빛 그 자체이다. 이 빛이 모든 유형물의 최고 형상이요, 완전성이기에 각 유형체들은 빛의 형상을 분류하는 정도에 따라서, 즉 빛의 형상에 참여하는 정도에 따라서 단계적 계층을 이룬다. 그래서 여기서 위계 질서가 있게 된다. 빛은 또한 운동의 원리이다. 운동은 빛의 다수화 능력(vis multiplicativalucis)이다. 빛은 유형적 형상, 즉 질료에 주어진 최초의 실체적 형상(forma substantialis)이라는 것이다. 그 뒤에 여러 물체들을 종별화할 다른 형상들이 추가된다는 것이다.[34]

보나벤투라 역시 로버트 그로스테스트 이론과 아주 유사하게 『명

---

33) *Ibid.*, p.317. 필자의 번역이다.
34) 행운, p.56 각주 참조.

제집 주해』 2, 13에서 빛에 대해 집중적으로 논하고 있다. 즉 빛은 구체적이거나 추상적이거나 물체가 아니라 조명된 물체의 형상이다. 그리고 그는 빛을 모든 형체 중에서 가장 근원적인 형상, 모든 형상 중에 가장 고귀한 형상이라 제시했다. 더 나아가 보나벤투라는 빛을 모든 수준의 물질계에 미치고 심지어는 땅속의 강물들의 형성에도 영향을 미친다고 보았다. 바로 이러한 빛의 영향을 통해서 모든 복잡한 물질들이 네 가지 기본 요소로부터 나오는 것이다. 그리고 빛의 힘(역동성)은 존재를 구성할 때 네 요소들이 지니고 있는 대립적 특성들을 조화시키는 것으로 보았다.[35]

이상에서 보나벤투라가 말하고 있는 빛은 물질계와 정신계뿐만 아니라 또한 초자연계도 포함하고 있음을 볼 수 있다. 무엇보다도 보나벤투라는 『명제집 주해』 2, 13에서 빛을 물체가 아니라 물체의 형상이라고 규정하고 있는데 이 의미는 "빛이 모든 것 가운데 가장 고귀하며 실체적 형상이다."[36]는 말과 동일하다. 우리에게 생소한 스콜라 철학의 용어인 실체적 형상이란 무규정한 질료에 결합하여 그것에 규정을 부여함으로써 비로소 실체로 구성되는 형상을 의미한다. 따라서 보나벤투라가 여기서 말하고자 하는 빛은 '모든 존재자들의 형상'이라는 것이다.

"빛은 유기체와 무기체를 구성하는 기초이다. 빛의 영향으로 원소의 실체적 존재가 성립된다. 뿐만 아니라 빛은 또한 더 높은 통일체인 혼합체(mixta), 광물을 만든다. 이것은 다시 더 높은 형태 단계인 복

---

35) 소피아 로비기, 『성 보나벤투라』, 이재룡 옮김, 가톨릭대학교출판부, 2001, XIV - XV(박장원 신부의 서문에서).
36) 『명제집 주해』, II. 13. 2, 2, fund. 2, t. II, p.319: "물체의 한 형상이라는 것은 빛이 모든 것 가운데 가장 고귀하며 실체적 형상이다."

합체(complexionata), 동식물과 인간의 육체를 구성한다. 즉 빛은 유형체가 아니라 모든 피조물이 지니고 있는 형상이며, 모든 유형체들에게 공통되는 제일의 실체적 형상(forma substantialis)이며 활동의 원리(pricipium agendi)로 나타나고 있다. 뿐만 아니라 빛은 존재의 초월적 속성이며, 조명(illuminatio)이라는 말은 존재라는 말과 같다.(『명제집 주해』, Ⅱ, d.13. a.2, q.2, concl.(Ⅴ.320.)) 빛과 조명의 완전한 부재는 존재함이 없는 비존재라는 뜻이다."37)

1) 『명제집 주해』 2, 13에 대한 질송의 해석

보나벤투라의 텍스트에서 살펴본 바에 의하면, 그의 전반에 깔려 있다는 빛의 개념은 ─자연철학적 관점에서─ 바로 물체가 아닌 '실체적 형상'이라는 것이다. 이것은 보나벤투라의 빛의 형이상학 안에서 가장 중요한 골격이다. 이를 뒷받침하는 것들은 빛이 물체가 아니라는 반대 의견에서 잘 나타나듯이, 다마세누스와 아우구스티누스의 견해에 동의하여 빛의 탁월성, 빛의 다발성을 지적하고 있다. 따라서 보나벤투라는 "앞선 철학자들과 교부들의 선언에 동의하여 빛은 가장 고귀한 최고의 형상이다."라고 대답한다. 이는 보나벤투라가 말하고자 하는 순수한 빛이며, 모든 사물은 빛의 단위들로서 이 최고의 형상에 어떻게 참여(lux per participationem)하는가에 따라서 존재의 등급이 사물들에게 정해지는 것이다.

이 장에서 보나벤투라 연구가들 가운데서 하필 질송의 해석을 택한 이유는 이들 대부분이 보나벤투라의 일반적 사상에 대하여 중세철학사에서 간략하게 피력하고 있든지 혹은 중세철학자들 속에 한 사람

---

37) 행운, pp.106－107.

으로 소개하고 있는 반면, 질송은 보나벤투라 단독에 관한 한 권의 저서 『성 보나벤투라의 철학』(*The Philosophy of St. Bonaventure*)을 통하여 소상히 분석하고 있기 때문이다. 그리고 바로 이 책 제9장을 통하여, 보나벤투라의 『명제집 주해』 2, 13과 연관하여 빛의 이론에 관한 지식을 찾을 수가 있다. 사실 아직까지 보나벤투라를 '빛의 형이상학자'로 다룬 논문들도 없고 그 자료마저도 빈약하여 거의 없다시피하다. 따라서 질송이 보나벤투라의 『명제집 주해』와 연관해 언급하는 빛에 관한 해석들을 정리해 제시해 보면 아래와 같다.

(1) 빛은 실체적 형상이다(Lux est forma substantialis)

"물체의 형상이라는 것은 빛이 모든 것 가운데 가장 고귀하며 실체적 형상(forma substantialis)이다."[38]

보나벤투라는 빛을 우유적 형상(forma accidentalis), 즉 필연적으로 반드시 있어야 할 것이 아니라, 무규정한 질료(아리스토텔레스적 제일질료)에 규정을 부여함으로써 비로소 실체로 구성되는 형상인 실체적 형상이라고 하면서 우유적 형상과 구별하였다.

여기에 대한 질송의 해석은 다음과 같다. 빛은 형상이면서 동시에 물체일 수는 없기 때문에 혹은 달리 물체로 존재하면서 순수 빛을 내는 형상이라는 것은 모순이기 때문에, 만약 빛이 형상이라면 그리고 순수한 형상이 아니라면 그것은 유형체여야만 한다. 따라서 빛은 하나의 형상이며, 신체적 활동을 하는 형상으로 이해할 수 있다는 것이다. 그리고 우리의 사유 속에서 존재가 구별되는 빛을 추상에 의

---

38) 『명제집 주해』, II, 13. 2, 2, fund. 2, t. II, p.319.

해 물질에서 분리시킬 때 구별이 가능하다. 이 점의 중요성은 보나벤투라에 의하면 이 실체성의 근거가 자연적 빛의 활동이며 또 다른 이유는 로버트 그로스테스트와 로저 베이컨에 의한 물리적 가르침과 형이상학이 일치한다는 것이다.[39]

사실 그로스테스트는 물체세계의 형상을 빛(lux)으로 보는데, 그 빛을 질료와 결합하여 용적 차원을 갖지 않는 단순 실체이며, '비물질적 실체에 가까운 실체'로 표현하면서 보나벤투라와 같은 언급을 했다. "나는 물체라고 부르는 물체적 제일형상을 빛이라고 생각한다(Prima formam corporalem quam quidem corporeitatem vocant, lucem esse arbitro)."[40] 이처럼 그로스테스트의 빛의 대한 규정은 보나벤투라가 『명제집 주해』 2, 13의 결론과 흡사하다. 즉 "빛은 본질적(구체적) 그리고 추상적 개념 속에서 물체가 아니라 조명된 물체적 형상이다."

한마디로 빛이 실체적 형상이라는 것은 빛이 모든 물체에 일반적 형상이라는 것이다. 그러므로 이 토대 위에 보나벤투라의 '형상의 복수성'이 성립된다고 볼 수 있다.

(2) 빛은 활동의 원리이다

"빛의 본질이 이미 활동성을 가지고 있다."[41]

빛의 본질과 속성은 그 자체가 활동성을 지니고 있음을 말한다. 다른 말로 환치한다면 자기 생산성을 말할 수 있겠다. 이것은 이미 플로티누스가 존재에 관하여 그 이전의 철학자들이 문제를 제기하지

---

39) E. Gilson, *The Philosophy of St. Bonaventure*, p.251.
40) 참조: 정의채, 김규영, 『중세철학사』, p.77 재인용.
41) 『명제집 주해』, II, 13, 2. 2, Concl., t.II, p.321.

않았던 일자가 존재하는가에 대한 이유를 탐구하면서 그 원인을 자유와 자기 창조의 힘, 즉 자기 생산성으로 빛의 방출로 비유해 언급하였다.

빛의 활동성에 대한 질송의 해석은 빛의 본질을 우리에게 잘 들려준다. 그는 보나벤투라가 말하는 빛이 실체적 형상으로 간주하거나 빛의 활동성을 부여하거나 같은 이유를 다음과 같이 설명한다.

> 그(보나벤투라)의 의견은 로버트 그로스테스트의 의견과 마찬가지로 빛이라는 것은 활동을 그 기능으로 필요치 않는다는 것이다. 빛은 스스로 다발성(multiplicat)과 자기확산(diffusivum sui)으로 정의될 수 있기 때문이다. 어떤 발광점(광원)이란 모든 방향으로 빛을 낼 수 있고 그리고 직접적으로 발광체를 둘러싸고 빛의 영역을 널리 퍼뜨린다. 그리고 이것은 빛의 근본적 본질에 해당된다. 다발성은 오늘날 사물에 부여하는 사물들을 드러내는 것을 가능하게 하는 성향이다. 따라서 어떤 생산성, 활동성은 빛의 형상에 이미 들어 있다. 바로 이런 연유로 빛의 속성 안에 이미 내재되어 있다.[42)]

이러한 빛의 활동성은 빛의 작용으로 설명될 수 있겠다. "광선은 어디에 어떤 존재들 사이에 다 있다. 광선의 영향권에서 벗어나는 것은 아무것도 없다. 또 광선은 그것을 꿰뚫고 들어가서 광물 구성에도 존재한다. 광선은 영들(spirits)에서도 활동하는데, 그것은 동물의 종족보존을 생기게 영향을 주고 그리고 광선은 식물적 감각적 영혼을 당기고 물질의 가능성으로부터 식물, 감각적인 것을 만들어 내기도 한다. 광선은 이와 같이 생명체를 유지하는 데 활동하기도 한다."[43)]

---

42) E. Gilson, op.cit., p.254.
43) ibid.

(3) 광원(lux)과 광선(lumen)의 구별[44]

"광원(lux)은 광선(lumen)과 구별된다."[45]

광학에 대한 저술가들이 빛과 빛의 활동성이 동질적이지만 설명을 위해 마치 빛을 구별[46]하여 설명하듯이, 보나벤투라는 우리들의 인식을 위해 빛의 존재를 나누어 설명한다. 그리고 성서에 나타난 창조 때의 빛도 구별[47]하고 있다. 그러나 여기서 중요한 것은 신학적 의미보

---

44) 빛을 나타내는 라틴어 명사는 남성·여성·중성명사, 3性에서 각기 찾아볼 수 있다.
　① 남성명사로는 splendor, −oris. m; 빛, 광채, 광휘, 화려
　② 여성명사로는 lux, −cis, f; 빛, 광, 광명, 낮, 생명, 시력, 눈, 명백한 것, 저명, 해석, 구조, 영광
　③ 중성명사로는 lumen, luminis, n; 自然光, 빛, 발광체, 등화, 낮, 눈, 시력
　위의 순서에 입각하여 라틴어−이탈리아 사전에 의하면 아래와 같이 나타나 있다.
　① splendor: 맑음, 투명, 有形體 혹은 事物의 맑음, 불꽃, 화염, 빛남, (華麗, 壯麗), 潤澤, 光澤, 裝飾, 빛남
　② lux: 조명된 광휘, 천체, 공적 삶의 빛, 증거, 밝음, 구원, 빛, 빛남, 태양
　③ lumen: 물체의 퍼지는 빛, 태양의 光線, 등불, 램프, 燈, 큰 초, 대낮의 빛, 시력 시각, 생명의 빛, 생명.
45) 『명제집 주해』, Ⅱ, 13, 2, 2, concl., t.Ⅱ, p.321.
46) 룩스(lux)는, 즉 원천적으로 고찰한 빛의 본성, 빛의 원천에 의하여 중앙에서 방사상으로 생기는 빛의 광선(radius), 루멘(lumen)은 혹은 빛나는 광선에 의하여 중앙으로부터 주변으로 퍼지는 빛, 광채(splendor), 즉 빛이 밝게 만든 빛나는 대상의 광선 등으로 구별한다. Cf. 에티엔느 질송, 『중세 철학사』, 김기찬 옮김, 현대지성사, p.475.
47) "하느님께서 '빛이 있어라' 하시자 빛이 생겨났다. 이렇게 첫날이 지났다." 창세기, 1,14−19, "하느님께서 '하늘 창공에서(해와 달이 나타나) 땅을 환희 비추어라' 하시자 그대로 되었다. 이렇게 나흘날도 지났다."−보나벤투라는 빛이 하늘과 땅과 세상이 창조되는 창세기 엿새 날 가운데

다는 자연적 현상과 철학적 의미이다. 보나벤투라는 광원 혹은 발광체의 빛은 'lux'로 그리고 그로 인해 나온 광선, 즉 가시적 빛은 'lumen'으로 구별한다. 하지만 발산된 빛인 광선 혹은 햇살은 결코 광원과 분리하여 생각할 수는 없다는 것이고, 또 한편으로는 광원은 형상이지 질료가 아닌 것처럼 발산된 빛인 광선(lumen)은 빛의 광원(lux)으로부터 분리가 불가능하다는 것이다. 왜냐하면 중심인 광원에서 지속적으로 둘레로 계속 방사하기 때문이다. 질송은 빨간색과 빨간색 자체는 구별되듯이 lux와 lumen의 차이도 같으면서도 다름을 강조하고 있다.[48] 그리고 빛은 형상임을 다시 한 번 힘주어 말한다. 어떤 질료의 손실도 없이 光源의 형상과 질료에 의한 이유로 소모되지 않는다. 광원체로부터 만들어진 빛, 광선이라는 것은 물체가 결코 되지 않는다. 만약에 광원체가 물질이라면 발산하는 물체는 반듯이 소모되어야 한다. 빛은 결코 매개체와 관련해서 어떤 역할을 하는 것이 아니다. 따라서 광선은 유형적 물체가 아니다. 광선이 유형적 물체가 아니라면 엄밀한 의미에서 형상을 포함하고 있지 않다. 그러한 의미에서 빛은 형상의 형상이다. 빛은 결코 매개체도 아니고 물질도 아니고 형상이다. 이 원리로부터 우리는 결론을 도출할 수 있는데, 즉 빛은 엄밀한 의미에서 한 형상의 영(zero)이 될 수 없다. 그래서 보나벤투라에게 있어서 빛은 '어떤 것'이다. 참된 형상과 그 무엇이다. 빛이 이미 생산성과 활동성, 앎의 행위나 또는 앎의 완성하는 기반을 준비하는 그런 기능을 가지고 있다는 것이다.[49]

그렇다면 빛의 식별에서 보나벤투라가 제기한 빛(lumen)은 실체적

첫째의 날에 창조되었고, 이것은 태양이 생겨나기 3일 전에 창조된 것으로 구별한다.
48) Cf. E. Gilson, op.cit., p.257.
49) Cf. *Ibid.*, p.256.

형상(forma substantilalis)인가, 우유적 형상(forma accidentalis)인가? 발산 혹은 확산된 빛은 활동적인 성질을 가진 빛의 개념에서 식별된 광원과 광선에서 문제가 나타난다. 즉 광원과 대비되는 광선(lumen)은 독립되어 존재할 수 없고 오로지 광원은 그 자체가 활동하는 속에서만 생각될 수 있다. 따라서 발산된 빛은 lux로부터 전달된 활동성을 가지는 것이다. 이에 따라 제기되는 문제는 '광선은 우연적 형상인가 실체적 형상인가?'이다.

이에 대해 질송은 "발산은 우연적 형상이라 할 수 없다. 그것은 결코 아래와 같이 될 수 없다. 빛을 발하게 하는 광선은 광원(lux) 안에 있는 그런 것이 아니다. 우리가 이미 언급한 것처럼 광원은 스스로 다발적이다. 광선은 오히려 반대로 광원 안에 그런 것이 아니라 광원과 동질, 동종의 것이다. 우리는 구분할 수 없다. 광선은 광원 안에 그런 것이 아니라는 것은 광선의 우연적 형상도 아니고 언급했듯이 좁은 의미에서 광선은 형상의 부분 역할을 하지 않기 때문이다. 결론적으로 광선은 어떤 형상도 아니고 순수하게 단순히 어떤 본질적인 형상을 의미하고 분리가 불가능한 광원 자체에 실재하는 형상으로 이해된다."라고 설명한다.[50]

이상에서 보나벤투라의 『명제집 주해』 2권 13장에 대한 빛에 관한 질송의 해석을 보았다. 즉 빛은 제일의 '실체적 형상'으로 모든 존재가 지니는 공통적인 것이며, 그러기에 가장 고귀하며, 빛의 본질과 특성은 다수성, 자기확산이다.

이러한 빛은 '일'과 '다'의 양면성을 지니고 있기에 우리들의 인식을 위하여 부득불 나누어야만 한다. 광학자들 역시 같은 빛의 용어들을 광원(lux)과 광선(lumen) 그리고 광휘(splendor)를 구별하여 설

---

50) Cf. *Ibid.*, p.258.

명하듯이, 보나벤투라도 동질의 룩스와 루멘의 다름을 말하고 있다. 그러면서도 모든 照明들이 하나의 빛 속에 그 근원을 가진다는 것을 보나벤투라는 설명하려 한다.

4. 보나벤투라의 빛

지금까지 빛의 형이상학자로서의 보나벤투라의 빛을 고찰하였다. 보나벤투라는 자신의 형이상학의 3가지 주요 사상, 즉 발현 혹은 유출(emanatio)과 모형(exemplaritas), 그리고 환원(reductio)의 구도에 형이상학적 '빛'을 그대로 상응시키고 있다. 다시 말해, 모든 존재 사물의 궁극적 존재인 신은 光源이다. 이 신에게서 흘러나온(유출 혹은 발현) 모든 피조물은 빛의 발원지인 광원을 원형으로 한 빛의 단위(모형)들이다. 그리고 한 점에서 나온 빛이 방사하여 원둘레를 형성하고 다시 그 원둘레를 형성한 빛은 운동을 멈출 때, 빛의 한 점으로 환원되듯이 모든 빛은 광원으로 되돌아간다는 것이다(환원). 이것은 빛의 형이상학이 말하는 광원에서 확산되어 나오는 광선의 양태 설명이나 '一'에서 '多'가 나오는 것을 설명하는 신플라톤 사상과 맥을 같이하고 있다.

그리스도교 철학자로서 보나벤투라의 철학의 출발점은 무엇보다도 창조주 하느님께 의존되어 있는 인간 존재의 의존성에 그 근거를 두고 있다. 따라서 성서에 나타난 창조주는 '창조되지 않은 빛'으로 혹은 모든 '빛의 빛', 즉 '최고의 빛'으로 '빛의 아버지(pater luminum)'로 표현된다. 그리고 창조된 모든 존재는 이 빛의 반사이다. 그러나 광선으로서의 '빛(lumen)'은 'lux'와는 구별되고 있지만 또 한편으로는 뗄 수 없는 관계로서의 빛이다. 보나벤투라에 의하면 '자식이 아버지로부터 나오듯이' 광선은 광원 없이는 결코 존재할 수 없는 그러한 빛의 관계를 가시적 자연 빛을 통하여 볼 수 없는 빛(신)의 형상을 말하고 있다. 즉 의존성의 관계(relatio) 속에서만 존재할 수 있는 그러한 빛이라는 것이다. 이와 같이 창조주와 인간을 포함한 모든 피조물의 관계는 빛의 형이상학과 맥을 함께하고 있는 모형론에서 더욱 잘 드러난다. 즉 신은 원형이고 피조물은 그의 모형이며, 신은 광원이고 피조물은 빛의 단위인 것이다. 그렇다면 하나의 광원에서 여러 존재 사물은 어떻게 성립되는가를 보나벤투라는 빛의 자기확산으로 설명하고 있다.

그의 빛의 이론은 당시 그로스테스트의 빛론과 매우 유사하게 나타났다. 즉 오늘의 시각에서 본다면 과학적 빛을 탐구하여 정신계에 적용하였던 그로스테스트처럼 보나벤투라의 과학적 빛을 고찰하고 탐구한 흔적들을 여러 곳에서 볼 수 있는데 그 한 예를 들어 보면 아래의 구절이다.

"자연력의 작용에 의해 산출되거나 생산되는 것은 무엇이든지 빛의 힘을 통해서 4대 요소[51]로부터 산출되거나 생산된다. 이 빛의 힘은 복합체들—광물, 식물, 동물, 인간의 육체 등— 안에서 4대 요소들 사이의 대립을 조화시킨다."[52]

---

51) 불, 공기, 물, 흙이 4요소들이다.
52) Itin.,c.2.n.2: "Generancia sunt corpora simplicia, scilicet corpora caelestia et quatuor elementa. Nam ex elementis per virtutem lucis conciliantis contrarietatem elementorum in mixtis habent generari et produci, quae cumque generantur et producuntur per operationem virtutis naturalis—Generata vero

달리 풀어 말하자면, 빛은 모든 물체들의 본질에 공통된 것[53])로서 유기체와 무기체를 구성하는 기초이며, 빛의 작용으로 말미암아 원소의 실체적 존재가 성립된다. 뿐만 아니라 이 빛은 더 높은 통일체와 혼합체, 광물을 만들고 다시 더 높은 단계인 복합체 동물, 식물과 인간의 육체를 구성한다는 것이다.

그리고 우리가 볼 수 있는 가시적 자연 빛의 본질은 그 자체가 스스로 지니고 있는 '자기확산(diffusivum sui)'이다. 이 '자기확산'은 곧 '활동의 원리'이다. 그러므로 한 점의 빛은 여러 빛줄기를 방사하는 것과 동일하다. 그것은 빛은 일과 다, 양자를 자기 안에 모두 내포하고 있기 때문이다. 그래서 빛의 자기확산은 바로 창조와 연결된다. 이것은 마치도 플로티누스가 말했던 일자(一者)의 '자기 생산성(自己 生産性)'과 유사하다. 즉 그것은 '빛이 어둠 속에서 번져 나가는 것'과 같고 '샘[泉]에서 물이 흘러나오는 것'과 같은 것이다.

그러나 보나벤투라는 플로티누스의 一者의 자리에 그리스도교 삼위일체(三位一體)의 신을 대치시킴으로써 완연한 차별성을 두었다고 볼 수 있다. 그리고 이러한 빛을 보나벤투라는 정신계에 적용하고 있다. 그의 '빛의 이론'은 일종의 지식을 획득하는 일과 앎과 행위가 조화를 이루는 '확실한 인식'을 가능하게 해 주는 이론으로 혹은 빛

---

sunt corpora ex elementis composita, sicut mineralia, vegetabilia, sensibilita et corpora humana."

53)
5가지 요소 단순 물체(대우주)	각 요소의 능동본질	각 요소의 수동본질	빛과 요소의 혼합	인간의 오감(소우주)	오관의 인식	감관의 특징
빛[光]과 천체	본질을 초월	불변적 본질	目, 光	視覺	빛	시각은 가장 완전한 감관
地[흙]	冷	乾	地+光	觸覺	냉온건습	촉각은 기본 감관
水[물]	冷	濕	水+光	味覺	맛	중간 감관
火[불]	溫	乾	火+光	嗅覺	향기	〃
風[바람]	溫	濕	風+光	聽覺	소리	〃

은 존재의 '초월적 속성'이고, 조명이라는 말은 존재라는 말과 같은 의미로 적용되어서 빛과 조명의 완전 부재는 존재함이 없는 '비존재'[54]로 나타난다.

역사적으로 보나벤투라가 살았던 13세기는 빛의 담론 시대였으며 더구나 프란치스칸들에게는 빛의 유행 시대였다. 따라서 프란치스칸 주의에서 빛에 관한 주제는 형이상학적 차원을 넘어 관조와 관상 생활을 통하여 더욱 심화되었다고 볼 수 있다. 이러한 면에서 호세메리노가 말한 바처럼 보나벤투라의 빛의 형이상학은 "단순한 철학적, 과학적 문제를 훨씬 뛰어넘는 문제이다. 그리고 진리로서 제시되는 참된 것에 대한 진리이다."라고 단적으로 표현한다.

끝으로, 빛의 형이상학자요, 동시에 신비주의자로서의 보나벤투라에게 있어서는 '빛의 형이상학'과 '빛의 상징주의'가 모두 나타난다. **'빛의 형이상학'**과 **'빛의 상징주의'**는 철학의 두 분야에서 중요하게 다루어진다. 즉 전자는 '빛'이라는 개념은 플라톤적 비유 내지 은유적 표현으로 '신으로서의 빛(룩스)'과 '진리로서의 빛'을 말한다. 이 빛은 존재자들의 근원이며 동시에 감각적인 빛의 근원이기도 하다. 그리고 내적이며 초월적인 빛이다(플라톤의 이데아의 초월성을 태양의 비유에서 언급과 유사). 그리고 '빛의 형이상학'의 관점은 정신적인 세계가 빛이라는 사실을 통해서 위로부터 하향적인 의미를 띤다(**상하운동**). 그래서 위로부터의 조명은 인간의 의지와 하등의 상관없는 것이기 때문에 위로부터의 조명과 은총이라는 영역을 마련하고 있다. 반면 후자, 즉 **'빛의 상징주의'**에서는 그것, 즉 빛은 일종의 감각적 상징 혹은 지시를 의미하며, 이러한 것은 자기 스스로를 넘어서 정신

---

54) 행운, p.106.

적인 것, 신적인 것을 표명한다. 달리 말해 이 관점은 '감각적인 상징으로서의 빛'은 현상에 있는 감각적인 사물의 상징을 통해서 → 정신적인 것에로의 상승을 의미한다(**하상운동**). 이러한 경향은 신비주의 철학에서 나타나는 주된 특징이다.

이로써 우리는 보나벤투라의 빛에 관하여 그의 작품을 통해서 그리고 그에 대한 질송의 해석을 통하여 다양하게 나타난 빛에 관한 몇 가지 결론을 도출할 수 있다.

1. 오늘의 과학자들이 빛의 실체를 밝히듯이 보나벤투라도 자연철학적 관점에서 유형체로서의 빛의 특성과 본질에 대하여 고찰하면서 우선 물질적인 빛이 의미를 인정한다. 빛은 단순한 실체이며, 능동적인 것이며, 그 자체가 자기 생산성, 즉 자기확산(diffisum sui)이다. 그런 까닭에 운동의 원리이다.

2. 이를 발전시켜, '**빛의 상징주의**'로 전개한다. 즉 '빛은 모든 형체의 근원적 형상이며, 모든 형상 중에서도 가장 고귀한 형상'이다. 광학자들이 광원(lux), 광선(lumen), 광휘(splendor)로서 구분하여 설명하듯이, 보나벤투라는 lux, lumen으로 구분하여, 신을 빛(lux)으로 파악하고 가장 순수한 빛 그 자체임(빛의 원형으로의 광원)을 말하고 있으며 아울러 lux와 lumen의 차이를 설명했다. 그리고 이러한 가시적인 과학적 빛을 빌려서 정신계에 '상징적'으로 적용한다(**하상운동**).

3. 이를 더욱 발전시켜, '**빛의 형이상학**'으로 발전시킨다. 즉 신을 근원적인 빛이라 생각하기 때문에 이 광원에서 쏟아져 나오는 광선의 양태에 의해서 인간 존재와 세계 존재 등 여러 가지 유한적인 존재를 설명한다. 보나벤투라는 원형인 신은 순수한 빛(Lux)이고 모든 존재 사물은 광원에서 쏟아져 나온 '빛의 단위들'이다. 그리고 원

형인 순수한 빛 Lux는 바로 삼위일체의 신이기에 모형인 사물도 원형에 모습을 따라 삼중적인 구조를 띠고 있다. 이러한 빛의 형이상학적 설명을 보나벤투라는 플라톤의 범형론과 함께 설명하기에 '범형론적 빛의 형이상학'이라고 부를 수 있을 것이다. 그는 서양 철학사의 관건인 '하나'와 '여럿'의 문제를 원형(Lux)과 모형(빛의 단위)으로 설명하고 있다(**상하운동**).

4. 무엇보다도 중요한 것은 '**빛이 질료의 최초의 실체적 형상**'이라고 규정한 보나벤투라의 사상이다. 빛은 단순히 많은 형상 중에 하나가 아니라, 가장 고상한 형상이다. 아우구스티누스의 입장에서는 '**빛의 물체 중에서 최초의 물체**'라고 지칭될 때, 이는 질료와 더불어 있는 빛, 즉 빛나는 물체에만 해당된다. 여기에 정신적 빛과 물체적인 빛 사이에 근본적인 차이가 있다. 정신적인 것의 영역에는 정신적인 질료와 형상으로 이루어진 창조된 정신적 존재가 있는 것이 아니라, 순수한 실재 자체인, 순수한 현실태로 있는 정신적인 빛인 창조자만이 있다. 이것은 아우구스티누스에게 있어서는 예지적인 빛이다. 이에 반해 물질적인 빛은 질료 없이 결코 있을 수가 없다. 아우구스티누스의 이런 주장을 그가 반박하지만 빛이 **모든 물질적인 형상 중에서 가장 뛰어난 형상이라는 아우구스티누스의 주장은 수용한다.**

보나벤투라에게 있어, 빛의 이론은 코플스톤의 말처럼 '인식론적 진리이며 동시에 종교적 진리'이기도 하다. 그가 자신의 저서에서 언급한 영원한 근거(aeterna rationes)는 우리가 다른 모든 것들을 인식하는 척도가 되는 빛으로, 그것은 이해를 통해 보이거나 파악되는 대상이 아니라, 그것으로써 우리가 여타의 모든 것들을, 곧 피조물을 피조물로서, 우리 자신들을 신의 모상으로서, 그리고 창조주를 우리 존재의 제일원리로, 그리고 우리 아름다움의 궁극적 원천으로서 보고 이해하는 척도가 된다는 것이다. 보나벤투라에게 있어서나 아우구스티누스주의자에게 있어서 사물을 안다는 것의 개념은 토마스가 실재 존재로 향하고 있는 것과는 달리 항상 원형에 비추어 안다는 것이었다. 아우구스티누스의 '관계성(relatio)'과 보나벤투라의 빛의 형이상학의 열쇠가 플라톤의 '모형론'에 있다는 것을 상기하면서 인식론으로 넘어가자.

제 4 장

보나벤투라의 인식론

    일반적으로 인식론(Gnoseologia, Epistemologia)이라 함은 그 어원에서 알 수 있듯이 '지식에 관한 이론' 또는 '앎에 관한 이론'을 의미한다. 철학사적으로 보면 전통적으로 인식론이란 지식의 이론, 혹은 지식의 본질에 관한 철학적 연구로 정의된다. 우리가 잘 알듯이 근대의 인식론은 데카르트와 베이컨으로부터 시작되었고 그 후 칸트가 영국 경험론과 대륙의 합리론을 비판·종합함으로써 일단락되었다. 이러한 인식론에서는 진리론과 인식의 본질, 기원, 대상, 한계 등이 주요 쟁점으로 나타나지만 여기서 논하려는 보나벤투라의 인식론은 일반적으로 말하는 '지식에 관한 이론'이라고 하는 지식론을 포함하여 진리론과 도덕론 등을 내포한다. 따라서 이 장에서는 보나벤투라의 독창적 인식론을 토마스 아퀴나스의 인식론과 비교하면서 인식의 기원을 개략적으로 살펴본 뒤에 그의 지식론과 진리론 그리고 그의 작품 『모든 학문의 신학으로의 환원』을 통해 나타난 보나벤투라의 인식론과 빛의 형이상학을 고찰할 것이다.

1. 보나벤투라와 토마스의 인식론의 차이

　보나벤투라의 철학사상에 있어서 인식론은 형이상학과 더불어 독창적이고 중요한 부분이다. 물론 그의 인식론은 아우구스티누스의 조명론과 아리스토텔레스주의와의 절충을 꾀한 것이라지만 그의 인식론은 '빛의 형이상학'에 기초하여 전개되기 때문에 독창적이라고 말할 수 있다. 우리는 여기서 먼저 보나벤투라의 인식의 기원과 '안다는 것'의 개념을 토마스와 비교하면서 살피려 한다. 그것은 앎의 개념과 인식의 출발점을 달리할 때 나타나는 과정과 설명의 관점이 매우 상이하게 나타나기 때문이다.

　인식론이 철학자마다 다양하게 전개되는 이유에 관해서 장욱 교수는 "한 철학자의 인식론은 무엇보다 그 철학자의 종교관, 인간관과 세계관이 인식론에 큰 영향을 미친다."[1]고 하였다. 이 말을 보나벤투라의 인식론에 적용시켜 본다면 그의 인식론이 독창적이라는 사실은 달리 말해서 보나벤투라의 종교관, 인간관 그리고 세계관이 독특하다는 것으로 바꿔 말할 수 있다. 사실 그의 인간관은 한마디로 '신의 모상'이다. 그리고 '신을 이해할 수 있는 존재(capax Dei)'이다. 또한 세계관에 있어서도 모든 피조물은 '신의 흔적'으로서 인간이 신에게 나아가는 '사다리'라고 보고 있다. 이렇게 모든 것을 신과 연관하여 언급되는 보나벤투라의 자연관 내지 인간관은 무엇보다도 그의 종교관에서 비롯된다.

　보나벤투라는 그리스도교 철학자이다. 더 나아가서 그는 초기 프

---

1) 장욱, 「왜 토마스 아퀴나스인가? - 형이상학」, 『중세철학』 8, 2002, p.4.

란치스칸 철학자이다. 그래서 성서를 지식의 원천으로 삼고 철학을 '신학의 시녀(ancila theologiae)'로 불렀다. 그에게 있어 이성은 신앙의 도구이고, 이성을 바탕으로 하는 모든 학문 역시 성서가 말하는 사랑의 시녀(봉사)에 불과했다. 이렇게 그는 신앙의 눈으로 세계를 바라다보면서 그리스도를 지혜의 중심, 우주의 중심, 나아가 역사의 중심에 두고 있었다. 그러므로 보나벤투라의 인식론은 그리스도교의 사상을 배제하고서는 이해할 수 없다.

한 걸음 더 나아가서 그는 프란치스칸 수도자였다. 그래서 학풍과 영성의 차이를 보이고 있는 도미니칸 학파와 견주어 봄으로써 그 차별성을 발견할 수 있을 것이다. 사실 스콜라 전성기에 보나벤투라와 토마스 아퀴나스는 그리스도교 철학 안에서 없어서는 안 될 두 기둥이었지만 사상적으로는 대조를 이루었다. 특히 인식론에 있어서 그렇다. 물론 여기서 두 대가의 사상을 상세히 비교하는 것이 아니라 두 철학자의 몇 가지 차이점만을 드러내고자 한다. 두 학자는 같은 종교관 안에서 신학과 신앙으로부터 그들의 철학을 분리시키지 않았지만 '사상에 있어서 평행선을 달리는 두 철학자'라고 할 만큼 특별히 인식론에서 상당한 대조를 보이고 있어 때론 정면 대결 구도를 취하기도 했다.

1) 일반적 차이

가) 첫째는, 철학의 기본 노선이 다르다.

파리대학에서 프란치스칸과 도미니칸 학파의 뚜렷한 경향을 읽을 수 있는데 프란치스칸 학파는 아우구스티누스적인 사상의 흐름을 강하게 견지하였다. 이들은 약간 보수적인 성향으로 아리스토텔레스 철학을 반대하는 태도를 보였으며 새로운 사조에 대해서 부정적 시각을 가지고 있었다. 도미니칸 학파는 특히 토마스는 자신의 학문에 아리스토텔레스적인 사상의 흐름을 받아들여 아리스토텔레스와 아라비아 철학자들에게 크게 의존하고 있었던 반면 보나벤투라는 아리스토텔레스에게 의존하기보다는 플라톤과 아우구스티누스에게 의존하고 있었다. 그렇다고 그가 아리스토텔레스를 완전히 배제하지는 않았다. 보나벤투라는 자연철학의 대가로서 아리스토텔레스를 존경했으며, 그의 일부 사상은 수용하고 그의 작품 속에 아리스토텔레스의 사상들을 인용하면서 철학자들 중에서 탁월한 이로 평가했다. 그러나 그보다는 플라톤을 지혜의 대가로서 한층 더 높게 평가한 것은 사실이다. 그것은 플라톤이 천상의 일에 대해서 언급한 반면, 아리스토텔레스는 지상의 일에 관해서 그의 관심을 기울였기 때문이다. 그리고 보나벤투라의 사상에 기초를 다지게 한 철학자는 이 두 대가가 아니라 아우구스티누스였다. 보나벤투라가 그를 가장 높게 평가한 이유는 아우구스티누스가 학문과 지혜라는 양쪽의 대가로 평가되었기 때문이다. 이러한 아우구스티누스의 사상은 그의 인식론에서도 그대로 반영된다.[2]

보나벤투라의 인식론에서는 플라톤의 모형론과 지성은 백지상태(tabla rasa)여서 감각적 사물을 그 대상으로 한다는 아리스토텔레스주의적 인식론을 일부 받아들이고 있다. 그래서 혹자는 말하기를 그의 인식론은 아우구스티누스주의와 아리스토텔레스주의 간의 절충 속에서 조화를 이룬 것으로 말하고 또는 아리스토텔레스의 이론을 변형시켜

---

2) Armanda A. Maurer, *Medieval Philosophy*, Random Hause. New York, 1962, p.139.

아우구스티누스의 학설에 적용하여 더욱 보완시킨 것이라 한다. 그러나 보나벤투라가 아우구스티누스에 충실한 이유는, 그 무엇보다도 서로가 모든 학문을 사랑의 봉사에 두고 있다는 점에서였다. 즉 헌신과 사랑을 항상 첫째 관심사로 삼았고 지식과 학문은 그다음 일이었다. 이것은 보나벤투라가 왜 자주 정서적인 언어를 사용한 것인가 하는 점을 잘 설명해 주는 말이다. 모든 신비주의자들의 작품들과 같이, 보나벤투라의 작품도 사랑의 말(정의적 표현)로 가득 차 있다. 즉 이성적인 분석보다 더 완벽한 것은 사랑을 통한 지식(dulcis cognitio)인데, 이 안에서 신의 감미로움을 맛볼 수 있다. 그래서 보나벤투라는 "신을 알 수 있는 가장 좋은 방법은 이 감미로움의 경험을 통하는 것이다. 이것이 이성적인 추구보다 더욱 완벽하고, 훌륭하고 기쁜 일이라고 했다."라고 기술하고 있다.

보나벤투라는 사랑에 대한 이 강조점이 프란치스칸파의 사람들을 도미니칸파의 사람들과 구별시켜 주는 특징으로 보았다. 보나벤투라는 말하기를, 도미니칸 사람들은 첫째, 관조(speculatio)와 연구에 몰두하고 그 다음 헌신(unctio)으로 보고 있으나, 프란치스칸들은 먼저 헌신을 보여주고 그 다음 관조에 들어간다. 그래서 보나벤투라는 학문과 지식을 마지막 수단으로 생각하지 않고, 인격을 형성하는 도구로 보며, 또 사랑을 통해서 신에 대한 경험적인 지식을 형성하는 도구로 보았다.[3] 프란치스칸으로서 보나벤투라가 갖고 있는 종교적 사상은 그의 인식론을 이해하는 데 일조를 한다 하겠다.

나) 둘째로, '안다는 것'의 개념이다.

토마스 아퀴나스가 볼 때 지식은 '그 자체가 자립적인 것'이다. 반

---

3) ibid, p.139.

면에 아우구스티누스의 완성자라고 불리는 보나벤투라는 아우구스티누스의 인식론, 즉 신적 조명론에 지식의 기초를 두고 있다. 그래서 보나벤투라는 아우구스티누스처럼 신적 근원에서 떨어져 나가는 어떠한 자연적인 것의 자치성을 인정하지 않는다는 것이다. 이 사실은 아우구스티누스의 '관계성(relatio)'과 보나벤투라의 형이상학의 열쇠가 플라톤의 '모형론'에 있다는 것을 우리에게 상기시킨다. 아우구스티누스주의자에게 있어서 사물을 안다는 것의 개념은 토마스가 실재 존재로 향하고 있는 것과는 달리 항상 원형에 비추어 안다는 것이었다. 아우구스티누스주의에서 말하는 '안다는 것'과 인식 사상은 다음 4가지로 축약할 수 있다.

1) 만물을 최후의 목표와 관련시켜 생각한다. 그래서 참으로 '사물을 안다는 것'은 사랑을 통해 최후 목표인 신과 관련시키는 것이었다. 그러므로 사물을 그것들이 지닌 순수 본질에서가 아니라 최후 목표와의 관련 아래에서 고찰하고자 한다.

2) 인간이 신에게로 돌아간다는 견지에서 고찰한다. 그래서 사물을 아는 것은 그것들의 動力因인 신의 의향을 규정하는 것, 사물을 신(하느님)의 의지와 연관시켜 고찰한다.

3) 진리에 대한 참된 인식은 경험과 감각적 인지에서 오는 것이 아니라, 영적세계, 즉 신으로부터 오는 빛을 직접 받음에서 오는 것이다(이것은 신학의 개념과 철학과 신학의 차이를 알고 성서에 있어서 '자연적' 인식을 활용하기 위해서 매우 중요하다). 참된 인식은 사랑과의 일치라 보았다.

4) 모든 학문과 철학은 신학에 봉사한다(아우구스티누스 학파에 있어서 이런 것들은 신과의 관계에서만 타당성이나 의미가 있게 된다).[4]

---

4) 전통과 영성, pp.190-191 참조.

이렇게 아우구스티누스주의의 관점에서 '안다는 것'의 개념은 보나벤투라의 인식론에 기초가 되어 나타나며, 특히 그의 작품 『모든 학문의 신학으로의 환원』은 그 대표적인 사례라고 볼 수 있는데 토마스와는 '안다는 것'의 개념이 차이를 보이고 있다.

다) 두 철학자의 인식의 기원, 즉 출발점은 만날 수 없는 평행선이다.

보나벤투라의 인식론은 위로부터 빛의 조명과 영혼 안에 본유관념에서 시작한다. 플라톤-아우구스티누스 사상에 기초한 보나벤투라의 인식론은 가장 위로부터 오는 '빛의 아버지(제일원리)'에 근거하여 빛의 형이상학에 기초를 두고 전개하고 있다. 보나벤투라는 아우구스티누스의 조명설, 즉 신을 예지적인 빛에 비유하여, 우리가 태양의 빛에 의해서 여러 가지의 물체를 볼 수 있는 것처럼 신적인 빛의 조명을 통해 영원한 진리를 인식할 수 있다는 이론을 그의 인식론의 중추로 삼았다. 즉 우리 눈(시각)이 보기 위해서는 빛이 필요한 것처럼 우리 지성은 존재이신 신에 의해서 우리들 마음에 부여된 빛을 필요로 한다. 따라서 보나벤투라는 본유관념(本有觀念)을 주장한다. 인간의 정신은 그 활동의 최초에 있어서 본유관념이나 본유적인 인식을 가지고 있는 것이다. 그래서 그는 조명과 본유적인 관념이나 원리에서 지식을 줄 수 있는 철학체계를 연역하고 있다.

반면 토마스 아퀴나스는 이성에 대한 확신을 갖고 아리스토텔레스의 노선에 충실함으로써 위로부터 오는 빛의 조명에서 인간 인식을 설명하지 않고 자연적 빛에서 인간 인식을 설명하고 있다. 즉 우리의 자연적 능력인 능동지성의 작용으로 설명하면서 위로부터의 조명을 단호히 거부하고 있다.

따라서 토마스는 아리스토텔레스와 마찬가지로 영혼 안에 본유관념을 인정하지 않았고 어떠한 본유적 관념이나 원리에서 지식을 줄 수 있는 철학체계를 연역할 수 있다고 믿지 않았던 것이다. 그래서 토마스는 인간의 인식 활동에 있어서의 감각적인 지각의 근본적인 역할을 발견하고 거기에서 출발한다. 즉 정신은 최초에는 그 위에 아무것도 새겨져 있지 않는 밀랍 덩어리와 같다는 아리스토텔레스의 말을 재확인하면서 "경험 안에 없는 것은 지성 안에도 없다는 것", 즉 우리들의 인식은 경험에 근거를 두고 있다는 것에서 출발한다.[5]

이상과 같이 두 사람의 인식론의 출발점은 근본적으로 상당한 차이를 두고 있다. 토마스는 우리 인식을 '자연적 빛'에 바탕을 두고 있다면, 보나벤투라에게 있어서는 플라톤이 말한 인식의 근거로서 빛, 즉 제3의 종류로서 신적인 어떤 것, 혹은 초월적인 어떤 것으로 태양(은유적으로)에 바탕을 두고 있다. 그리고 아우구스티누스는 태양 빛이 모든 사물을 비추어 알게 하는 것처럼 신을 예지계에 빛으로 비유하여 '초자연 빛'에 인식 근거를 두고 있다. 이 양자 구도는 이분법과 삼분법의 구도라 할 수 있다. 여기서 내가 말하고자 하는 삼분법은 플라톤의 앎의 구도처럼 인식의 주체가 우리의 시각도 아니며, 대상도 아닌 제3의 종류에, 즉 태양 빛에 있다는 것이다. 그러므로 앎의 근거는 빛이요, 빛은 우리 인식의 원형인 셈이다. 이와 같은 사실은 빛의 형이상학자들에게서 공통적으로 나타난다는 것은 이미 본 연구 3장을 통하여 주지한 바이다.

따라서 창조주에게 의존되어 있는 인간 존재의 관계성에서 출발해야 하는 그리스도교 사상의 기초에서 보나벤투라는 아우구스티누스처럼 그의 신적 근원에서 떨어져 나가는 어떠한 自然的인 것의 자치성을 인정하지 않고 있다.[6] 이러한 관점에서는 토마스가 말하고 있는 자연

---

5) F. C. 코플스톤, 『토마스 아퀴나스』, 강성위 역, 대조사, 1968, pp.26-30 참조.

적 이성도 인정되지 않는다. 이성도 신적 조명의 도움을 통해서만 앎에 도달할 수 있기 때문이다. 그는 아우구스티누스를 따라 전통적 보수 신학자로서 개별자로서 인간 인식을 과거 인식론의 전통에 따라 해석했다고 볼 수 있다. 반면에 아리스토텔레스 노선을 추종한 토마스는 3분법에서 벗어나 2분법을 취하면서 궤를 달리하고 있다. 즉 위로부터의 빛, 즉 초자연적인 빛을 거부하고 아래에서 시작하는, 즉 지식이 아는 자와 알려지는 대상과의 상호 작용 속에서 생성되는 것이라는 것을 밝히면서 인식론에 있어 새로운 장을 연다. 그것은 개별자로서 인간이 자율적으로 안다는 것이다. 이렇게 플라톤의 모형론을 축으로 그리스도교의 '무로부터 창조'를 고수하면서 신의 초월성을 말하려는 보나벤투라와 그리스도교 신앙을 가지지 않은 이교도들을 위한 설명을 위해서는 아리스토텔레스주의가 보다 합당하고 타당성을 가진다고 보았을 토마스 아퀴나스의 인식론은 둘 다 하나의 그리스도교 신앙 안에서 두 기둥이었다. 하지만 화가 라파엘이 플라톤과 아리스토텔레스의 사상을 두 철학자의 손가락의 방향을 하늘과 땅으로 표현한 것처럼 위로부터 조명과 본유관념에 기원을 둔 보나벤투라와 이를 거부하고 자연 빛에 바탕을 둔 토마스의 인식론의 출발점은 평행선을 달리고 있다.

2) 토마스의 인식론의 특징

토마스 아퀴나스의 '인식한다는 것'의 개념은 그의 형이상학에서

---

6) 후대에 칸트의 코페르니쿠스적 전환은 지식이 대상을 따르는 것이 아니라 대상이 인간의 지식을 따르는 것으로서 인간 중심적인 입장을 말한다. 즉 인간이 지식의 주체요, 지식의 원천임을 말하는 데 반해 보나벤투라의 인식론은 탈인간적 구도에서 신적 빛이 지식의 주체요, 원천이라 할 수 있다.

비롯되는데 토마스의 형이상학은 존재를 존재로서 고찰한다. 즉 실재인 한에서 실재를 고찰한다. 그의 인식론에 있어서도 모든 실재는 존재이기 때문에 '인식한다는 것'은 무엇인가를 '이해한다는 것'을 의미하고 '인식한다는 것'은 '존재에 관한 이해'를 뜻한다. 따라서 인식은 존재에로 향하며 이것이 인식의 목표가 된다. 이와 같은 토마스의 인식론은 아리스토텔레스적 원리—지식의 발생은 질료 형상론—에 기반을 두고 있으며 아우구스티누스가 말하는 것과는 달리 신적 조명이 필요치 않다. 그리고 그는 능동지성과 수동지성이 두 개의 구별되는 기능이라고 말함으로써 프란치스칸 학파와 정면으로 대결한다.[7]

토마스에 의하면 모든 지식은 존재의 빛과 그것을 이해하는 인간 지성의 빛의 만남으로 인해 일어나고, 인간 지식의 제일원리 중 하나인 감각 작용과 지성 작용이 함께 일어난다. 그리고 이 두 작용 사이의 관계에서 볼 때 모든 지식이 감각 작용을 출발점으로 하며 지성 안에 있는 모든 것은 이미 감각에 있었다는 것을 전제한다. 그러나 감각은 물질 기관이기 때문에 물질적인 것이 아닌 정신적인 것에는 한계를 드러낸다. 그러므로 감각지(感覺知)는 참이지만 부분적이다. 그래서 토마스는 감각 작용보다 추리를 근간으로 하는 지성의 작용을 선호한다. 즉 지성 속에는 감각에 의존하지 않는 것도 있는데 그는 그것을 추상 작용으로 설명한다. 능동지성은 감각상에서 지성상을 추상하여 자신의 또 다른 차원인 수동지성에 각인하고 그것을 확인하고 표현하였다.[8] 따라서 토마스의 인식론은 "존재의 빛과

---

7) 김현태, 「성 토마스 아퀴나스와 성 보나벤투라의 철학사상」, ≪프란치스칸 삶과 사상≫ 2, 1992, pp.48-51.
8) 장욱, 「왜 토마스 아퀴나스인가?-형이상학」, 『중세철학』 8, 2002, pp.60-61.

그것을 파악하는 능동지성의 빛이 주체와 대상의 관계를 형성하고, 능동지성의 추상 작용이 감각 작용과 지적 작용을 관계 맺음으로써 이루어진다. 다시 말해 그의 인식론의 핵심은 존재의 빛, 그리고 우선적으로 그것을 파악하는 빛이며, 추상 작용의 주체인 능동지성의 역할"[9]이다. 토마스의 인식론의 특징을 좀 더 세분화하여 본다면 아래와 같다.

가) 토마스는 "진리의 빛은 보편적 원인으로서 모든 것을 비춘다. 그리고 인간은 그로부터 특별한 능력을 부여받는다. 그러므로 우리는 영혼 안에 더 상위의 이성으로부터 부여받은 어떤 힘을 가지고 우리의 감각상을 비출 수 있게 된다."[10]고 하면서 아리스토텔레스의 인식 발생에서 근거로 하여 이성의 자연적 빛을 강조한다. 따라서 지식은 '그 자체가 자립하는 것'이며 자체의 권리를 갖는다. 그러므로 자율적 인간 인식을 주장하면서 본유관념과 위로부터의 조명이 필요치 않다.

나) 인식의 발생은 감각에서 출발한다는 원칙이다. 즉 '감각 안에 들어오지 않은 것은 인식 지성에 의해 파악될 수 없다(Nihil in intellectu quod prius non fuerit in sensu).' 마치 우리 지성은 아리스토텔레스의 공백서판(tabula rassa)과 같다. 인식의 시원을 구체적 사물에 두고 판단도 감각에로 소급된다. 그리고 시간과 공간 안에서 모든 것을 설명한다.

다) 인식의 대상은 물질적 사물의 본성이다. 그래서 그 진행은 감각에서 가지적인 것으로 그리고 초자연적인 것에 도달하는 것이다.

---

9) 장욱, 같은 책, p.61.
10) S.T. q.79. a.4. c.

라) 토마스의 인식론 주제는 인식 내부에서 일어나는 감성적 차원에서 어떻게 지성적 차원으로 변화하는가라는, 즉 가지성의 문제이다. 이에 대한 그의 설명은 능동지성(intellectus agens)[11]과 수동지성(intellectus passivus)으로 나누어 설명하는데 인간 지성의 인식은 보편적이라 감각을 받아들이는 수동지성으로만 해결되지 않고 정신 측면의 특수 역할인 능동지성의 작용에서 설명한다.[12]

3) 보나벤투라의 인식론의 특징

보나벤투라의 인식론은 '빛의 형이상학'의 선구자인 플라톤의 모형론[13]에 근거를 두고 아우구스티누스의 인식론을 기반으로 하여 신의 초월성에 근거하고 있다. 그래서 '안다는 것'은 아우구스티누스 학파에서 말하는 것처럼 최후의 목적과 동력인의 의지와 결부시켜 안다는 것이다. 보나벤투라는 『요한복음 주해』에서도 "빛 없이는 육체적으로나 정신적으로 인식하지 못한다(Sine **lumine** corporali et spirituali non est videre)."(Ⅵ 249 12)고 언급함으로써 인식의 근거는 빛임을 말하고 있다.

그러므로 토마스가 말하는 것과는 달리 보나벤투라의 인식의 기

---

11) 능동지성이란 그 자체 능력으로 개별적이며 구체적인 감각 대상에서 보편적 요인을 추상하며 수동적 지성 안에 '인각상(species impressa)'을 형성한다. 능동지성의 규정에 대한 수동지성의 반응은 '정신의 말(verbum mentis)'인데 그것은 보편개념이다.

12) 정의채, 『存在의 根據問題』, 성바오로 출판사, 1981. pp.9-38.

13) 보나벤투라는 플라톤과 신플라톤 전통을 사랑하고 존경하면서 절대적이라 할 만큼 모형론(exemplarismus, 模型論)을 선호하였는데 이 사실은 그의 형이상학을 이해하는 열쇠이다.

원, 즉 출발점은 위로부터 빛의 조명과 본유관념에서 지식을 연역해 낸다. 이러한 그의 인식론의 특징은 아래와 같다.

가) 보나벤투라는 말하기를 "우리의 정신은 가변적이며, 우리의 정신은 빛나는 빛, 변함없는 빛을 통해서만 불변의 진리를 인식할 수 있다."[14)]

나) 이성(ratio)은 외부적인 것을, 즉 감각적 사물들을 그 대상으로 한다. 그에게 있어서도 지성은 백지(tabula rasa)와 같다. 따라서 지성은 감각의 작용이 필요하다. 감각을 통해 우리에게 제공되는 상은 영혼에 의해 다시 파악된다. 이 영혼에서 추상 작용을 통해 그것은 보편적 영역으로 상승된다.

다) 아우구스티누스의 개념[15)]을 빌려서 이성을 하위 이성(ratio inferior)[16)]과 상위 이성(ratio superior)으로 구별하면서 감각지만으로 아는

---

14) Itin., c.3.n.3.
15) Cf. Armanda A. Maurer, op.cit. pp.148－149. "보나벤투라도 낮은 단계의 물체가 높은 단계의 물체에 영향을 미치지 못한다는 아우구스티누스의 원리에 전적으로 동의하고 있다. 그러나 보나벤투라에 의하면 이것은 이 경우에는 적용되지 않는다고 생각한다. 왜냐하면 영혼이 우리 육체의 형상(forma)인 이상, 영혼도 감각적인 현 세계의 수준으로 끌려와, 감각적인 세계에 의해서 변형되기 때문이다. 이와 같이 성 아우구스티누스와는 달리, 영혼은 그 자체로부터 감각의 내용을 형성하는 것이 아니라, 바깥 세계로부터 영혼의 내용을 받아들이는 것으로 보았다. 그러나 감각 지각 그 자체는 영혼에 의한 물체의 감각적 유사성을 수용하는 것이 아니라, 감각적 물체에 의해서 자극받은 영혼에 의한 활동이 그것(감각 지각)을 판단한다. 인간에 있어서 이 감각 판단은 동물의 감각 판정과 다르다. 신의 조명은 이 하급의 층의 인지활동에까지도 확산·연장된다. 이 간단한 감각 지각 행동에서도 신의 빛이 비치고 있다."
16) C. F. 코플스톤에 의하면 이것은 '기능' 혹은 '직무'와 '상태'의 구별이며 하위 이성은 감각 대상으로 향하는 이성이며, 상위 이성은 可知的 대상으로 향하는 이성이다. 따라서 하위와 상위라는 말은 동일한 능력의 서로 다른 기능, 또는 직무를 가리키는데 가지적인 것으로 향하는 이성은 증강되어 활기를 띠게 되지만 감각적으로 향하는 이성은 어떤

것이 아니라 신적 빛이 필요하다.

라) 그의 인식론은 인간 정신을 순수하고 영원한 세계로 이끌어 간다. 따라서 그의 이론은 완성(reductio)과 예지(sapientia)이다 이 예지는 지적 작용이 아니라 맛보는 것(sapere)이며 가치를 의미한다.[17]

보나벤투라의 인식론은 아우구스티누스와 아리스토텔레스의 이론을 변형 혹은 절충을 꾀한다. 그래서 그의 인식론은 아우구스티누스의 인식론을 기반으로 하지만 달리하는 때도 있고, 아리스토텔레스의 사상을 거부하면서도 수용하는 때도 있다. 예를 들면 능동지성과, 수동지성 혹은 가능지성을 갖고 있다고 한 점에서 아리스토텔레스와 견해를 같이한다. 그러나 아리스토텔레스의 노선을 견지하는 토마스가 이 두 개의 구별되는 기능이라고 말한 것과는 달리 보나벤투라로서는 이들(능동지성과 수동지성)은 영혼으로부터 분리된 능력이 아니라, 이들은 하나의 동일한 지성(intellectus)에서 나온 다른 기능들이라고 보는 것이다. 이것은 두 학자의 견해의 차이이다. 보나벤투라의 입장은 "그것이 수동지성으로 기능을 할 때에는, 그것은 감각과 형태에 의해서 제공된 자료로부터 감각적인 내용을 추출해 낸다. 이 감각과 형태로부터 제공된 자료에서 감각적인 내용을 추출해 낸다는 것은 보편적인 개념이며, 지력은 그 자체 내에서 보편적인 개념을 받는다. 이와

의미에서 약해져서 끌어 내려진다. 그러므로 보나벤투라는 하나의 이성 속에 2개의 상급 이성과 하급 이성을 구별하고 있다는 것이다.(중세철학, p.376 참조.) 즉 상급 혹은 상위 이성(ratio superior)은 정신이 내부적인 것과 상위적인 것을 아는 데 있어 두 가지 단계를 거치는데, 이 내적 이성은 영혼이 자기 자신에 대해 지니고 있는 직관적 인식에 관한 문제로, 이 이성은 외부의 감각 작용과는 아무런 관계가 없다는 것이다.
17) 김현태, 「성 토마스 아퀴나스와 성 보나벤투라의 철학사상」: ≪프란치스칸 삶과 사상≫ 2, 1992, p.59.

같이 수동지성은 감각으로부터 추출된 정보를 수용하는 것이다. 부언하면 그것은 그러나 전적으로 수동적인 것이 아니라, 역시 능동적일 수도 있다. 그러나 그것은 그렇게 능동적일 수는 없으므로, 능동지성과 협력하지 않고도 이해할 수 있는 사물을 추출해 내고 판단해 낼 수도 있다. 이 지성의 기능은 수동지성을 조명해서 그 지력으로 하여금 그것의 일을 할 수 있게 해 준다. 이와 같이 능동지성과 수동지성의 두 가지 기능은 상호 의존적이다. 즉 능동적 지성은 그것의 조명적인 활동을 통해서 추상적인 일을 가능하게 하는 것이고 수동지성은 추상적인 일을 실행에 옮기고, 활발한 능동적인 지력의 영향하에 판단을 내리게 한다."라는 것이다.[18]

또 다른 하나의 견해는 토마스의 지성 작용은 감각 작용에 기반을 두고 있으면서 능동지성의 추상 작용을 통해 감각의 영상이 추상 작용을 통해 보편개념을 형성한다고 보는데 보나벤투라는 능동지성만으로는 추상적 인식을 설명하기가 불충분하다고 보는 것이다. 물론 보나벤투라도 감각적 사물들을 그 대상으로 하고 있다. 보나벤투라의 입장은 이렇다. 그것은 인식의 과정과 방법의 견해 차이일 것이지만 "감각적인 지식에 있어서는, 물체가 감각 기관에 작용을 하면, 감각 기관 내에서 비슷한 감각을 유발해 낸다. 이 감각의 유사성을 통해서, 물체는 영혼 자체에 영향을 미쳐서, 감각을 유발시킨다. 더 정확하게 말하면, 어떤 물체 자체가 영혼과 육체로 구성된 인간에게 영향을 미치는 것이다(이것은 감각 지각의 이론에 대한 아우구스티누스의 설명과 배치되는 것인데, 아우구스티누스의 설명은 물체(질료)가 영혼에 아무 영향도 미치지 않는다는 것이다). "감각 지식을 따라서, 우리들의 지력은 물체의 성격을 알게 해 준다. 이 지식은 추

---

18) ibid. pp.148 - 149.

상적으로 나타나는 것이다. 그러나 모든 우리들의 지식은 감각적인 물체로부터 추상적으로 얻어지는 것이 아니다. 우리들의 영혼은 감각의 도움이 없이도 영혼 자체와 신(하느님)을 알고 있다. 보나벤투라는 지력 그 자체를 제외하고, 그 전에 감각 속에 나타나지 않은 지력은 없다고 한다(이 점에서 Leibniz와 같다). 최상의 이성적 능력에 의해서, 영혼이 영혼을 직접적으로 엄밀하게 조사할 수도 있고, 영혼이 지식이나 사랑과 같은 그것의 정신적인 완벽성도 점검할 수도 있고, 또 형성된 신의 모상(imago Dei)에서, 영혼이 하느님도 정밀하게 분석"[19]할 수도 있다.

이상에서 본 바와 같이 主意論者인 보나벤투라와 主知主義者인 토마스 아퀴나스의 인식론은 상이한 모습을 드러내고 있다. 즉 토마스는 의지보다 지성이 우위라는 주장에 서서 '인식 내부에서 일어나는 감각적 차원에서 어떻게 지성적 개념에로 변화하느냐?'[20]라는 것을 핵심 문제로 삼았다. 그리고 실천적 지성이 인간의 행위와 정서를 조정하는 한 그 실천적 지성의 활동에 있다고 보았다.

반면 지성보다 의지의 우위성을 강조하는 아우구스티누스 노선의 보나벤투라는 예지(sapientia)에 두고서, '사물을 안다는 것'은 사랑을

---

19) ibid. pp.148 – 149.
20) 이는 아리스토텔레스의 노선을 취하고 있는 토마스 아퀴나스에게서 주된 논의이며, 항상 먼저 감각에서 출발한다. 토마스의 인식, 즉 앎이란 정신적 대상을 가지는 것을 의미하는 'objectum', 즉 '앞에 위치하다.'란 의미로, 즉 '자신 앞에 두다.' 혹은 '정신 앞에 두다.'이다. 여기서 잘 나타나듯이 감각 지각을 전제한다. 그러므로 토마스는 아리스토텔레스의 사고를 도입, 인간 인식은 그 어떤 것이든 먼저 감각에서 출발해야 함을 주장하면서 아래와 같이 말하고 있다. "감각 안에 들어오지 않는 것은 인간 지성에 의해 파악될 수 없다." 혹은 "먼저 감각 속에 있지 않았던 것은 지성 속에 있지 않다."

통해 최후 목표인 신과 연관시키는 것이었기에 인간이 신에게로 돌아간다는 견지에서 고찰했다. 그래서 사물을 아는 것은 그것들의 動因인 신의 의향을 규정하는 것, 사물을 신의 의지와 연관시켜 고찰하므로 서로 평행선을 달린다.

또 다른 한편, 토마스의 인식론은 아리스토텔레스의 노선 안에서 취한 경험에서 출발한 인식론이다. 따라서 그는 플라톤의 선의 이데아설과 같은 관념론과 생득적 관념(메논에서 언급되었든 올바로 묻기만 하면 무지한 사람도 올바르게 대답할 수 있다.)들을 인정할 수 없었다. 또 아우구스티누스와 보나벤투라 같이 위로부터 빛의 비춤이 없이는 결코 인식될 수 없고 진리를 깨달을 수도 없다는 일련의 모든 것을 당연히 거부할 수밖에 없다.

그러나 보나벤투라에게 있어서는 (진리에 대한) 참된 인식은 경험과 감각지에서 오는 것이 아니라, 정신적 세계, 즉 신으로부터 오는 빛을 직접 받음에서 오는 것임을 강조하면서 '빛의 형이상학'에 근거하고 있다.

2. 빛의 수용과 세 가지 인식 방법

우리는 여기서 잠시 되돌아가 4장에서 언급된 이냐시오 브래디의 빛에 대한 지적—빛의 이론이 유행하던 13세기는 프란치스칸들에게는 빛의 유행시기였지만 토마스 아퀴나스에게는 빛의 상징성을 받아들이기가 어려웠다[21]—이 보나벤투라와 토마스 아퀴나스의 인식론에 중요한 기로점이 됨을 보자. 이것은 토마스가 인식론에서 플라톤과 아우구스티누스의 인식 방법, 즉 최고 정점인 이데아나 위로부터 조명 혹은 '영원한 이념'에서부터 아래로 설명되는 인식 방법을 거부한 반면 보나벤투라의 형이상학에서 빛의 이론을 수용하고 있는 까닭에 토마스와는 인식론에서 대조를 보이면서 독특한 성격을 지닌다는 것이다. 이러한 근본적 차이점에 대하여 이냐시오 브래디는 두 학자의 빛에 개념에 관하여 인식의 차이점을 간파하여 우리에게 이렇게 시사하고 있다. 토마스의 주장은 하느님이 인간에게 부여한 인간 '이성의 빛'은 그 자체가 창조되지 않은 진리와 같은 것 혹은 '제일원리'와 같은 것이다. 토마스가 생각한 인간 지성의 빛[22]이란 제일진리의 인상(印象) 내지 각인(刻印)인데 따라서 아는 행위에 또 다른 '위로부터의 빛'이 더 필요치 않다는 것이다.[23] 이런 입장은 프란치스칸인 보나벤투라와는 분명 직접적으로 대조가 되었다.[24] 토마

---

21) I. Brady, St. Bonaventure's Dotrine of llumination: (Reactions Medieval and Modern), in Shahan and Kovach, *Bonaventure and Aquinas*, 1976, University of Oklahoma Press, p.63.

22) 토마스 아퀴나스에게는 "照明하는 知性(능동지성, 혹은 창조하는 지성)의 역할은 결코 추상의 과정이나 理念들의 형성에만 제한되지 않는다. 오히려 照明하는 知性은 이지의 모든 작용에 있어서 稼動者(activator)이다. 이에 대해서 그의 敎說(q. disp. de Anima, a. 15, ad 9; Sum. contra Gent., III, 45), 곧 能動知性은 肉身에서 分離된 영혼들 안에서(거기서는 더 이상 추상의 과정은 없다) 知性을 活動化시키고 照明하기를 계속한다는 것이다." 그런데 이 원초적 광원은 우리에게 보이지 않는다. 그리고 Qu.12, art.5: p.210. 창조된 지성은 하느님의 본질을 보기 위해 어떤 창조된 빛을 필요로 하지 않는 것으로 보인다……. 그것은 가지적인 것 자체를 광명 혹은 빛이라 부른다.

23) 토마스는 인식의 원천을 '자연적인 빛'과 '초자연적인 빛(계시)' 두 가지로 보았다. 아리스토텔레스의 입장을 받아들인 그는 "모든 인식은 감각에서 시작되는 것이기 때문에 인간이 감각적인 것을 거쳐 초감각적인 것에로 이르게 되는 것은 자연스런 일이다."라고 한다.

24) I. Brady, St. Bonaventure's Dotrine of llumination: (Reactions Medieval and Modern), in Shahan and Kovach, *Bonaventure and Aquinas*, 1976,

스와 인식론에서 대조를 보이는 이러한 보나벤투라의 빛의 이론, 즉 조명설은 프란치스칸 학파에는 보나벤투라 이후에도 앎과 행위가 조화를 이루고 확실히 흔들리지 않는 지식을 얻는 데 필수적인 것으로 언급된다. 다시 말해 "시각과 지성의 봄을 비교하면서. 눈이 제 기능을 하기 위해서는 어떤 외적인 빛이 필요한 것처럼, 지성은 존재이신 신(하느님)에 의해서 우리들 마음에 부여된 빛을 필요로 한다. 빛은 아우구스티누스의 의미처럼—눈이 보기 위해 빛이 필요한 것—모든 事物을 아는 데 근거가 되는 것"[25]으로 이해하고 있다.

이렇게 '빛'을 궁극적 인식의 근거로 삼고 있는 보나벤투라는 우리들의 시각도 세 가지로 구별—이 세 가지 눈길은 빅톨 후고(Victore Hugo)의 영향이다.—하고 있음에서 더 잘 나타난다. 즉 봄(인식)에 있어서 보나벤투라는 우리 영혼은 세 가지 방법으로 볼 수 있는 눈[目]을 가지고 있다는 것인데, '육신의 눈'과 정신적 내지 '이성적 눈'과 그리고 '관조적 눈'이 그것이다.

첫째, 눈은 우리의 육체의 눈(oculus carnis)을 뜻한 것이 아니라 우리 외부(extra nos)의 감관적 세계를 인식하는 하급 이성(interior ratio)을 의미하고, 둘째, 눈은 이성의 눈(ocuulus rationis)으로 이를 중개로 우리 속에(intra nos) 있는 모든 것을 인식하고, 셋째, 눈은 관조의 눈(oculus contemplationis)으로 우리 위에(supura nos) 있는 모든 것을 인식할 수 있는 눈이다.[26] 이렇듯 보나벤투라에게 있어서 시각과 지성의 봄은 이성의 눈에 국한된 것이 아니다. 그래서 우리가 보나벤투라의 인식론

Univ. Oklahoma Press, p.63 참조.
25) 보나벤투라는 정신적으로나 신체적으로 빛 없이는 보지 못한다고 언급한다. 예를 들면, Opera Omnia. V, 249 12이다. "Sine lumine corporali et spirituali non est videre."
26) 환원주석, p.122 참조.

에서 잊지 말아야 할 것은 감각 작용에 기반을 둔 아리스토텔레스적인 이성만이 아니라, 빛의 이론을 수용하면서 더 넓은 시야로써 대상을 보고 있다는 것이다. 따라서 관조도 우리 인식 능력의 하나로 간주하면서 보나벤투라는 우리 지성과 정신이 주의를 기울이는 대상에 따라 여러 측면으로 구분하고 있다. 이러한 모습은 특히, 그의 대표작의 하나인 『하느님께 나아가는 정신의 여정』에서 볼 수 있는데, 이 세 가지 눈으로 우리와의 관계 대상인 전체 현실을 보는 까닭에 대상 또한 3가지로 구분하고 있다. 즉 우리 외부(extra nos)와 우리 내부(intra nos) 그리고 우리를 초월하여(supra nos) 존재하는 것으로 구분하는데 여기에 상응하여 우리가 인식한다는 것이다. 또한 우리 정신은 '외부로부터 내부로, 시간적인 것으로부터 영원한 것으로' 나아간다. 다시 말하면 보나벤투라는 플라톤-아우구스티누스처럼 삼차원적 눈으로 사물을 바라본다. 이것은 <도표-3>을 참고하면 더욱 선명하게 나타난다.

〈도표-3〉[27]

3가지 눈(目)	우리의 활동	우리와의 관계 대상	
육체의 눈 (oculus carnis)	transire per vestigium (흔적을 횡단한다.)	EXTRA NOS 〈우리 外部에〉	corporalia-temporalia 〈물체적-시간적〉 가변적이다.
이성의 눈 (oculus rationis)	intrare in mentem (imago) 정신(형상) 속으로 들어간다.	INTRA NOS 〈우리 內部에〉	spiritualia-aeviterna 〈정신적-영원적〉 가변적이다.
관조의 눈 (oculus contemplationis)	transcendere ad aeternum (영원으로 상승한다.)	SUPRA NOS 〈우리를 超越하여〉 〈우리 위에〉	spiritualissima-aeterna 〈가장 정신적-영원적〉 불변적이다.

---

27) *"Itinerarium mentis in Deum −De reductione artium ad theologiam"*, ed. by Julian Kaup. Kosel−verlag Münhen, 1961. pp.163−164 참조.

첫 번째 눈으로 우리와의 관계 대상에 있는 외부(Extra nos) 세계는 물체적-시간적으로 가변적인 것을 알고, 이성의 눈으로 우리 내부를 볼 수 있고, 즉 '우리 영혼은 신의 모상'이며 그것은 신에 관한 본유관념으로 영혼 안에 있다는 것을 우리 내부를 통하여, 영혼 안으로 들어가 정신은 자기 자신을 인식하면서 또한 신을 인식한다는 것이다. 그리고 관조의 눈을 통해서 우리 위에(Supura nos) 최고의 존재를 안다는 것이다. 즉 절대 존재의 이데아를 직관한다는 것이다. 바로 여기에 조명에 관한 핵심이 자리하고 있는데 그것은 모든 이데아들은 절대 존재의 이데아를 분여하는 한 필연적이고 보편적이기 때문이다.

3. 지식론: 하급 이성과 상급 이성

보나벤투라는 지식론에서는 그의 인식론의 기원과 관련하여 지식을 얻는 두 가지 방법, 즉 하급 이성(Ratio inferior)과 상급 이성(ratio superior)을 중심으로 고찰하고자 한다. 이것은 이미 아우구스티누스가 언급했던 두 가지 방법[28]을 그가 기술하고 있는 것이다. 하급 이성(혹은 하부 이성, ratio inferior)과 상급 이성(혹은 상부 이성, ratio supe rior)을 보나벤투라는 나누어 설명하는데 전자를 논할 때는 아리스토텔레

---

28) Bonaventura, II Sent., XXIV. p.I. a.II. q.II, Concl: (Porntio superior et inferior non sunt diversae potentiae, sed differunt secundum dispositiones atque officia) 직역하자면 "'상급 이성(상위 부분)'과 하급 이성은 서로 다른 능력이 아니다. 그러나 질서(순서)와 직무에 따라서 다른 것이다."이다.

스를 좇고, 후자를 논할 때는 아우구스티누스를 좇고 있다.[29]

우리에게는 보나벤투라의 이러한 하급 이성과 상급 이성이 생소하게 느껴지는데 이 둘의 개념 정의를 해 보면 이렇다. 보나벤투라가 말하는 인식의 두 가지 기술 중 첫째는 하급 이성의 작용으로서 알 수 있는 방법이다. 즉 물질적 세계의 지식은 우리들의 감각 인식을 통해서 얻어질 수 있다. 그것은 감각적 사물은 감각 기관에 근거하여 움직이며 그에 의해서 우리 영혼 내부에 사물을 지각할 수 있는 감각적 유사성이 만들어지기 때문이다. 인식하는 것은 영혼이라서 물질적인 것이 영적 실체에 대해서는 직접적으로 행사할 수 없지만 우리의 영혼이 감각 기관에서 일어나는 활동에 의해서 자극받을 수 있다는 것은 확실하다. 그러므로 하급 이성은 감각 인식을 통해서 얻어지는 방법인 것이다.

둘째는 상급 이성의 작용으로 알 수 있는 방법이다. 그가 상급 혹은 상위라는 것은 감각보다 우위에 있는 이성을 의미한다. 이 상급 이성의 능력을 통하여 지성은 자기 스스로(in se)를 알고 신의 모상으로 만들어진 인간은 신적 속성을 지니고 있는 무언가를 파악하는데 우리의 지성과 의지는 인식과 사랑을 통해서 우리 자신과 신에 관하여 우리들이 알고 있는 것에 관련을 맺는다. 그러므로 이러한 두 가지 통로를 통해서 신적 조명이 필요하며 지성과 같이 인간의 의지도 신의 도움 없이는 자신의 기능을 완수하는 것이 불가능하기에 신적 조명이 필요하다는 것이다.

F. C. 코플스톤의 의견에 의하면, 이 둘의 구별을 명확히 설명해 주고 있다. 즉 하위 이성은 감각 대상으로 향하는 이성이고, 상위 이성은 가지적 대상으로 향하는 이성이다. 하위와 상위라는 말은 동일한

---

29) Cf. Armanda A. Maurer, ibid., op.cit, p.148.

능력의 서로 다른 기능 또는 직무를 지칭하는데 가지적인 것으로 향하는 이성은 증강되어 활기를 띠게 되지만 감각적으로 향하는 이성은 약해져서 끌어내려진다. 따라서 하나의 이성 속에 두 개의 이성의 기능을 보나벤투라는 구분하고 있다. 그러므로 그의 인식에 대한 원리 가운데 '하급 이성'은 감각적인 세계로 향해서 감각 지각을 통해서 지식을 얻는 것이며, '상급 이성'은 지식 자체의 내면을 들여다볼 수 있어서, 거기서 감각적 지식과는 독립적으로 영적인, 지능적인 세계를 발견하는 것이다.[30]

또 김현태는 하급 이성과 상급 이성에 대해 이렇게 언급한다. "보나벤투라의 하급 이성은 토마스 아퀴나스가 말하는 지성 작용 전반에 해당되는 것인데, 그 이유는 토마스의 지성 작용은 감각 작용에 그 기반을 두고 있으면서 능동지성의 추상 작용을 통해 감각의 영상은 추상 작용을 통해 보편개념으로 형성되기 때문이다. 그리고 상급 이성이란 것은 우리 정신은 내부적인 것과 상위적인 것을 아는 데 있어 두 가지 단계를 거치는데, 내적 이성은 영혼이 자기 자신에 대해 지니고 있는 직관적 인식에 관한 문제이다. 이 이성은 외부의 감각 작용과는 아무런 관계가 없는 것이다. 따라서 상급 이성은 신에 대한 인식으로서 물질적인 사물에서 자기 자신에게로 자기 자신에서 신에게로, 외부적인 것에서 내부적인 것에로, 내부적인 것에서 초월적인 것에로의 여정(旅程)과도 같은 것이다."[31]

---

30) C. F. 코플스톤, op.cit. p.376.
31) 김현태 '성 토마스 아퀴나스와 성 보나벤투라의 철학사상' in 《프란치스칸 삶과 사상》 2, p.59 참조.

이들을 종합해 본다면, 보나벤투라의 인식론은 아리스토텔레스의 이론을 변형시켜 아우구스티누스에게 적용한 것이라면 보나벤투라가 제시한 두 가지 제시 방법 가운데 첫째 방법, 즉 감각을 기반으로 한 하급 이성을 기술하는 과정에서는 그가 아리스토텔레스의 능동지성과 수동지성을 수용하면서 따르고 있다. 그러나 지식의 두 번째 방법, 즉 감각 작용과 아무런 관계가 없는 상급 이성을 기술하는 데 있어서는, 그가 성 아우구스티누스에게 의존하고 있다. 이미 언급된 바처럼, 하급 이성이 토마스의 지성 작용 전반 작용에 해당된다면 보나벤투라의 인식론에서 상급 이성의 작용은 독특한 면모를 지닌다 할 수 있다. 그것은 토마스의 능동지성으로는 추상적 인식을 설명하기 위해서는 불충분하기에 내세운 보나벤투라의 강한 주장이다. 이 주장의 근본은 아우구스티누스의 조명설이 뒷받침하고 있다고 볼 수 있을 것이다.

4. 진리론32)

보나벤투라의 인식론은 진리의 근원의 물음을 통해 전개된다. 그는 진리는 각자에게 모두 다 다를 수 없는 확실성의 근거여야 한다는 것이다. 따라서 진리는 항상 **영원**하고 **불변적**인 것이다. 특히 보나벤투라의 인식론은 아우구스티누스의 인식론의 전개와 맥을 같이하면

---

32) 첫째는, 진리는 모든 이의 영혼에 刻印되어 있다는 것은 의심할 수 없는 진리이다(본유관념). 둘째는, 모든 피조물을 통하여 가르치는 진리는 의심될 수 없는 진리이다. 셋째는, 만약 진리가 그 자체로 완벽하고 자명하다면 어떠한 진리도 확실하다.1)

서 더 완성시켜 나간다. 인간 지성은 끊임없이 '도대체 무엇이 참인가'를 찾고자 한다. 보나벤투라 역시 이를 문제 삼고 내린 정의는 진리란 "사물과 지성의 일치"[33)]라는 것이다. 즉 인식된 대상과 인식하는 지성을 포함하고 있다. 이러한 의미에서의 진리가 존재하기 위해서는 주관과 객관 그 양자에게 요구되는 두 가지 조건은 대상 편에서의 불변성(不變性)과 주관 편에서의 불가오류성(不可誤謬性)이다. 그러나 우리가 감각할 수 있는 모든 현상은 영구불변하는 것이 아니라 항상 생멸, 변화하고 우리 자신의 존재마저도 순간마다 변화하고 있는 데 문제가 발생한다. 그렇다면 진리는 어디서 구할 것인가? 이에 대한 보나벤투라의 고민과 숙고는 Itinararium 3장 2항에서 진리에 관하여 명백히 나타나 있다.

"사람들은 진리가 다르게 정립될 수 없음을 잘 알고 있다. 따라서 사람들은 그 진리가 불변임을 알고 있다 그러나 우리의 정신(mens)은 가변적이다. 그러므로 우리의 정신은 변치 않고 빛나는 빛을 통해서만 그것을 변함없이 비추는 진리로 인식할 수 있다. 그러나 이 빛은 가변적인 피조물(esse crecreatura mutabile)일 수 없다. 그러므로 이성은 이 세상에 들어오는 모든 사람들을 비추는 저 빛으로 인식한다. 그것은 '참빛(lux vera)'이며 태초에 하느님과 함께한 말씀(Verbum)이다."[34)]

---

33) I Sent., resp., ad 1, 2, 3; Brevilog., 6, 8.
34) Iti., C. III. 2. — Scit enim, quod veritas illa non potest aliter se habere; scit igitur, illam veritatem esse incommunitabilem. sed cum ipsa mens nostra sit communitabilis, illam sic incommutabiliter relucentem non potest videre nisi per aliquam lucem omnino incommunitabiliter radiantem, impossibile est esse creatuam mutabilem. Scitigitur in illa luce, quae illuminat omnem hominem venientem in huc mumdum, quae est lucevera et Vervum in principio apud Deum.

그리고 'De scientia Christi(그리스도의 지식에 관하여)'에서도 같은 내용으로 언급하고 있다.

"사물들은 세 가지의 존재를 가지고 있다. 인식하는 정신 안에서의 존재, 사물들 자체의 실재 안에 있어서의 존재 및 영원한 정신에 있어서의 존재 등이 그 세 가지다. 그래서 우리들의 영혼이 확실한 인식에 이르기 위해서는, 영혼 자체 안에 있는 사물의 진리나 그 자체의 실재 안에 있는 사물의 진리만으로는 충분치 못하다. 왜냐하면 이 두 가지의 진리는 모두 변하는 것들이기 때문이다. 오히려 영혼은 신의 지식 안에 있는 스스로의 존재에 따라 그 어떻게든 변치 않는 진리에로 나아가지 않으면 안 된다."[35]

이 둘을 종합·분석해 보면, 보나벤투라는 확실한 인식이 존재하기 위해서는 인간 정신과 감각적 사물, 두 가지 조건이 요구된다고 말하고 있다. 왜냐하면 어떠한 창조된 대상도 엄밀하게 말하면 불변하는 것도 아니고, 모든 감각적 대상은 소멸하기 쉬운 동시에 인간의 정신은 저절로 어떠한 대상에 그르칠 수 없는 것은 아니기 때문이다. 즉 인간 정신과 모든 감각적 대상, 주관과 객관이 모두가 가변적이기 때문이다. 그러므로 확실한 인식이 가능하기 위해서는 인간 정신은 밖으로부터 도움을 받아야 한다.[36] 다시 말해 존재는 진리가 되기 위한 충족 조건이 되지 않는다는 것이다. 그것은 사물은 끊임없이 변화하기에 불변성이 없고, 우리의 지성마저도 변하기 쉬우므로 주관과 객관을 떠난 영원한 참빛인 제삼자를 통해서만 진리가 성립되고 확실한 인식이 있을 수 있다는 결론이 나온다.

---

35) *De scientia Christi*, q.4, concl. Opera Omnia tom. 5, 23.
36) F. C. 코플스톤, 같은 책, pp.372-373 참조.

이 '제삼자'는 최초의 빛의 형이상학자인 플라톤이 태양의 비유에서 언급한 '빛'처럼, 보나벤투라에게도 불변하는 존재는 빛의 하느님 뿐이다. 그러므로 그는 우리 인간 정신의 확실한 인식의 대상은 존재하는 사물에 있는 것이 아니라 어떤 형식으로 "하느님에 근거하는 것으로, 즉 '영원한 이념' 또는 신의 이데아 가운데 있는 것"[37]으로 보고 있다. 그렇지만 신의 모상(模像)인 인간에게 있어서는 그것은 완전히 독립되어 떨어진 제3의 것이 아니다. 여기서도 보나벤투라의 철학의 특징인 관계성이 나타나고 있음을 볼 수 있다. "확실한 인식은 신의 모상(模像)인 한에 있어서 이성적 영에 어울리기 때문에 이런 유형의 인식에서는 그것은 어떤 모양으로든 영원한 근거들에 이른다. 왜냐하면 모상(模像)의 특성은 결코 신으로부터 분리될 수 없기 때문이다."[38] 이러한 의미에서 영원한 근거(이념)는 보나벤투라의 형이상학의 모형론(범형론)과의 관계를 맺고 있다.

그렇다면 신의 이데아 가운데 있는 '영원한 근거'란 도대체 무엇인가? 그것은 인식하는 정신이 영원한 원리 그 자체가 아니라 그 자체로는 보이지 않지만 인간 정신에 대해서 직접적인 규제·작용하는 것이다. 즉 정신을 움직이고 정신을 확실한 판단으로 나아가게 하여 사변적인 질서와 도덕적인 질서에 있어서 영원한 진리를 파악하게 하고, 감각적인 대상에 관해서도 확실하고 참된 판단을 할 수 있도록 하는 것, 바로 그것이다. 감각의 대상은 감관의 지각 작용으로 알고 지성은 추상 작용을 통하여 알지만, 정신이 그 대상 안에 있는 '불변하는 이념'의 반영을 보고 오류 없는 참된 판단을 내리기 위해

---

37) 아우구스티누스는 '빛'은 신에게 적적한 이름이라고 선언한다.(De Genesi ad litteram 4, 28, 45.)
38) 소피아 로비기, 『성 보나베투라』, 이재룡 역, 가톨릭대학출판부, p.162.

서는 신의 조명, 즉 영원한 근거의 직접적인 활동이 필요[39]하다. 위와 같이 단순히 지성이 추상에 의해서는 가지적(可知的)이고 확고한 것을 파악할 수 없으므로 우리에게는 이 하느님의 조명이 필요하다. 또한 주의주의자인 보나벤투라는 우리의 지성과 마찬가지로 우리의 의지도 내적 성찰에 의해서 도덕적 원리들을 인식할 수 있지만, 그러나 하느님의 빛이 다스리고 지도하는 활동이 없이는 이들 원리의 불변하는 필연적인 특성을 파악하지 못한다는 것이다.[40]

인식론이나 진리론의 영역에서 지성의 역할이 불안전하듯이 우리 의지도 나약함과 불안전성은 도덕론에서도 똑같은 문제가 야기된다. 즉 지성에서 야기되었던 진리 문제가 의지에서 도덕적 행위의 문제로 나타난다. 인간이 자신의 본성적 힘으로 도덕적 덕성을 획득할 수 있는가 아니면 신의 조명이 필요한가, 즉 인간은 신의 도움 없이 인간이 선을 행할 수 있는가? 이 문제에 대한 주의주의자라고 볼 수 있는 보나벤투라의 해답은 『하느님께 나아가는 정신의 여정』에서 우리 육체의 나약성을 잘 나타내고 있다. 그는 창세기의 설화를 통하여 태초에 신은 인간을 낙원 동산(Gen. 2.15)에 두었지만 타락 후 인간의 의지는 가변적인 선으로 기울고, 육체는 나약하여 색욕(色慾)[41]으로 일그러져 있기에 도움이 필요하다는 것이다.

    "인간은 참된 빛으로부터 돌이켜서 가변적인 선에로 향하였다. 그

---

39) F. C. 코플스톤, 위의 책, p.374.
40) 같은 책, p.375.
41) 고통의 원인을 말하는 불교의 집성제에서 우리 마음속에 번뇌와 갈등은 정감 측면에서는 애욕(愛慾)이고, 이지(理智)의 측면에서는 무지 혹은 무명(無明)이 근원적인 고(苦)의 원인이라고 유사하게 말한다.

리하여 인간은 자신의 죄 때문에 휘어졌고 인류 전체가 원죄(originale peccatum)로 말미암아 휘어졌다. 이것은 이중적 방식으로 인간의 본성을 일그러뜨렸다. 정신은 무지로, 육체는 색욕(concupiscentia)으로 일그러졌다. 그리하여 색욕은 막을 의를 지닌 은혜와 무지를 막을 지혜를 지닌 지식이 인간을 돕지 않는다면 인간은 어두움 속에서 실명되고 불구가 된 채로 있게 된다."[42]

이러한 그리스도교 철학자인 보나벤투라의 사상에 있어 인간의 무지와 욕구로 우리의 의지는 너무나 나약함을 말하고 있다. 그래서 보나벤투라는 "진리를 인식하기 위해서 정신적 照明이 필요했듯이 덕성을 갖추기 위해서도 도덕적 조명을 필요로 한다는 것이다. 이 道德的 照明은 우리가 도덕적으로 행동하기 위해 도덕적 사려를 길잡이로 삼아 실천적 판단을 한다. 따라서 사려는 도덕적 삶에 있어서 4주덕[43] 가운데 중심이 되는 덕목으로서 우리가 수행하는 개별적인 행위에 도덕적 양심이 법칙을 적용할 수 있도록 함으로써 우리의 모든 도덕적 행위에 길잡이 노릇"을 한다.[44]

이렇게 보나벤투라에게 있어서 인간 지성(知性)과 의지(意志)는 둘 다 빛의 조명을 필요로 한다는 것이다. 그의 이런 강한 주장의 밑바탕에는 늘 모형인으로서의 신과 인간의 관계성이 자리하고 있다는 것을 그의 작품에서 이렇게 말한다.

"진리의 확실한 인식은 영원한 원형 또는 범형에 대한 직접적인 인식으로 우리가 이 원형에 대한 직접적인 인식을 지니고 있지 않을 경

---

42) Iti., C.1, n.7.
43) 사려, 정의, 용기, 절제.
44) Armand A. Maurer, op.cit., p.151.

우에는 당연한 귀결로서 참된 확실성은 인간 정신에 의해서는 얻어질 수 없다."45)

지식이 감각을 통한 추상성에서 얻어질 수 있는지 또는 지력 그 자체를 통해서 얻어질 수 있는 것인지 하는 것은, 인간 자체가 설명할 수 없는 하나의 자질이다. 즉 확실성의 문제이다. 이 확실성에 대해서는 두 가지 요소가 요구된다. 하나는 알려진 물체의 편에서 보아 그것의 불가역성(不可逆性)이고, 다른 하나는 그것을 알고 있는 사람들 편에서 본 무오류성(無誤謬性)이다. 그런데 감각적인 물체들은 끊임없이 변화하고 있다. 그래서 그 어느 누구도 마음 자체마저 변하기 쉽다는 것을 의심하지 않을 것이다. 따라서 우리 지식의 확실성도 원래부터 불변의 성격을 소유하고, 원래부터 확실성을 소유한 하느님에 의해서만 설명될 수 있다. 우리가 진리를 알고 있을 때에는 언제나 우리들의 마음은 신과 접촉할 수 있어서, 하느님은 우리들의 성격 중에서 부족한 부분을 보충해 준다. 하느님은 우리들의 마음을 빛으로 밝혀 주어, 우리들을 감동시켜 주고 또 신의 뜻으로 우리들의 마음을 조정해 주어서 이 마음이 확실성을 소유하고 있다는 것을 알게된다. 물론 우리들은 신의 생각이 이와 같은 기능을 발휘하고 있다는 것을 분명히 알지 못한다. 그러나 우리는 모든 참된 지식에서 신의 뜻이 우리들과 함께 적극적인 활동을 한다는 것을 확신할 수 있다.46)

---

45) 보나벤투라, *De Scientia Christi*, 4, resp.
46) ibid.

그리스도교 철학자인 보나벤투라에게 있어 지식 전체의 원천은 성
서이다. 그는 성서에 나타난 신적 계시를 의거하는 자세로 학문을
하였다. 누구든지 참된 학문을 하려면, 그것은 아우구스티누스에게서
와 같이 '구원의 학문'이어야 함을 그는 강조하였다. 그래서 "철학에
의지에 의지해서도 아니 되고(예컨대 아리스토텔레스를 존경하면서
도 비판한 이유) 신학자들의 총론에 의지해서도 아니 되고 일차적으
로 성서를 연구해야 한다."[47]고 했다. 이렇게 볼 때 그에게 있어 넓
은 의미에서 철학은 '구원의 학문'이어야 하고 사유 역시 다른 것이
아닌 '구원의 도구'이어야 했다. 그러므로 보나벤투라에게 있어서 철학
은 '신학의 시녀(Philosophia ancilla theologiae)'[48]였다. 이 侍女(ancilla)
개념이 말해 주듯이 철학의 탐구 목적이 그의 지식의 원천인 성서
해석에 도움을 주는 데 있다는 것이다. 이러한 그의 학문에 대한 이
해와 인식론적 사상을 담고 있는 작품이 『모든 학문의 신학으로의 환
원』(De reductione artium ad theologigam)[49]이다. 여기서는 이 작품

---

47) 환원주석, p.198.
48) 중세 전반에 걸쳐 '철학은 신학의 시녀(Philosophia ancilla theologiae)'로
   생각되었지만 특히 보나벤투라에 의해 확고한 개념으로 자리잡았다.
49) '모든 학문'이란 스콜라 전성기에 있어서 7개의 교양과목(liberal arts)을
   지칭한다. 즉 언어 분야는 문법·수사학·변증학(논리학)으로 3학이라 불
   리었고, 수리 과학 분야는 산수·기하학·천문·음악을 4학(quadrivium)이라
   하였다.[1) 보나벤투라는 철학을 자주 '신학의 시녀(philosophia ancilla theo-
   logiae)'라 했다. 이 말은 원래 필로 유데우스(Philo Judaeus)가 처음 주장
   하였고, 그 후 교부 시대에는 알렉산드리아의 클레멘스와 아우구스티누
   스에 전용되고 스콜라 시대에는 빅톨 후고와 보나벤투라에 의해 확고한
   개념으로 자리잡게 되었다. 侍女(ancilla) 개념은 철학을 비롯하여 3학과

을 중심으로 그의 인식론과 빛의 형이상학의 관계를 살피고자 한다.

먼저 이 책의 구도와 내용 그리고 그의 인식론의 특징에 대해 간략히 언급하고자 한다. 이 작품은 장을 나누지 않아도 될 만큼 6쪽(26항)의 아주 적은 분량의 소책자이다. 이 작품의 구도는 단순하게 두 부분으로 되어 있는데 전반부는 학문들[50]을 빛의 명암으로 나누어 전개하고, 후반부는 학문들이 어떻게 신학에로 환원되는가를 고찰하고 있다. <도표-4'>[51]는 이 작품의 전반부의 내용 개요를 담고 있으며, <도표-5'>는 후반부의 내용 개요의 표이다. 이 두 도표에서 보는 바와 같이 전반부에서는 빛의 근원으로부터 분광(分光)된 모든 학문들을 빛과 조명으로 표시하고 있으며 후반부에서는 모든 학문과 인간 인식이 다시 빛의 근원으로 환원됨을 말하고 있다. 즉

4학 모든 학문이 신학, 즉 성서 해석에 도움을 주는데 봉사 혹은 수단으로 있다는 것이다. 따라서 보나벤투라가 쓴 작품 『De reductione artium ad theologiam』－우리말로 '모든 학문의 신학으로의 환원' 혹은 '교양과목들의 신학으로의 환원에 관하여'라고 번역되어 있다.－을 통하여 "모든 지식 분야들이 어떻게 신학의 시녀가 되는지"를 빛의 이론으로 설명하고 있다. 그가 그렇게 믿는 이유는 "신학이 지식의 모든 분야에 상관되는 예증과 용어를 사용하기 때문이다." "모든 학문의 목적 혹은 열매는 결국 신앙을 공고히 하는 것 그래서 신을 영광을 위한 것이었다." 보나벤투라는 교양과목들을 거의 철학과 과학의 동의어로 해석하고 있으며 그리고 모든 학문은 그 자체를 목적으로 하는 것이 아니라 지식을 얻기 위한 수단이라서 신학의 더 높은 학문 분야에 이바지해야 한다고 생각하고 있다.

50) 빅톨 후고의 교훈집의 영향이라 한다.

51) <도표-4'>는 보나벤투라가 모든 학문이 '빛의 아버지'로부터 유출된 4가지 빛에 의해 생긴다고 주장하면서 그의 빛의 이론을 발전시키고 있다. <4-5'>는 모든 학문이 제 본래의 기능을 완수하려면 성서나 신학으로 환원되어야 함을 역설하면서 최고의 빛인 빛의 아버지에게로 수렴(환원)되는 과정을 그리고 있다. 즉 철학을 통해서 진리를 인식하게 해 주고, 신학을 통해서 진리를 신심의 마음으로 보게 해 주고, 관상을 통하여 사랑의 대상을 사색하게 해 주고 영광의 학문을 통해서 신적 열망을 누리게 해 준다는 것이다.

그는 빛을 인식의 근거로 하여 모든 학문의 진리의 근거로 빛을 제시하면서 그의 형이상학의 핵심인 유출과 모형주의 그리고 환원 구도로 설명하는 빛의 형이상학을 기초로 하여 전개하고 있다. 그래서 이 작품은 그의 형이상학과 그의 인식론을 이해하는 데 많은 도움을 주는 중요한 저서이다.

이 작품의 내용은 현대의 인식론이나 과학의 시각에서 보면 분명 낡은 이론처럼 보이나 스콜라 전성기에 쓰인 작품이라는 것을 감안해야 한다. 사실 보나벤투라는 이 작품을 '철학은 신학의 시녀'라는 시각으로 쓴 것이기 때문에 철학의 탐구 목적이 성서 해석에 도움을 주는 데 있다는 것이다. 그래서 보나벤투라는 이 작품 전반을 통해서 모든 인식이 어떻게 신학에 봉사하는가를 말하려는 것이다. 그래서 결론에서 모든 학문의 목적 혹은 열매는 신앙을 공고히 하는 것 그래서 신의 영광을 위해서 하는 것이라 한다.

이러한 사상의 원천은 보나벤투라가 성서에 가장 탁월한 해석가로 여긴 아우구스티누스의 인식론에 두고 있음을 이 작품을 통하여 더욱 생생히 볼 수 있다. 즉 앞서 이미 언급한 것처럼 아우구스티누스주의의 '안다는 것'의 개념, 여기에 그대로 스며들어 있음을 볼 수 있다. 즉 "'사물을 안다는 것'은 만물을 최후의 목표와 관련시켜 참으로 사랑을 통해 최후 목표인 신과 관련시키고 있다. 그리고 그것은 인간이 신에게로 돌아간다(환원)는 견지에서 그것들의 動力因인 신의 의향을 규정하는 것으로, 사물을 하느님의 의지와 연관시켰던 것이며 또한 진리에 대한 참된 인식은 경험과 감각적 인지에서 오는 것이 아니라, 영적 세계, 즉 신으로부터 오는 빛을 직접 받음에서 오는 것이며 참된 인식은 사랑과의 일치라 보았다." 그래서 모든 학문과 철학은 신학에 봉사는 학문이었는데 이것은 아우구스티누스 학파에 있어서 신과의 관계에서만 타당성이나 의미가 있기 때문이다.

〈도표-4'〉 모든 학문의 구분 (1-7절)

빛의 아버지이신 神으로부터 네 가지 빛이 내려온다.

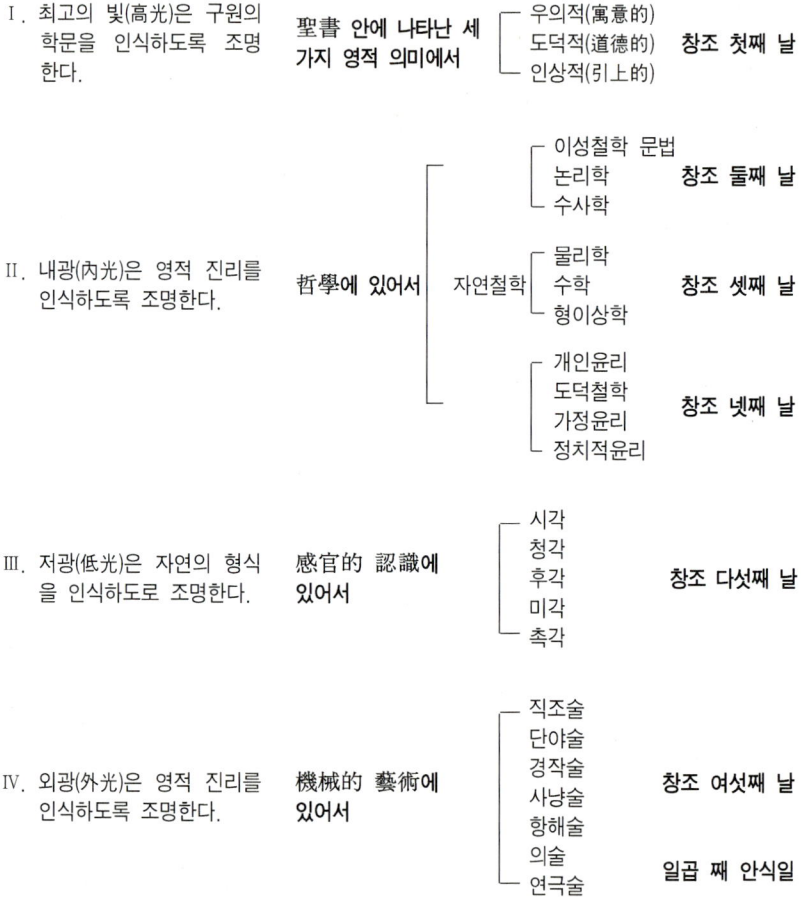

I. 최고의 빛(高光)은 구원의 학문을 인식하도록 조명한다.　聖書 안에 나타난 세 가지 영적 의미에서　┌ 우의적(寓意的)
├ 도덕적(道德的)　**창조 첫째 날**
└ 인상적(引上的)

II. 내광(內光)은 영적 진리를 인식하도록 조명한다.　哲學에 있어서　┌ 이성철학 문법
├ 논리학　**창조 둘째 날**
└ 수사학

자연철학　┌ 물리학
├ 수학　**창조 셋째 날**
└ 형이상학

┌ 개인윤리
├ 도덕철학
├ 가정윤리　**창조 넷째 날**
└ 정치적윤리

III. 저광(低光)은 자연의 형식을 인식하도로 조명한다.　感官的 認識에 있어서　┌ 시각
├ 청각
├ 후각　**창조 다섯째 날**
├ 미각
└ 촉각

IV. 외광(外光)은 영적 진리를 인식하도록 조명한다.　機械的 藝術에 있어서　┌ 직조술
├ 단야술
├ 경작술
├ 사냥술　**창조 여섯째 날**
├ 항해술
├ 의술
└ 연극술　**일곱 째 안식일**

* 〈도표-4, 5〉는 Julian Kaup, 『De reductione artium ad theologiam』의 해설(München, Kösel-Verlag) 별지에 있다. 그리고 〈도표-4', 5'〉는 환원주석, pp.187-189 참조.

〈도표-5〉 모든 학문의 신학으로의 환원(8-26절)

1. 聖書는 가르친다.	2. 感官的 認識은 가르친다.	3. 藝術은 가르친다.	4. 理性 哲學은 가르친다.	5. 自然 哲學은 가르친다.	6. 道德은 그 根本 원칙에서 '公正性'을 가르친다.
a) 우리가 믿어야 할 것: **말씀의 영원한 출생과 성육신** <神 學>	a) 그것의 수단 (형상)을 통하여	a) 그 출발로서의 예술적 이념에 있어서	a) 그것의 주관, 즉 내적 및 외적 말씀에서	a) 그것의 근원에서	a) 공정한 중간, 즉 세 가지 근거 혹은 형식에서

말씀의 영원한 출생과 시간 안에서의 성육신

b) 우리가 해야 할 것: **바른 삶의 질서** <道 德>	b) 그것의 시행에 있어서 α) 영리함 β) 절도 있음 γ) 겸손한 순응	b) 그것의 작용에 있어서 α) 아름다운 β) 유익한 γ) 지속적인 (작품)	b) 그것의 내용에 있어서 α) 상응하는 β) 참된 γ) 마음에 드는 (말씀)	b) 원인성의 작용에 있어서 α) 해 β) 달 γ) 별들	b) 신비적인 법칙에 비추어서 α) 필연적 계명 β) 유익한 권고 γ) 완전한 결의

삶의 질서

c) 우리가 하느님께 매달려야 할 것: **영혼과 하느님의 합일** <神秘主義>	c) 그것의 향유를 통하여 α) 열망 β) 즐거움 γ) 채워지지 못함	c) 그 결실에 있어서 α) 명예로운 β) 유익한 γ) 즐거운 (작품)	c) 그것의 목표에 있어서 α) 상징적 β) 밝은 γ) 능력 있는 (말씀)	c) 연합의 수단을 통하여 α) 분쇄 β) 정신화 γ) 열망	c) 그것의 목표에 있어서(바로 선 인간에 있어서) α) 첫째 진리를 믿으려는 오성에 있어서 β) 최고의 관용성 위에 세우는 노력에 있어서 γ) 최고선을 열망하는 '神秘主義' 욕구에 있어서

영혼과 하느님과의 합일(神人合一)

그리고 보나벤투라의 인식론의 특징에 대해서 이 작품에 주석을 달았던 쥴리앙 코프(Julian Kaup)는 다음과 같이 3가지로 축약하고 있다.

첫째, 보나벤투라의 인식론은 '빛의 형이상학'에 기초를 두고 전개한 것[52]이다. 그 이유는 보나벤투라에게 있어서 신은 근원적 빛이며, 그리고 신의 활동은 빛의 활동이다. 이 빛으로부터 모든 만물과 모든 학문도 빛과 조명으로 발광하기 때문이다. 모든 신적 활동이 빛의 활동이라면 만물은 근원적인 빛에 의해 조명된 빛의 명암(明暗)으로 더 밝으나 혹은 더 어두운 형상일 뿐이다. 그리고 만물은 빛의 흐름 속에 존재하기에 빛의 흐름이 근원에서 출발하였듯이 다시 근원으로 되돌아간다. 다시 말해 보나벤투라에게 있어서 철학의 제일원리를 '빛의 아버지'라 부르며, 이 근원적 빛은 신이다. 따라서 이 빛으로부터 만물과 학문까지도 빛의 단위로서 '빛의 아버지'에게 참여하고 있음이다. 따라서 광원에서 흘러나온 빛줄기(光線)와 광원으로 하여금 자신을 반사하고 있는 모든 존재는 원형(光源)으로부터 출발했듯이, 원형으로 되돌아간다는 구도이다. 바로 이 빛의 형이상학에 바탕을 두고 전개되고 있는 것이다. 그리고 책의 제목처럼 다양한 모든 학문과 인간의 모든 인식이 빛의 근원인 신에게서 출발하여 다시 신에게로 환원됨으로써 완성된다는 것을 주제로 하고 있다.

둘째, 보나벤투라의 인식론은 그의 형이상학과 상응한다. 보나벤투라에게 있어서 형이상학의 본질은 모형론이다. 이것은 관계와 유비의 논리이며, 형상과 일치(一致)의 논리이다. 보나벤투라는 이 바탕 위에 아우구스티누스처럼 관계성에 철저히 기초하고 있다. 그러므로 신적 근원에서 떨어져 나가는 자연적인 것의 독립성을 결코 인정하

---

52) 환원주석, p.152.

지 않고 있다. 그러므로 이러한 관점에서 자연적 이성도 마찬가지로 그 자체 자치성이 인정되지 않는다. 이성도 신적 조명의 도움을 통해서만이 진정한 인식에 도달할 수 있다는 것이다. 그것은 자연의 경험에서 진리를 파악할 때에도 정신은 영원한 이데아들과 결합되어 있어야만 한다는 것이다. 따라서 만물이 그 근원과 원형과 목표인 신에게 의존관계의 질서 속에 있듯이 모든 인식도 신이 현실과 신의 구원의 진리에 봉사해야 하고 학문의 세계는 위계질서가 있는 예지의 세계이고 이것은 결국 영원한 영광을 보는 데서 그것의 완성을 발견한다.

셋째, 보나벤투라의 인식 개념은 철저하게 구속사적으로 규정[53]되어 있다. 보나벤투라에게 있어서 철학과 신학, 이성과 신앙은 서로 다른 각자의 원리를 가지고 있지만 이성을 바탕으로 하는 철학은 참되고 완전한 인식에 이르지 못하고 필연적으로 오류를 범할 수밖에 없다. 그것은 바로 신앙의 빛을 가지고 있지 않기 때문이며, 모형주의와 상징주의와 신이 만물의 모형인(模型因)임을 인정하지 않기 때문이다. 그러므로 "철학은 다른 학문에 이르는 길이지만 누구든지 거기에 머물면 흑암에 빠진다."(De donis Spiritus Sancti 4, 12; V, 476.) 또 하나의 이유는 인간의 눈이 죄로 인하여 참된 것을 보지 못하기에 신의 새로운 도움이 필요하다. 즉 성서와 신앙의 도움이 필요하다. 따라서 모든 자연적 인식과 모든 학문, 최고의 철학마저도 깊이 성

---

53) 스콜라 전성기는 보편적으로 창조를 요약하고 창조에 초점을 두고서 논의하였다. 보나벤투라는 인간의 우주적 성격을 확인하는 과정에서 인간의 소우주적 특성을 말한다. 그리고 세계에 관해서는 당시 두 관점, 즉 이 세상을 우주의 계층적 관계로 보는 유형과 이 세상을 역사적으로 구원하는 유형으로 나타나 있었다. 보나벤투라는 이 둘을 종합하려 한 것이 그의 신학에서 두드러지게 나타난다.

서의 이해에 관계되고 그것을 통해서 영원한 조명에 관계한다. 그의 인식론은 지상의 사물의 인식에 봉사하는 것이 아니라 성서의 이해를 위한 것이고 성서에 계시된 구원의 진리에 초점을 두고 있다.[54]

우리는 다시 한 번 아우구스티누스주의의 '안다는 것'[55]의 개념을 염두에 두고 이 작품을 고찰해야만 이해하기가 쉽다. 그래서 그에게 있어 사유는 다른 어떤 것이 아닌 구원의 도구이어야 했다. 그리고 그는 신앙의 눈으로 세계를 보았기에 이성은 신앙의 도구가 되고 철학은 신학의 시녀가 된 것이다. 이제 이 책에서 빛의 형이상학적 구도로 전개하면서 보나벤투라는 두 편으로 나누어 설명하는데 이를 따라 살펴보기로 하자.

---

54) 환원주석, pp.152 – 158 참조.
55) 보나벤투라는 아우구스티누스의 인식론에 충실하고 있음을 볼 수 있는데 앞서 본 바와 같이 아우구스티누스 학파에 있어서 이런 것들은 신과의 관계에서만 타당성이나 의미가 있게 된다.
   1) 만물을 최후의 목표와 관련시켜 생각하기에 참으로 '사물을 안다는 것'은 사랑을 통해 최후 목표인 신과 관련시키는 것이었다. 그러므로 사물은 그것들이 지닌 순수 본질에서가 아니라 최후 목표와의 관련하에 고찰하고자 한다.
   2) 인간이 신에게로 돌아간다는 견지에서 고찰하기에 사물을 아는 것은 그것들의 動力因인 신의 의향을 규정하는 것, 사물을 신(하느님)의 의지와 연관시켜 고찰한다.
   3) 진리에 대한 참된 인식은 경험과 감각적 인지에서 오는 것이 아니라, 영적 세계, 즉 신으로부터 오는 빛을 직접 받음에서 오는 것이다(이것은 신학의 개념과 철학과 신학의 차이를 알고 거룩한 학문에 있어서 '자연적' 인식을 활용하기 위해서 매우 중요하다). 영적 피조물의 참된 의식은 또한 사랑과의 일치이다
   4) 학문과 철학을 신학에 활용하였다.

1) 빛의 하강

빛의 형이상학자인 보나벤투라는 그의 작품들 속에서 자주 모든 존재 사물과 학문까지도 '빛'으로 설명하고 있다. 그것은 그의 다른 작품 속에서도 나타나고 있다.

"모든 것(존재 사물)은 하느님을 정관할 수 있는 흔적들이다. …… 그리하여 종(種)이 분명히 지시하는 바는, 저 영원한 빛이 자신으로부터 하나의 형상, 즉 하나의 동종적, 동일 본질적, 그리고 동일하게 영원한 광채를 산출한다는 것이요, 보이지 않는 하느님의 모상이고, 그분의 영광에 반사광채이며, 그분의 본질의 형체이고(골 1 : 15; 히1 : 3)"[56]

이와 같이 그의 빛의 사상은 『모든 학문의 신학으로의 환원』(De reductione artium ad theologigam)에서도 빛의 하강과 빛의 상승이라는 형태로 전개된다. <도표-4'>는 이 작품의 전반부의 빛의 하강을 말하고 있다. 보나벤투라는 『하느님께 나아가는 정신의 여정』의 첫머리와 같이 그가 즐겨 사용하는 '빛의 아버지', 즉 제일원리인 빛의 근원에서부터 출발하고 있다. "모든 은사와 모든 완전한 선물은 위로부터 온다. 그것은 '빛의 아버지'로부터 내려온다(Omne datutum optimum et omne donum perfectum desursum est, descendens a Patre luminum.)."[57] 이 말 속에는 신플라톤주의자인 플로티누스의 다함없는 빛의 유출처럼 모든 것이 이 빛의 근원에서 아낌없이 흘러나온다는 것이 암시되어 있다. 또한 이 작품의 후반부가 말하는 빛의 상승은 플로티누스의 빛의 상승의 내용과 매우 흡사하다.

---

56) Itin., c.2. n.7.
57) Red.Art., n.1, V.319.

사실 보나벤투라 자신은 이 작품에서 자신의 계보 노선을 뚜렷하게 밝히고 있다. "성서 전체는 세 가지를 가르쳐 준다. 1) 그리스도의 영원한 출생과 사람 되심, 2) 삶의 질서, 3) 하느님과 영혼의 합일이 그것이다. …… 첫째 것은 누구보다 아우구스티누스(Augustinus)가 가르쳤고, 둘째 것은 특별히 그레고리오(Gregorius)가 가르쳤으며, 셋째 것은 디오니시우스(Dionysius)가 가르쳤다. 안셀무스(Anselmus)는 아우구스티누스를 따르며, 베르나르도(Bernardus)는 그레고리오를 따르며, 리까르두스(Richardus)는 디오니시우스를 따른다."58) 그리고 곧 이어서 "안셀무스는 증명하는 데 뛰어나고, 베르나르도는 선포하는 데 뛰어나며, 리까르도는 관조하는 데 뛰어난다. 후고(Hugo)에게서 이 모든 것이 합일된 것을 발견한다."59)라고 언급한다. 그의 노선이 아우구스티누스와 안셀무스 빅톨 후고의 노선에 서 있다고 한 것을 보면 그가 빅톨 후고의 사상을 높이 평가했음을 알 수 있다. 그러나 일반적으로 보나벤투라의 노선은 신플라톤-아우구스티누스주의라고 말한다. 보나벤투라가 여기서는 플로티누스를 언급하지 않았던 것은 그리스도인이 아니었기 때문인지 모른다. 그러나 철학사에서는 유출설을 말한 신비주의의 시조인 플로티누스를 언급하지 않을 수 없다. 3장에서 보았듯이 아우구스티누스가 플로티누스의 작품을 탐닉하였다면 아우구스티누스의 노선을 따르는 보나벤투라는 적어도 그의 사상을 배제하지는 않았음은 확실하다. 그것은 보나벤투라가 드물지 않게 그리스도교 진리를 신플라톤적 형식을 빌려서 설명하고 특히 관조적이고 신비적 특색과 신을 빛으로 고찰하여 그리스도교적 신비주의의 터전을 마련했기 때문이다. 그리고 3장의 플로티누스 편과

---

58) Red.Art., n.5, V.321.
59) ibid.

이 작품의 구도와 사상을 보면서 말할 수 있는 것은 토마스가 아리스토텔레스의 이론에 세례 줄 정도로 지나칠 만큼 아리스토텔레스주의에 빠져 있었다면, 보나벤투라는 이방 철학자 플로티누스의 관조적이며 신비주의 이론에 세례 줄 만큼 그의 신비주의를 선호했다는 것이다. 물론 보나벤투라의 신비주의는 디오니시우스와 후고를 가장 높이 평가하고 있다.

이제 빛의 하강을 말하고 있는 <도표-4>에 의거하여 학문론을 고찰해 보자. 보나벤투라의 철학이 연역적 구도를 취하고 있는바, 그가 제일 먼저 언급한 '빛의 아버지'는 빛 그 자체인 광원이며 철학에서 말하는 '제일원리'이다. 이 일성에서 다수성을 설명하는 것은 빛이다. 빛의 본성은 그 자체가 확산이므로 보나벤투라는 제일원리에서 4가지로 분광된 학문을 구분[60]한다. 그것은 광원에서 쏟아져 나오는 광선의 양태에 의해 존재 사물을 설명하듯이 학문도 같은 양태로 비유한다.

빛의 아버지로부터 네 가지 학문의 빛이 내려온다. 빛의 위계질서에서 본다면 가장 낮은 빛으로부터, 즉 외광(lumen extrius, 外光), 저광(lumen interius, 低光), 내광(lumen inferius, 內光), 그리고 '최고의 빛'인 고광(lumen superius, 高光) 4가지이다. 이 빛들이 각기 분광(分光)된 것을 보나벤투라는 창조의 일곱 날을 비유해서 말한다.

1) 최고의 빛(高光) ― lumen superius ― 은 '구원의 학문(성서)'을 인

---

60) 4가지로 구분하다가 그리스도교 관점에서 성서적 국면과 비교하여 엿새 동안의 창조에 병렬시켜 6가지로 끌어오고 그다음 날은 안식일이듯 6가지 조명 다음에는 영광의 빛에 상응하여 말한다.

식하도록 조명한다. 즉 최고의 빛은 성서의 빛을 지칭하는데 이렇게 부르는 두 가지 이유를 보나벤투라에 의하면 첫째는 성서의 빛은 계시된 구원의 진리로 인간의 이성을 초월하는 것이고, 다른 하나는 우리가 연구해서 도달할 수 있는 것이 아니라 빛의 아버지로부터 주입됨으로써 내려오는 것이기 때문이다. 그리고 이 성서 안에 나타난 세 가지 ―우의적, 도덕적, 인상적― 영적 의미가 있는데 우의적 의미는 신성과 인성에 관하여 무엇을 믿어야 할지를, 도덕적 의미는 우리가 어떻게 살아야 할지를, 그리고 인상적 의미는 우리가 신에게 어떻게 나아가야 할지를 가르쳐 준다. 이 최고의 빛을 보나벤투라는 창조의 첫째 날에 비유하고 있다.(Red.Art. n.5 참조.)

2) 內光(lumen interius)은 진리를 인식하도록 조명한다. 이것을 보나벤투라가 철학적 인식의 빛이라 지칭하는 이유는 내적이고 감추어진 原因, 더욱이 학문의 원리와 그리고 본래적으로 인간에게 심겨져 있는 자연적 진리의 도움으로 탐구하기 때문이다.(Red.Art. n.4 참조.) 그는 철학을 이성철학, 자연철학, 도덕철학으로 구분하고 사람은 말을 통하여 자기 사상을 알리거나 표현할 수 있기 때문에 말과 이성철학을 다시 문법(말의 표현), 논리학(가르침), 수사학(행동)으로 나누고, 자연철학은 본래의 의미로 물리학과 수학 그리고 형이상학으로 분류한다. "물리학은 사물의 기원과 소멸을 고찰하고, 수학은 분해 가능한 형식의 정신적 근거에 따라 고찰하며, 형이상학은 모든 존재자의 인식을 고찰한다."(Red.Art. n.4.) 그리고 도덕철학은 개인윤리와 가정윤리와 정치윤리로 삼분하여 삶의 질서를 조명하는 것으로 말하고 있다. 그런데 여기서 보나벤투라는 신을 근원적 빛인 동시에 신은 "存在의 원인과 인식의 근거 그리고 삶의 질서이시기 때문에 최고의 신을 작용인(作用因, causa efficientis), 형상인(形相因, causa

formalis) 혹은 모형인(原型因, causa exemplalis), 목적인(目的因, causa finalis)"[62]으로 나타내면서 이성철학은 창조의 둘째 날, 자연철학은 셋째 날, 도덕철학은 넷째 날에 비유하고 있다.

3) 低光(lumen inferius)은 자연의 형식을 인식하도록 조명한다. 저광을 '감관적 인식(感官的 認識)의 빛' ─ lumen cognitionis sensitivae ─ 이라고 지칭하는 이유를 보나벤투라는 "낮은 것으로부터 출발하여 물체의 빛의 도움으로 이루어지기 때문이다.(Red.Art. n.3.)"라고 한다. 그리고 이 감관적 빛은 오관의 수에 따라 5가지, 즉 시각, 청각, 후각, 미각, 촉각으로 나누고 창조의 다섯째 날에 비유하고 있다. 보나벤투라는 저광에 대하여 언급하면서 아우구스티누스의 창세기 주석 3권[63]을 근거하여 자신이 내심 품고 있었던 물리적 빛, 즉 자연의 빛에 관하여 그의 핵심 사상을 다음과 같이 피력하고 있다.

가) "원소의 빛의 성질로부터 빛(Lux) 또는 밝음(Lumen)은 사물의 구별을 위한 것으로서 그것은 그 자체의 독특한 특징과 순수함 속에서는 인식하는 것, 즉 보는 것과 관계한다.[64] 그러나 빛이 공기와 섞이면 듣는 것과 관계하며, 연기와 섞이면 냄새 맡는 것과 관계한다. 그러나 그것이 습기와 섞이면 맛과 …… 흙과 섞이면 촉감과 관계한다. 감관적인 삶은 말하자면 빛의 본성과 관계한다."

나) "빛은 특별히 신경에서(in nervis viget) 활동한다. 신경의 본성은 밝고 침투성이 있다."

다) "빛은 오관에 있어서 순수성에 다소에 따라 다양하게 된다. 세상에는 다섯 가지 단순한 물체, 즉 4원소와 제5의 본질이 있듯이,

---

62) Red.Art., n4, Ⅴ.320.
63) Augustinus, *De Genesi ad litteram*, Ⅲ, Cap.4 et 5, n.6 et 7; cf. Ⅶ, c.15, n.21 et Ⅻ, c.16, n.32. p.227, nota 5.
64) Red.Art., n3, Ⅴ.320.

인간은 그가 모든 물체적 형식을 지각할 수 있도록 그 형식에 상응하는 오관을 가지고 있다. 즉 모든 知覺은 器官과 대상 사이의 어떤 대비와 상응을 통해서만 성립된다."

이상의 보나벤투라의 물리적 빛의 사상을 도표화하면 이렇게 나타난다.[65]

5가지 요소 단순 물체 (대우주)	각 요소의 능동본질	각 요소의 수동본질	빛과 요소의 혼합	인간의 오감(소우주)	오관의 인식	감관의 특징
빛[光]과 천체	본질을 초월	불변적 본질	目, 光	視覺	빛	시각은 가장 완전한 감관
地[흙]	冷	乾	地+光	觸覺	냉온건습	촉각은 기본 감관
水[물]	冷	濕	水+光	味覺	맛	중간 감관
火[불]	溫	乾	火+光	嗅覺	향기	〃
風[바람]	溫	濕	風+光	聽覺	소리	〃

4) 外光(lumen exterius)은 예술의 형태를 조명하고 '물체의 결함을 보충하기 위한 것'이며 기술학의 빛(Lumen artis mecanicae)이라 부른다. 보나벤투라가 기술학을 빛의 가장 낮은 부분인 외광으로 지칭하는 이유는 "그 빛은 어느 정도 봉사하는 자리를 차지하고 철학적 인식과 관련하여 볼 때 가치가 덜 하기 때문이다."라고 한다. 이 외광을 보나벤투라는 빅톨 후고의 교훈집에 열거한 일곱 가지, 즉 직

---

65) 보나벤투라는 4요소에 '빛과 천체'를 첨가한다. 이것은 원소의 대립적 본질에서 벗어나 항구 불변적이며, 원소를 구성하고 균형을 준다. 여기에 관해서 3장 아우구스티누스 편에서 이미 언급된 敎父 바실리우스(Basilius, 330-379)가 4원소설을 받아들이면서 그에 더하여 제5의 천상적 원소에 논증을 기술하였다. 이러한 사상이 보나벤투라에게 계승됨을 <도표 -3>을 통하여 볼 수 있다. 보나벤투라, Iti., c.2. n.3와 Breviloquium, pt.2, 그리고 De Creaturamundi, c.3, n.1-5. 그리고 행운, pp.109-112 참조.

조술, 단야술, 경작술, 사냥술, 항해술, 의술, 연극술로 기술학을 나누면서 이러한 기술학은 궁핍을 제거하고 모두를 유익하게 해 주거나 즐겁게 하는 데 봉사한다.[66) 이것은 창조의 여섯째 날이며, 일곱째 날은 안식일로 표현하고 있다.

2) 빛의 상승

플라톤의 상승은 선한 것으로 올라가는 것이며, 플로티누스의 상승은 프로네시스와 에로스가 합쳐지는 것으로 정화와 조명 일치의 단계를 거쳐 신비적 일치이다. 즉 예지적인 것으로의 상승이다.[67) 신비주의자 플로티누스에게 있어서 상승은 그의 유출을 뒤집어 성립시킨 것, 즉 정화를 향한 상승이라 할 수 있다. 플로티누스에게 있어서 영혼과 육체의 결합인 인간은 그 영혼이 이성적인 능력이 없는 물질적인 육체에 깃들어 있으므로 죄와 고통, 죽음과 슬픔을 벗어나지 못한다. 그러므로 영혼은 육체를 벗어나서 스스로를 정화하고 누우스와 결합하고 마침내는 누우스를 넘어서서 근원적인 일자와 하나가 되지 않으면 안 된다. 따라서 인간 영혼의 윤리적 임무는 온갖 육체적 세속적인 욕심을 버리고 영혼을 일자에로 환원하는 3단계의 과정을 다음과 같이 말한다.

1) 영혼의 단계에서는 플라톤이 말하는 사추덕(四樞德)과 같은 실천적인 덕을 통해 현세적인 생활의 번뇌와 쾌락을 벗어나는 것이다.

2) 누우스의 단계에서는 엄격하고 올바른 사유를 할 수 있도록 수

---

66) Red.Art., n.1, V.319.
67) 요한네스 힐쉬베르그, 같은 책, p.372.

양해야 한다. 그러한 사유 활동을 통하여 자신의 개체성을 벗어나며, 사물들에 대한 광범위한 지식을 통해서 可視的인 세계의 모든 사랑과 관조에 의한 직관을 통하여 절대적 일자(一者)와 合一하는 것이다. 즉 우리들 자체 내에 주어져 있는 신비적 경지 속으로 스스로를 몰입시켜야 한다.

3) 일자와의 무아적 일체감을 바탕으로 한 무의식의 상태로 승화되는 것이다. 그 속에는 일자와 자아가 분리되어 있다는 어떤 의식도 이미 존재하지 않는다. 이때에 비로소 유출의 과정은 완전히 전도되고 자아는 일자와 융합한다. 이러한 일자의 융합, 곧 완전히 합일하는 상태를 황홀경이라 하였다. 이 순간은 일자를 직관하는 순간이요, 일자 안에 잠겨서 취하는 상태이며, 온 세상을 모두 잊고 마침내는 자기 자신마저 잊어버리고, 기쁨의 도가니 속에 젖어 있는 상태인 것이다.[68] 보나벤투라에게 있어 빛의 상승이 무엇일까?

『모든 학문의 신학으로의 환원』(De reductione artium ad theologigam) 작품의 제2편(n.8－n.26)은 이 책의 본론과 결론으로 '빛의 상승', 즉 빛의 환원(회귀)을 말하고 있다. 보나벤투라에게 있어 빛의 상승이란 다름 아닌 인간 영혼과 하느님과의 일치 혹은 지복직관이다. 이 후반부[69]

---

68) 정진일, 『철학 개론』, 박영사, 1998, pp.73－76 참조.
69) Red.Art., n.8－26(V.322－325) 그리고 <도표－5> 참고.
　　1. Redutio cognitionis sensitivae quod tria [감각 인식의 환원 3가지]
　　　　n.8: Prium de medio [첫째, (인식의) 수단에 대하여]
　　　　n.9; Secundo de exercitio [둘째, (인식의) 수행에 대하여]
　　　　n.10;. Tertio de oblectamento [셋째, (인식의) 대상에 관하여]
　　2. Reductio artis mechanicae quod tria [기계적 예술의 3가지 환원]
　　　　n,12; Primo, de egressu [첫째, 출발에 대하여]
　　　　n.13;, Secundo, de effectu [둘째, 작용에 대하여]
　　　　n.14; Tertio, de fructu [셋째, 결과에 관하여]
　　3. Reductio rationalis philosophiae quoad tria [이성철학의 3가지 환원]
　　　　n.16; Prima de sermone quoad loquentem [첫째, 말하는 자의 고려에

에서는 <도표-5'>에서 볼 수 있는 것처럼 언급한다. 그는 신적인 구원의 진리의 균형과 유비와 일치와 형상을 성서의 3가지 영적(靈的) 의미 속에 포함된 것으로 나란히 묘사한다. 먼저 감관적 인식으로부터 시작한다. 그 인식에서 그는 인식 수단, 인식 수행 및 거기서 나오는 내적 만족을 구별한다. 인식 수단은 육화(肉化)된 말씀(Vervum), 즉 성자를 상징한다.

모든 감각적 객관은 아버지에게서 자녀가 나오듯이 인식의 대상으로부터 나오는 모형적 유사화를 중개로 감각적 인식 능력을 일으킨다고 보나벤투라는 논술한다. 그 모형은 감각적 기관과 인식 능력에 결합함으로써 완성된 행위가 된다. 이 결합에 근거해서야 비로소 감각적 지각이 이루어지고, 그것은 지각하는 영혼이 그 모형의 중개를 통하여 대상 자체에 동화되고 이를테면 대물론 감각 쪽에서부터 언제나 그 대상인식이 이루어지지는 않으나 인식 대상은 그 모형을 자체로부터 발산하고 있고, 그것은 모형 일반의 성립이 대상에 의존하는 한에서 그러하다. 이 과정은 하나의 유비이다.

관하여]
    n.17; Secundo quoad prolationem [둘째, 發함[擴張]으로 말하면]
    n.18; Tertio quoad finem [셋째, 목표에 관하여]
4. Reductio naturalis philosophiae quoad tria [자연철학의 3가지 환원]
    n.20; Primo quoad habitudinem proportionis [첫째, 상응 관계를 말하면]
    n,21; Secundo quoad effectum causalitatis [둘째, 원인성의 결과을 말하면]
    n.22; Tertio quoad medium unionis [셋째, 合一의 중재에 대하여]
5. Reductio moralis philosophiae quoad tria [윤리철학의 환원 3가지]
    n,23; De primo cum applicatione [첫째는 적용과 함께 함에 관하여]
    n,24; Item, de secundo.
    n.25; Item, de tetio.
6. Epilogus totius opusculi [모든 작품의 결론]
    n.26; Fructus omnium scientiarum [모든 학문의 열매(결과)]

감각의 활동은 보나벤투라에게 있어서는 생활의 질서의 형상이다. 각개 감각은 그것의 활동 면에서 감각의 특징인 대상에 종속된다. 그러므로 감각은 감각에 해로운 모든 것으로부터 떠나고 감각에 맞지 않는 것을 피한다. 따라서 각 사람은 바른 질서에 따라 살려면 태만을 피하고, 해로운 것을 멀리하여 욕망을 피하여야 한다. 즉 윤리적 삶의 모든 무질서는 소홀함과 태만에서, 욕심이나 교만에서 생긴다.[70] 우리의 감각의 모든 자연적 활동에 나타나는 만족이나 즐거움은 우리 영혼이 하느님과 합일하는 것의 상징이다. 각 감각은 그에 상응하는 대상을 향하여 어떤 열망을 가지고 노력한다. 감각이 그 대상을 발견하면 어느 정도 내적인 만족을 얻는다. 감각은 또한 즉시 그 대상에게로 향하고 싫증을 느끼지 않는다. 그리하여 우리의 마음은 내적 열망을 가지고 더 높은 곳―시각은 더 미를, 미각은 더 맛 좋은 것을―을 향하여 추구해야 한다. 우리는 그것이 기쁨, 참다운 기쁨의 발로로 환원되어야 한다. 이와 똑같은 방법론으로, 그는 기계적 예술, 이성철학, 자연철학, 윤리철학으로부터 신적 구원의 진리에까지 이르게 되는지 각 학문에 있어서 어떻게 신학으로―聖子 그리스도의 降生과 肉化의 神秘, 삶의 秩序 및 하느님과 영혼과의 契約― 이르게 되는지를 언급한다.

마지막 결론에서 이러한 고찰은 3가지 인식에 이르는데,

1) 성서에 계시된 진리가 각 인식과 모든 자연 속에 어떻게 감추어져 있고,

2) 모든 인식이 성서에 어떻게 봉사해야 하며,

3) 지각되고 인식되는 모든 사물에 신이 어떻게 숨어 있는가를 가르친다.

---

70) 환원주석, p.163.

그러므로 보나벤투라는 모든 학문의 본래적인 결과는 만물을 관조(숨을 것을 찾음, 통찰력)를 통하여 신앙이 세워지고, 윤리가 질서 잡히고, 하느님과 영혼의 합일이 우리 눈앞에 제시되는 데 있다. 거기에 이르는 수단은 결국 성서 전체가 목표로 삼는 사랑이고, 위에서 오는 철저한 모든 깨달음이다.[71] 이제 그의 작품 후반부를 개요한 <도표-5'>의 a, b, c 순서에 따라 고찰하기로 한다.

a) 우리가 믿어야 할 것: 이성에서 신앙으로 환원

그리스도교의 믿어야 할 4가지, 즉 天主存在, 三位一體, 降生救贖 그리고 償善罰惡의 교의는 이성을 초월한 신앙의 대상이다. 전반부에서 보았듯이 보나벤투라에게 있어서 성서적인 인식은 인간을 구원하는 진리로 인간의 이성을 초월하는 것이다. 성서가 말하는 계시는 인간이 탐구해서 얻어지는 것이 아니라 신에 의해 드러나는 것으로 인간의 이성은 신앙으로 환원되어야 함을 말하고 있다.

그러므로 <도표-5'>와 같이 모든 학문의 빛은 성서의 빛으로 환원되어야 함을 강조한다. 제일 먼저 그는 감관적 사물의 인식에 관계된 감관적 인식과 기술학 그리고 철학까지도 신앙의 교의에로 환원된다. 그것은 성서가 인식시켜 주는 교의인 강생구속, 즉 '말씀(그리스도)의 영원한 출생과 시간 안에서 肉化의 사건(성육신)을 신앙으로 받아들이는 것이다.

보나벤투라는 모형주의를 통하여 이것을 설명하고 있다. 즉 그의 작품 안에서 "자식이 아버지에서 출생하듯"[72] 그리고 "예술 작품이 예

---

71) 같은 책. p.164.
72) Red.Art., n.8; V.322.

술가로부터 나오듯"73) 모형인 성자와 원형인 성부의 관계를 대비한다. 보나벤투라는 "모든 감각적 사물은 대상으로부터 나오는 모형을 매개로 하여 인식 능력을 움직인다. 그러나 모형은 자신을 기관이나 인식 능력과 결합시킬 때에만 완전한 감관적 행동에 이른다. 그런데 그것이 자신을 결합시키면 새로운 지각이 성립되고, 이 지각을 통하여 그 모형을 매개로 하는 대상에로의 환원이 이루어진다."라고 하면서 성자가 영원으로부터 나왔음을 그리고 성부와 동일 형상임을 성서를 통하여 입증한다. "아무도 나로 말미암지 않고서는 아버지께로 올 수 없다(Nemo venit ad Patrem nisi per me)."74) "말씀이 사람이 되셨다(Verbum caro factum)."75)

그런데 이성적 피조물은 죄 때문에 어두워진 눈으로만 보기 때문에 보나벤투라는 삶의 질서로 환원, 즉 우리가 해야 할 것을 말한다.

b) 우리가 해야 할 것 - 무질서에서 삶의 질서로의 환원

감관적 인식과 기술학 그리고 철학도 바른 삶의 질서로 환원되고 완성된다. 먼저 모든 감관적 인식에서 감관의 활동을 고찰하게 될 때, 거기에서 삶의 질서를 보게 된다. 모든 감각 기관은 감관에 고유한 대상을 가지고 있고, 그 대상을 위해서 활동하고 있는데 모든 외적 감관은 자신에게 해로운 것은 피하고, 낯선 것을 자기 것으로 삼지 않는다. 그런데 "모든 無秩序는 태만과 탐욕과 교만에서 유래되기 때문(Omnis enim inordinatio aut venit ex negligentia, aut ex concupiscientia aut ex superbia)에…… 삶의 질서 속에 산다는 것은 신중성

---

73) Red.Art., n.12; V.322−323.
74) Gv.14, 6.
75) Gv.1, 14.

과 절제 순종이다(Ille enim ordinate vivit, qui vivit prudentur, temperantur et optemperntur)."[76]

그리고 모든 예술은 "아름답고 유익하며 지속적인 작품(Opus pulchrum et utile et stabile)"[77]을 만들려고 지향할 때 가치가 있다. 그리고 이성철학은 말의 철학이기에 말이 완전하려면 적절함(congruitas)과 진리(veritas)와 우아함(ornatus)이 부합되어야 한다. 이에 상응하여 우리 행동은 절도(modum)와 미(speciem)와 질서(ordinem)를 가져야 한다. 다시 말해 그것은 외면적 행위에 있어서 신중함으로 말미암아 절도가 있어야 하고, 감정이 순결하고 아름다워야 하며, 바른 뜻에 의해 질서 있고 아름다움이 있어야 한다. 즉 사람은 그 지향(intentio)이 바르고 감정이 순결하며 행위가 신중할 때 삶의 질서가 잡혔다고 할 수 있다. 즉 질서 있게 살 수 있다는 것이다.[78] 또한 자연철학은 물질과 영혼과 신적 지혜에 있는 형식적 근거를 찾는 데 중요한 의도가 있다. 따라서 우리가 원인성의 결과에 따라 근거들(rationes)을 고찰한다면 삶의 질서를 숙고하게 된다.[79] 그리고 도덕철학이 추구는 공정성에 있기 때문에 이것은 필연적 계명(praeceptis necessariis)과 유익한 권면(monitis salutiferis) 완전한 결의(consiliis perfectis)를 인간이 의지적으로 받아들일 때 실현된다. 따라서 도덕철학이 말하는 공정성은 하느님 안에 최고의 공정성이 있기에 신의 법을 따라 살고 그 법칙으로부터 벗어나지 않는 삶이다.[80] 그러므로 인간의 삶이 신 안에 거할 때 삶의 질서가 완성된다.

---

76) Red.Art., n.8; V.322.
77) Red.Art., n.13; V.323.
78) ibid.
79) Red.Art., n.19 et 21; V.324, 325.
80) Red.Art., n.23; V.325.

c) 영혼과 하느님과의 합일 – 신인합일

성서는 우리가 하느님께 매달려야 할 것이 신인합일이라는 것을 가르친다.

먼저 감관적 인식의 향유를 통하여 우리는 감각 기관은 거기에 상응한 감각적인 것을 열망하고 그 열망이 채워질 때 즐거움을 맛보지만 외적 감관은 끊임없이 추구하고 즐거움을 찾지만 채워지지 못함을 안다. 역시 내적 감관을 통해서 인간의 영혼은 초자연적인 것을 열망하고 즐거움을 느끼지만 채워지지 못한다. 그 다음 예술과 기술학에 있어서는 작품의 결실을 통해 추구하는 목표가 명예와 유익함과 즐거움이다. 이와 같은 예술의 추구성을 통해서 인간 영혼은 하느님과의 일치 지향하고 있음을 볼 수 있다. 그리고 말의 철학인 이성철학의 목적은 "표현과 교훈과 격려에 봉사"[81]하는 것이다. 즉 말은 상징적이고 명료하고 능력 있는 말씀에 있다. 그런데 이 말의 목적을 위해서 필요한 것은 "인간 내부에 침투하여 인간의 영혼과 일치하는 메시지가 있어야 하고, 빛과 내적인 힘"[82]이다. 이 이성철학은 신을 인식하는 신비 안에서 완성된다. 자연철학과 도덕철학에서도 인간과 신의 결합을 볼 수 있다. 특히 도덕철학의 공정성이라는 의미는 "인간이 직립 형체를 가진 것(Homo habet staturam rectam)"[83]과 같다. 즉 이 말은 보나벤투라가 이 작품의 서두에서 "모든 은사와 모든 완전한 선물은 위로부터 온다. 그것은 빛의 아버지로부터 내려온다.(야고보 1:17)"라고 밝힌 최상에 계신 하느님께로 직립 인간의 정신도 또한 위를 향해 똑바로 서 있다는 의미로서 인간 영혼과 하느님과의

---

81) Red.Art., n.18; V.324.
82) 행운., 135.
83) Red.Art., n.25; V.325.

합일을 지적하고 있다.

보나벤투라는 1, 2편의 총결론을 맺으면서 인식에 있어 신적 조명의 필요성을 말한다. 그리고 빛의 근원은 창조되지 않은 빛으로 사랑의 삼위일체 신으로 나타낸다. 그러므로 성서 전체가 목표로 삼는 것은 사랑이고, 위로부터 오는 철저한 깨달음이다. 이 깨달음이 없으면 모든 인식은 허망한 것이 된다. 즉 모든 인식의 총화인 성자(聖子)와 성부 사이에 사랑의 끈, 즉 성령을 통하는 것뿐임을 아래와 같이 결론을 짓고 있다. "이 모든 것은 신랑과 신부의 합일 속에 포괄되어 있다. 그것은 사랑을 통하여 일어난다. 성서 전체는 그 사랑을 목표 삼고 있으며, 그러한 조명이 없다면 모든 인식(認識)은 허망한 것이 된다. 우리에게 모든 진리를 가르치고, 세세 영원히 찬미받으시는 성령으로 말미암지 않고서는 결코 성자에게 도달할 수 없다."84)

이상에서 빛의 근원에서 아낌없이 흘러나온 조명들은 인상(引上, anagogiae)의 이해를 통하여 그 출발점이 되는 신에게 소급된다.(n.7) 이 작품의 핵심 사상은 "모든 조명들이 하나의 빛 속에 그 근원(根源)을 가지고 있다."85)는 것이다. 따라서 존재자는 존재에로, 다수는 하나에로, 복합체는 단순체로, 그리고 모든 형상의 이미지는 원형에로 이끌어 간다. 다시 말해 제일원리인, 빛의 아버지(神)에게로 환원하는 것이다. 그리고 다양한 빛살(Lumen)은 광원(Lux)에로, 다양한

---

84) Reductio., n.26; V.325: "quae sunt in unione sponsi et sponsae, quae quidem fit caritatem, ad quam terminatur tota intentio desursum descendens, et sine qua omnis cognitio vana est, quia nunquam pervenitur ad Filium nisi per Spiritum sanctum, qui docet nos veritatem; qui est benedictus in saecula saeculorum."
85) Red.Art., n.7; V.322.

존재자들은 가장 단순한 신에게로 환원 혹은 회귀 안에서 참된 인식이 있음을 말하고 있다. 이것을 그는 신플라톤적 구도와 같은 그의 형이상학의 3가지 구도, 즉 유출과 모형과 환원으로 전개하고 있다. 그것은 빛을 근원으로 한 빛의 형이상학이다. 즉 빛의 유출, 빛의 참여, 빛의 환원이다.

4장과 연관해 좀 더 살펴본다면 빛의 본성은 생산성, 활동원리, 확산성이다. 따라서 빛 그 자체적 본성은 분광하는 것(유출)이다. 보나벤투라는 광원과 광선, 즉 룩스(Lux)와 루멘(lumen)의 관계는 구분하고 있지만 독립적으로 분리시키지 않고 모형주의 사상으로 묶어두고 있다. 그것은 필연적으로 의존관계이기 때문에 광선의 존재는 광원에서만 설명된다. 그러므로 보나벤투라의 인식론에 있어서는 '인식한다는 것'은 實在인 存在에로 향하며 이것이 목표이지만 토마스와는 달리 안다는 것은 최후의 목표와 관련시켜 최후 목표인 신과 관련시키는 것에 기초하고 있다. 이러한 그의 인식론을 우리는 『모든 학문의 신학으로의 환원』(De reductione artium ad theologigam)의 결론을 통해 엿볼 수 있다. 그의 인식론은 모형주의와 배타적 사상과 생득적 개념이 포함되어 있지만 그 근간을 이루고 있는 것은 빛의 형이상학이다.

그리고 이 작품에서 통해 드러나는 또 다른 하나는 보나벤투라가 아우구스티누스에 신의를 보이는 것은, 조명설 외에도 그 어느 것보다도 모든 배움을 사랑의 봉사에 두고 있다는 점에서 더욱 분명한 증거를 보여주고 있다는 것이다. 앞서 밝힌 바처럼 주의주의자인 보나벤투라는 이성보다 의지를 이성적 지식보다 신앙을 선호했듯이 항상 그의 첫째 관심사는 헌신과 사랑이었고 지식과 학문은 그 다음이었다. 이것이 곧 그가 왜 자주 정서적인 언어를 사용한 것인가 하는 점을 설명해 준다. "모든 신비주의자들의 작품들과 같이, 그의 작품도 사랑의 말로 가득 차 있다. 이성적인 분석보다 더 완벽한 것은 사랑을 통한 지식(dulcis cognitio)인데, 이 안에서 신의 감미로움을 맛볼 수 있다. 그는 다음과 같이 기술하고 있다. 신을 알 수 있는 가장 좋은 방법은 이 감미로움의 경험을 통하는 것이다. 이것이 이성적인 추구보다 더욱 완벽하고, 훌륭하고 기쁜 일이라고 했다."[86] 보나벤투라는 사랑에 대한 이 강조점(emphasis)이 프란치스칸 학파의 사람들을 도미니칸학파의 사람들과 구별시켜 주는 하나의 특징으로 보았다. 그래서 보나벤투라는 말하기를, "도미니칸 사람들은 첫째, 관조와 연구에 몰두하고 그 다음 헌신(unctio)으로 보고 있으나, 프란치스칸 사람들은 먼저 헌신을 보여주고 그 다음 관조에 들어간다. 보나벤투라는 학문과 지식을 마지막 수단으로 생각하지 않고, 인격을 형성하는 도구로 보며, 또 사랑을 통해서 신에 대한 경험적인 지식을 형성하는 도구로 보며, 나아가 신을 직접 볼 수 있게 至福直觀(Beatific Vision)을 완성시켜 주는 도구"[87]로 보았다. 이것은 보나벤투라가 '모든 학문의 신학으로의 환원'의 작품을 통하여 말하고자 한 주제이다.

결국 그의 인식론이 독창적이고 중요한 부분으로 나타나는 것은 그리스도교 철학자라 불리는 보나벤투라의 종교관의 영향이다. 이러한 영향력은 그를 이성보다 신앙을 더 우위에 두게 하였으며 사상적

---

86) Armanda A. Maurer, Medieval Philosophy, Random Hause. New York, 1962, p.139.
87) ibid. p.139.

으로는 플라톤-아우구스티누스의 노선을 받아들이게 한다. 그래서 그의 인식론은 "빛의 形而上學에 기초를 두고 전개"[88]된다. 물론 빛의 형이상학의 역사를 보며 보나벤투라의 독창성만은 아니라는 것을 이해하지만 플라톤과 아우구스티누스의 노선 속에서 특히 아우구스티누스의 조명설에 영향이 짙게 깔려 있다. 빛의 이론(照明說)은 우리가 주지하고 있듯이 아우구스티누스나 보나벤투라 두 철학자 모두에게 있어 우리가 참된 것을 알기 위해 필요한 이론으로 제시한 것이다.

따라서 아우구스티누스와 같이 보나벤투라도 이성뿐만 아니라 신앙까지도 철학 속에 포함시키려 하였던 그리스도교 철학자이다. 이런 관점에서 우리가 접근하면 그의 인식론에서 문제 삼는 진리론에 관해서 좀 더 쉽게 이해할 수 있을 것이다. 왜 그가 그토록 인간은 절대적으로 신의 도움이 필요하다고 주장했을까 하는 것도 이러한 맥락에서 풀어갈 수 있을 것이다.

그러나 바로 이러한 연유로 이성에만 유일한 기초를 둔 비그리스도교 철학은 참진리에 도달할 수 없기 때문에 아리스토텔레스까지도 진정한 형이상학자로 여기지 않았다. 사실 그에게서는 철학과 신학의 진리가 다르지 않았으며 이론적 앎만이 아니라 종교적 실천적 삶도 함께 중요시하기 때문에 그에게 있어서는 지성의 삶과 실천적인 영성의 삶이 분리되지 않는 것이다. 그러므로 보나벤투라는 빛 자체인 진리를 관조하는 데까지 오를 수 있는 여정(旅程, iti)은 신앙을 제외시키지 않고 신으로부터 조명을 받도록 자신을 열어 놓는 철학[89]

---

88) 환원주석, pp.152-153 참조.
89) 보나벤투라, 『하느님께 나아가는 정신의 여정』, 장은명 역, 시글 출판, p.100 참조.

뿐이라고 말한다. 또한 우리의 지식에 있어서도, 피조된 인간과 세계 속에서 보나벤투라가 찾고자 한 것은 불변하는 것이었다. 그 불변하는 것은 오로지 신뿐이다. 그래서 인간 정신은 신의 도움을 받고 있거나 또는 인간 정신에 확실한 대상은 어떤 형식으로든 신에 근거하는 것으로, 즉 '영원한 이념' 또는 신의 '선의 이데아' 가운데 있는 것으로 생각한다. 보나벤투라는 자연의 경험에서 순수한 진리를 파악할 때에, 우리 정신은 영원한 이데아들과 결합되어 있어야 한다는 것이다. 즉 확실한 지식(혹은 인식)은 오류성을 가진 우리 지성과 변화하는 감각적 사물에서는 찾을 수 없기에 우리 영혼은 "신의 지식 안에 있는 스스로의 존재에 따라 그 어떻게든 변치 않는 진리"에로 나아가지 않으면 안 된다고 강조한다. 이러한 그의 인식 사상은 『모든 학문의 신학으로의 환원』에서 가장 잘 나타나 있다.

"모든 학문에는 오류가 없고, 절대적으로 확실한 원리와 법칙이 있다. 이 원리와 법칙은 빛의 광채로써 인간의 정신에 침투하여, 인간이 깨달을 수 있도록 정신을 조명해 주는 신의 '영원한 법칙'에서 온 것이다. 인간의 정신(mens)은 영원한 법칙과 제일원리 안에서 신적인 빛에 의해서 창조된 자국(본유적)을 가지고 있다. 신적 진리의 영원성과 불멸성, 필연성과 보편성을 반영하고 있는 영원한 법칙들과 제일원리의 빛과 조명이 없다면 이론적 또는 실천적으로 확실성이 있는 인간의 인식이나 지식은 결코 존재할 수가 없다."[90] 한마디로 보나벤투라는 제일원리의 빛을 인식에 근거로 삼았다.

그러나 보나벤투라가 인식 작용에 대해 오직 분명하지 못한 것은 "신이 기능적으로 영향을 미치고 있다고 생각하느냐, 또는 본질 직

---

90) 행운, p.108 인용.

관이라는 것에 바탕을 둔 확실한 진리의 필연적인 내용이, 어떤 종류의 분석에 있어서는 최종적, 직접적으로 정신에 비추어지느냐 하는 문제들로 남아 있다. 이런 것들이야 어떻게 되었든, 여하튼 보나벤투라에게 있어서는, 진리가 선천적인 근거에 뿌리박고 있다. 왜냐하면 감각적인 것은 오직 시초에 지나지 않는 것이기 때문이다. 그의 모형설도 이런 것을 요구하고 있다."91) 플라톤ー아우구스티누스 노선을 걷고 있는 보나벤투라에게 있어서는 그들과 마찬가지로 참된 세계는 감각의 현실 세계가 아니라 영원한 원형의 세계다. 이런 점은 보나벤투라에게 있어서 분명하게 그의 형이상학의 중추인 모형설을 보더라도 확실하다. 따라서 보나벤투라의 인식론은 "우리들의 정신을 순수하고 영원한 진리로 되돌아가게 해 준다. 그래서 되돌아감(Reductio)이요, 예지(sapientia)"92)로 된다. 그러므로 보나벤투라의 인식은 감각적 시각(육체의 눈)을 통하여 보고 아는 것을 넘어 관조의 눈으로 사물을 보는 것을 더 선호한다. 그것은 숨겨져 있는 것을 찾아내어 전체를 볼 수 있기 때문이다. 즉 진리를 아는 것이다. 그리고 보나벤투라 사후에도 그의 '빛의 이론'은 프란치스칸 학파에 일종의 지식을 획득하는 일과 앎과 행위가 조화를 이루는 '확실한 인식'을 가능하게 해 주는 이론으로 받아들여졌다.

---

91) 요한네스 휠스베르거, 앞의 책, p.532.
92) 같은 책, p.532.

제 5 장

보나벤투라의 신 존재 논증

> "제가 찾는 것은 바로 당신이며, 당신 안에서 저는 바라고, 당신을
> 열망하며, 당신께로 저는 일어서 나아가며, 당신을 받아들이며, 당신 안
> 에서 기뻐하며, 당신께 매달립니다."[1]

『세 가지 길』(De triplici Via)에 나타난 상기 글의 내용을 보면,
보나벤투라의 철학과 신학의 핵심은 성 아우구스티누스처럼 '내가 누
구이며 당신은 누구시냐'는 것임을 즉시 알 수 있다. 그는 아우구스
티누스를 추종하면서 그의 전체 작품 속에서 우리의 삶은 다름 아닌
신에게 도달하기 위한 여정(旅程)이며 상승(上昇)이라고 가르친다.
따라서 보나벤투라에게 있어 그의 삶의 목적지와 형이상학의 핵심
문제는 다름 아닌 神이었다.

인간은 삶에 대해 궁극적 의미와 원인을 묻는 '형이상학적 존재'
이다. 그래서 철학은 신의 문제를 종교로부터 받아들여 자기의 문제

---

1) 보나벤투라, 『세 가지 길』, 권숙애 역, 시글, p.63.

로 삼고서 신의 문제를 철학적으로 반성하기 시작하였다. 철학사적으로 보면 가장 다양한 신의 논증과 그 반론으로 성찰되었던 전성기는 스콜라 시대라 할 수 있다. 따라서 이 장에서 존재의 근거로서 신을 고찰하고자 한다. 그런 후 궁극적 존재를 왜 빛의 형이상학자인 보나벤투라는 '빛'으로 부르고 있는가를 살펴보고자 한다. 좀 더 세분화해서 말한다면, 신의 존재에 대한 전통적 신 논증을 보나벤투라의 작품 속에서 고찰하기 전에 보나벤투라의 인간관을 간략히 살핀 후, 보나벤투라의 작품 『삼위일체의 신비에 관한 토론』을 중심으로 이성의 추론을 통한 스콜라 철학의 전통적인 신의 논증을 살펴본다. 그런 후 유사하지만 좀 더 발전적인 『하느님께 나아가는 정신의 여정』을 중심으로 신을 고찰하고자 한다. 이 작품은 보나벤투라가 신 인식에 있어 더 즐겨 하는 영혼과 그 작용에 의한 자기 체험으로부터 출발하여 선천적인 직관적 인식으로 나아간 그의 신 체험기이다. 끝으로 신비주의자들이 신을 최고의 빛을 표현하듯이 빛의 형이상학자답게 보나벤투라는 신을 '최고의 빛', '최선의 빛'으로 나타내고 있음을 밝히고자 한다.

보나벤투라에 의하면, 감각세계는 신을 발견하기 위하여 없어서는 아니 되는 '가장 확실한 존재'[2]이고 '신의 그림자(umbra)'이며 '흔적(vestigia)'이다. 그래서 감각세계는 그 각각의 방법으로 신을 나타내며 또한 인간을 신에게로 향하게 하는 중요한 몫을 하고 있다. 그러므로 세계는 인간을 신에로 이끄는 '길'이며, 이 길에 나타나는 존재들은 그만큼의 숱한 '기호들'과 같다. 또 이것들을 통찰하여 보면 다

---

2) "우리가 알 수 있는 바는, 이 감각적 세계, 이 모든 피조물이 정관자(靜觀者)와 현자의 영혼을 영원하신 하느님께 이끌어 간다는 것이다." (Iti., c.2, n.11.)

른 문자이지만 같은 하나의 말, 즉 항상 하나의 같은 부름, 즉 신을 해명해 주는 것이다.3) 여기서 보나벤투라는 모형인(模型因)인 신과 그의 모사(模寫)인 세계 사이에 유비(類比)4)를 인정한다.

이런 유비를 통해서, 인간은 'Capax Dei'로서 인간은 신을 관조할 수 있을 뿐만 아니라 이성으로도 신을 증명할 수 있다고 보았다. 그 이유는 보나벤투라에 의하면 인간은 신의 모상이기 때문이다. 그렇다면 여기서 그의 신 논증을 고찰하기 전 그것의 단초(端初)로서 그의 인간관에 대하여 먼저 고찰하기로 하자.

보나벤투라의 인간 정의는 한마디로 '신의 모상(模像)'이다. 더 구체적으로는 인간은 삼위일체의 모상이다. 그래서 삼위일체, 즉 한 분의 신(일성)이며 동시에 삼위와 같이 인간도 하나의 영혼을 지니면서(단일성) 동시에 세 능력의 삼중성을 가지고 있다는 것이다. 그 삼중성은 '기억'과 '지성'과 '의지'이다. 기억은 넓은 의미의 정신과 같고, 지성은 인간의 인식과 연관되며 의지는 지성과 함께 인간을 최고 진리와 최고선과 연결된다. 그리고 이러한 최고 진리와 최고선을 갈망하는 '희구하는 인간'5)이다. 이러한 인간은 『세계 창조에 관하여』(De creatura mundi)에서 말하는 인간은 하느님의 능력을 가지고 있는 존재, 즉 'Capax Dei'이고 또한 신의 모상인 인간은 신과 신비적 일치를, 즉 은총을 통하여 神化될 수 있는 "deiformis"이다.6) 따라서 보나벤투라에게 있어 인간은 신에게로 나아가는 가능성을 지닌 존재인 것이다.

---

3) 정의채, 김규영, 앞의 책, p.208 참조.
4) 유비에 관해서는 Ⅰ.Sent., d.3과 Ⅱ.Sent., d.16. 그리고 Brev., p.Ⅱ, c.12를 보라.
5) H.F.T. p.54.
6) 행운, p.37.

다른 한편, 보나벤투라의 작품에서 보면 인간은 아리스토텔레스의 철학에 입각하여 '이성적[7]이고 사멸하는 동물'[8] 그리고 '질료인 육체와 형상인 영혼',[9] '우주의 목적'(Brevil., p.2, c.1, n.2.), '소우주'(Itin. c.2. n.3) 그리고 늘 요구하면서도 결코 도달하지 못한 어떤 종합에 이르고자 하는 '나그네 인간(homo viatore)', '죄 짓는 인간', '지극히 합당한 존재'(Ⅱ Sentet., d.14, a.2, q.3, res.), '우주의 걸작품'(Brevil., p.2, c.12) 등등으로 나타나고 있다. 사실상 오늘날까지 인간의 본질을 아리스토텔레스적 정의, 즉 '이성적 동물'로 여겨 오지만, 과연 그것을 이성에서만 찾으려 하는 견해가 타당한가는 논의의 여지가 많다. 특히 이성보다 의지를 강조하는 주의론자인 보나벤투라에게 있어서 인간이 이성 또는 지성의 소유자를 떠나서 '인간이란 무엇이냐?'가 신의 문제와 더불어 그의 철학의 핵심이었다. 보나벤투라는 지성이 더 나아가지 못하는 곳에 인간의 의지가 있음을 강조하였다. 따라서 보나벤투라에게 있어 인간의 본질은 지성과 의지이다. 그의 이러한 인간관은 중세 소우주(minor mundus)[10]의 사상을

---

7) 일반적으로, 인간 이성은 세 가지 기능―지성(Intelletus)과 의지(Voluntas)와 정서(Affectus)―으로 분석된다. 그리고 이성의 3가지 기능을 종합해 보면 인간은 진, 선, 미를 추구하는 기능을 일차적 기능으로 삼고 있으며 이 진선미의 개념은 자연적인 일차세계에서는 없는, 즉 물질적인 것이 아니기에 이를 추구하는 인간은 '초월적인 존재'라고도 한다.

8) Ⅰ Sent., d.25, a.1, q.2. concl.

9) Ⅲ Sent., d.5, a.2, q.1, concl.

10) 보나벤투라는 중세 소우주(minor mundus)의 사상을 집대성하였다. 이 사상은 의심할 여지없이 그의 사상체계에 대한 핵심적인 열쇠와 같다. 그런데 그의 사상은 전체적으로 보아서, 계시적 힘을 나타내는 환원적 구도이다. 이러한 소우주에 대한 철학을 당시 R. Grosseteste도 갖고 있었다. 그리고 동양의 현자(손진인)들에게 있어서도 인간은 우주의 근원(太極)의 한 작용(陰陽)에서 생긴 소우주라고 오래전부터 믿어 왔다. 보나벤투라의 소우주 사상에 대해서는 James McEvoy, *The Philosofhy of Robert Grosseteste*, p.370, p.380, p.401을 참조하라.

집대성하였을 뿐만 아니라, 상기에서 볼 수 있듯이 인간에 대한 정의를 숱하게 내리고 있다.

이제 보나벤투라의 인간관을 좀 더 이해하기 위해서 그가 말하는 '정신'이라는 라틴어 'Mens'의 고찰이 필요하다. 왜냐하면 우리가 이 장에서 다룰 '신 존재 증명'과 작품 『하느님께 나아가는 정신의 여정』 (*Itinerarium mentis in Deum*)을 다루기 전에 이 'Mens'라는 단어의 정확한 의미를 파악해야 하기 때문이다.

보나벤투라에 의하면, 우리 영혼(anima)에는 네 가지의 능력 — 성장능력, 감각능력, 지성과 의지 — 이 있다고 보면서 그는 영혼(anima)의 여러 가지 측면을 구별하고 있는데, 지성이나 정신이 주의를 기울이는 그 대상을 따라서 그리고 그것들이 향하는 방법에 따라서 여러 측면으로 구별하고 있다. 즉 이성(ratio), 지성(intellectus), 예지(intellegentia), 정신의 절정(apex mentis) 또는 양심의 불꽃(synderesis scintilla)이다. 이 모두를 영혼의 서로 다른 능력으로 보는 것이 아니라 감각적 피조물로부터 하느님에게로 올라갈 때의 그 영혼의 다른 작용의 표시이다.

그러나 정신(Mens)이 상승하는 단계들에 대해서는 보나벤투라는 철학자의 면보다는 신비가의 면이 많지만 이런 단계들은 보나벤투라가 이해하고 있는 철학과 연관성이 있다. 그것은 보나벤투라에게 있어서는 지성이 더 나아갈 수 없는 곳에서 정서적 사랑의 절정(apex affectus)을 말하고 있기 때문이며, 의지는 인간 영혼이 지니고 있는 하나의 능력이고 의지의 정서적 사랑은 지성을 능가하기 때문이다. 우리의 관심사는 보나벤투라가 말하는 바로 이 '정신(mens)'[11]이다. 영혼 혹은 정신으로 번역된 'Mens'의 의미는 사전적 의미로는 중요한 개념은

---

11) mens, (f); 精神, 意向, 理智, 趣味, 意見, 計劃, 마음, 情緖, 勇氣, 良心.

두 가지이다. 즉 첫째로 정신은 '내적 감각(sens interiore)'이고 둘째로 정신은 '영혼원리의 혹은 정신의 최상 능력'이다. 여기서 우리말에 영혼(靈魂), 혼(魂), 영(靈), 신(精神)이란 단어는 라틴어에서는 'animus, anima, spiritus, mens'로 나타나는데, 이 단어들에 대해 혼선을 미연에 방지하기 위하여 이들 순서에 따라 분석해 보기로 하자.

1) Animus: 우리가 끈질기게 알고자 하는 것은 영혼(animus)이다. 이 용어는 anima(혼)와 다르며 동물의 anima가 아닌, 인간의 영혼을 지칭한 말이다. 우리 육체뿐만 아니라, 정신 본질에 중추가 되는 것이다. 이는 지적이며 이성적인 앎의 원천일 뿐 아니라 추억, 상상한 것을 재연시키는 심성 작용의 본산이다. 감각적 기억, 추리에 능한 이성을 지닌 animus는 영혼의 상위 기능으로 불사불멸체이다.

2) Anima: 혼(anima)은 생명의 중추를 말하는데 식물에는 anima가 있다고 하지 않고(의식이 없다는 이유로), 동물과 인간에게 공통적으로 anima가 있다고 한다. 생명의 중추로서의 혼은 인간의 육체에 생기를 주고, 동시에 인간에게 영원한 진리를 직감적으로 파악하고 추리하게 한다. 우리말에는 이 단어를 '마음', '넋', '정신', '혼'[12]이라 부를 수 있으나 모두 적합지 않다.

3) Spiritus: 이 말은 정의되기가 어렵다. 멘스와 같은 개념이다. '모든 mens는 spiritus이나 그렇다고 모든 spiritus가 mens인 것은 아니다.' 이는 하느님을 지칭, 영혼의 상위적 활동·생활을 지칭하는 바람, 숨

---

12) 도올 김용옥, 『노자와 21세기』(下), 통나무, 1999, pp.98-101 참조. 김용옥은 우리 몸을 혼백으로 나누어 2개의 도표로 설명하고 있는데, 이 도표는 그의 것을 하나로 묶은 것이다.

| 偉(immune system) | 하늘 / 覆 | 魂 [넋], 氣 | 神 |
| 營(nutritional mechanism) | 땅 / 載 | 魄 [넋], 血 | 精 |

결 같은 물질 현상도 지칭한다. 삼분법에 따르면 심령(지성), 영혼(영성), 육체(육체성) 가운데 감성층(육체성)보다는 상위에 있으나, 심령(지성)보다는 하위인 중간층에 걸려 있다. 육체보다는 단순하나, 단순하지 않은 무성성(multiplici)이 있다. 혼은 하느님의 일부는 아니다.

4) Mens: 멘스는 인간에게 내재하는 하느님의 모상(imago Dei)으로서 분석된다. Mens를 animus와 동일시하되 약간의 뉘앙스를 가미하면 '하느님의 모습'이 있다고 본다. 이것은 영의 上層部인 '영혼의 영혼', '가장 갈고 닦인 영혼 부분'으로서 신을 인식할 수 있는 능력 때문에 영의 優位部이다. Mens는 神에게까지 上昇할 수 있는 情神이며, 영원한 진리의 觀想이 가능하며 直觀이 가능하다. 영원한 진리를 직관하고 추리와 상상과 느낌을 가지고 육체에까지 생기를 준다. 따라서 Mens는 결과적으로 anima가 아니며, animus의 최상 부분이다."(De trini, XV. VII, II.) Mens는 신비가들이 '영혼의 영혼', '가장 갈고 닦인 영혼 부분'이라고 부르는 것과 상통한다. 극히 드문 예외는 있으나 아우구스티누스는 삼위일체적 구조와 신을 인식할 수 있는 능력을 가졌다는 이중적 이유 때문에, 바로 이 mens 안에 '하느님의 모상'이 있다고 보고 있다. 또한 Animus와 Mens는 서로 동의어가 된다. 멘스는 하느님에게까지, 그리고 영원한 진리의 관상에까지 스스로를 올릴 수 있는 정신, 그리고 직감에 능한 정신으로 지칭한 것 같다. 아우구스티누스는 멘스에서 영혼의 일치성을 확언하고 있다.[13]

이상에서 우리는 보나벤투라가 『하느님께 나아가는 정신의 여정』에서 말하는 '정신(mens)'의 의미를 통하여 그의 인간관을 분명히 알 수 있다. 한마디로 '신의 모상으로서의 인간'은 '신을 이해할 수 있

---

13) 조정옥, 『聖 아오스딩에 의한 人間 및 하느님』, 효성여자대학교, 1989, pp.572-590 참조.

는 인간'이라는 것이다. 이제 '이성적 인간'의 관점에서 신 존재의 논증과, 다른 한편은 아우구스티누스적인 영원한 진리의 관상까지 오를 수 있는 인간 정신(mens)의 관점에서는 관조를 통하여 신 존재를 살펴보기로 하자.

1. 이성적 방법을 통한 신 존재 증명

전통적인 신 존재 증명은 '그것보다 더 커다란 것은 생각할 수 없는 것'에 대한 인식으로부터 신 존재 증명을 해 나가는 안셀무스(Anselmus, 1033-1109)의 존재론적 혹은 본체론적 논증(Argumentum Ontologi-cum)[14]에서 시작한다. 보나벤투라는 신 존재 논증에 있어서 아우구스티누스의 계시론에 영향을 받은 안셀무스의 뒤를 따랐다 하여 '성 안셀무스의 충실한 제자'[15]라고 불린다.

그러나 보나벤투라는 '오직 이성만으로' 문제를 다루는 안셀무스의 계획 자체는 받아들이지 않았고, 논리적이라기보다 인식론적 측면에서 신의 존재 증명을 시도했다. 그래서 보나벤투라의 증명들이 체계적으로 다듬어져 있지 않은 것으로 생각할 수 있다. 그러나 그렇게 보이는 이유는 그의 변증법적 무능력함으로 인한 것이 아니라 신 존재

---

14) 이 논증은 사유 속에 존재하는 것은 참으로 존재한다는 것이다. 이는 마치 예술가의 관념에서 구상한 것이 실재 작품으로 나타나듯이 관념과 실재는 일치한다는 증명이다.
15) 켄터베리의 안셀무스, 『모놀로기온과 플로슬로기온』(*Monologion & Proslogion*), 박승찬 역, 대우고전총서, 아카넷, 2002, p.368.

가 인간 영혼에 아주 명백하다는 그의 확신에 의한 것이며, 그에게 있어서는 신을 발견하기 위해 오직 순수한 마음과 성실한 정신만이 요청[16]되었기 때문이다. 즉 그러한 비침은 이성을 통한 신 존재 증명과 그리스도교 철학자로서 확신에 찬 신앙의 눈으로 본 신에 대한 전 이해(前 理解) 사이에서 발생되는 충돌 때문일 것이다.

여기서 잠시 신앙과 이성을 언급하기로 하자. 철학사에서 자주 대두되는 이성과 신앙 혹은 이성과 계시 사이에 더 나아가서는 철학과 신학의 괴리이다. 사실 일반적으로 생각하는 바와 같이 보나벤투라는 철학과 신학 사이에 엄격한 구별을 짓기보다는 하나의 그리스도교적 예지 가운데 신학적 주제와 철학적 주제를 같이 생각[17]했다고 하지만, 질송에 의하면 보나벤투라는 신학과 철학을 구분하고 신앙과 이성을 엄연히 구분하고 있으면 신앙과 이성의 두 가지를 혼돈하지 않는다는 것이다. 순수 신앙은 계시(啓示)가 가르치는 것의 단순한 연결이다. 계시는 계시의 내용을 이성적으로 정의하거나 설명하는 것이 아니라, 계시는 단지 우리가 무엇을 해야 되고 해선 안 되는 것을 이야기해 줌으로써 구원을 확신한다. 그래서 계시는 명령법으로 나타난다. 즉 계시는 지성의 반성에 의한 것보다는 의지에 의한 것이다. 즉 순수 신앙은 논리적 틀을 가지지 않는다. 그러나 신앙이 믿고 있는 것에 대하여 왜 그것을 믿는가에 대한 이유를 설명하고자 한다. 이러한 경향은 신앙 안에 내재되어 있는 신앙의 첫 번째 근거이다. 따라서 신학에서 따르는 순서는 신이 제일 먼저이고 철학은 그 반대의 순서이다. 즉 철학은 신학이 시작되는 점에서 끝난다. 즉 철학은 이성에서 출발하여 그리고 감각적 경험에서 시작하여 궁

---

16) 프란치스칸, p.149 참조.
17) F. C. 코플스톤, 앞의 책, p.320 참조.

극적 존재(신)에서 임무를 다하지만 신학은 신적 계시로부터 시작하는 까닭에 그것은 제일원인자로부터 시작한다. 그것은 마치도 지식의 순서가 존재의 순서와 같은 것이다.[18)]

질송에 의하면, 보나벤투라에게 있어 철학은 엄밀하게 말해서 오직 이성만을 수단으로 하는 사물에 대한 지식이며 그 특징은 '확실성에 대한 탐구'라고 한다. 그러나 신앙이 추구하는 확실성과 이성에 의한 확실성이 다르며, 신앙의 확실성은 모든 것 중에 가장 강력한 확실성을 지닌다.[19)] 그러므로 보나벤투라는 신의 증명을 할 때 '오직 이성만으로'라기보다는 영혼의 자기 경험에 있어서 선천적인 직관적 인식을 더 즐겨 사용했다.[20)]

보나벤투라는 신이 존재하는 것을 증명해 주는 세 가지 방법이 있다고 주장하고 있다. 첫 번째 방법은 하느님의 존재가 이성적 영혼 안에 내재해 있는 진리(본유관념)라는 것에 기초하고 있다. 두 번째 방법은 사물들로부터, 즉 결과에서 원인으로 추론하는 인과율에 기초한다. 마지막으로 '하느님의 존재는 의심할 수 없다.'라는 자명성의 원리에 기초하고 있다. 이 세 가지 방법들에 대해 하나씩 고찰해 보자.

1) 첫 번째 방법: 본유관념

보나벤투라는 플라톤의 본유적 이데아 개념에 기초한 아우구스티누스 전통에 충실하다. 따라서 그에게 있어 본유관념(本有觀念)[21)]은 그

---

18) E. Gilson, *The Philosophy of St. Bonaventure*, St. Anthony Guild Press, (Paterson. N. J.), 1965, p.83.
19) ibid. pp.81-82 참조.
20) 참조: 정의채 · 김규영, 『중세철학사』, p.207 참조.

의 세 가지 논증과도 관련되는 중추적인 것으로 첫자리를 차지한다. 또한 그는 신 존재의 증거로서 성 안셀무스의 존재론을 따르면서 성서의 계시로부터 알려진 신에 대한 개념은 우리 '이성적 정신(mens rationalis)' 안에 새겨진(inserta), 즉 본성적으로 각인(impressum)된 것으로 생각한다. 그러나 보나벤투라의 이 첫째 방법은 이성보다 교부들의 권위[22]로 드러내고 있다. 이에 관해서 그는 아래와 같이 아우구스티누스를 비롯하여 교부 다마세누스(Damascenus)와 빅톨 후고(Hugo) 그리고 보에씨우스(Boethius)의 말을 인용하고 있다. 다마세누스: 신 존재의 인식은 우리에게 본성적으로 알려진다(Cognitio existendi Deum naturaliter nobis inserta est).

빅톨 후고: 신은 이처럼 인간 안에 자신의 인식을 새겼다(Deus sic notitiamsuam in homine temperavit). 보에씨우스: 참된 선과 욕구는 인간 정신에 각인 된다(Inserta mentibus hominum veri bonique cupiditas). 아우구스티누스: 신 존재는 본성적으로 인간의 정신에 각인된다 (Illud(Deumesse) naturaliter insertum est menti humanae).[23]

---

21) Itin., c.3, n.1과 n.2에 본유론을 보여주는 명백한 예가 있다. 오늘날 우리가 생각하는 개념의 기억보다 훨씬 폭넓은 그의 기억은 삼중적 의미를 지니고 있는데, 첫째로 그것은 감관적이고 과거적인 표상을 받아들여 보존하고(감관에 따르고), 둘째로 기억은 감관적 종류이거나 지성적 종류이거나 이전의 형상을 보존한다(지성과 의지에 따르고). 셋째로 그것은 시간의 차이를 고려하지 않고 형상을(기억은 선행하고 신에 상응한다.), 기억의 활동이 保存과 再現그리고 先行 강조한다.(3, 2) 보나벤투라에 의하면 기억은 인간의 완전한 의식이며 과거와 현재와 미래를 보존했다가 영혼에 제시한다. 그러므로 기억은 모든 인식의 원인이고, 영혼의 가장 중요한 제일의 능력이다.(여정. p.123 - 125 참조.)

22) Bonaventura, *De myst. Trinit.*, q.1, a.1; Ⅴ.45: "Circa igitur primam viam sic proceditur, et ostenditur tam autoritatibus quam rationibus quod Deum esse sit omnibus mentibus rationalibus impressum"

23) ibid. q.1, a.1; Ⅴ.45.

이렇게 이성보다는 권위를 먼저 내세운 후, 보나벤투라는 하느님의 존재에 대한 지식이 생득적이라는 이유를 이성적 영혼의 본질이 하느님의 모상(imago Dei)이기 때문이라고 같은 책의 결론에서 언급하고 있다.[24] 그리고 또 하나의 이유를 보나벤투라는 보에씨우스의 표현—inserta mentibus hominum veri bonique cupiditas—처럼 이성적 정신과 신 존재에 대한 인식 가능성의 고찰에서 찾고 있다. 즉 이 첫 번째 논증을 인간학적 논증 혹은 본성적 논증이라고도 하는데 신의 존재는 인간학적으로 볼 때 확실하다는 것이다. 인간은 본질적으로 최고의 진리, 최상의 선, 최상의 행복을 갈망하는데, 그것 자체가 신의 존재를 요청하고 있다는 것이다. 인간의 이러한 욕구들은 일시적인 것이 아니라 항속적이며, 인간의 유한성으로 인해 채워지지 않기 때문에 이 욕구(眞, 善, 美)의 근원으로서 신이 요청된다는 것이다. 인간의 신 존재에 대한 요청과 갈망은 외부적으로 가르침을 받아서 아는 것이 아니라 본성적으로 아는 것, 즉 본유적 혹은 생득적 인식(inserta est)이다.[25] 즉 이러한 진·선·미를 무한히 '욕구하는 인간'의 이러한 인간학적 모습은 구체적 대상에 대한 관념 내지는 인식을 전제조건으로 하기 때문에 모든 이성적 영혼에 불변하고 영원한 존재에 대한 인식은 생득적일 수밖에 없다고 주장하고 있다.[26] 그러므로 영혼(Anima)은 자신에게 현존하며 그 자체로 인식 가능하다.[27] 따라서 영혼은 자신을 인식할 수 있는 것과 마찬가지로 영혼 안에 현존

---

24) ibid., Ⅴ.49: "……Innata est menti rationalis in quantum tenet rationem imaginis, ratione cujus insertus est sibi naturalis appetitus et notitia et memoria illus ad cujus imaginem facta est"
25) Kenan B. Osborne, The history of Franciscan theology, St. Bonaventure, New York, 1994, p.54 참조.
26) De myst. Trinit., q.1, a.1; Ⅴ.46, n.8.
27) "anima sibi praesens est et se ipsa cognoscibilis."

하는 신을 인식할 수 있다는 것이다.[28] 결국 보나벤투라의 첫 번째 방법은 신의 존재가 이성적 영혼 안에 내재해 있는 진리라는 것에 기초한 본성적 논증으로 신의 존재에 대한 지식은 본유관념인데, 그것은 이성적 영혼의 바로 그 본질이 신의 모상을 닮고 있다는 것이다. 이러한 그의 첫 번째 신 논증은 아우구스티누스의 신 논증처럼 학문적인 관점에서의 논증이라기보다 어떻게 정신이 살아 있는 신을 느낄 수 있는가에 대한 자신의 내면세계로 눈을 돌린 논증과 흡사하다고 생각할 수 있다.

여기서 잠시 보나벤투라의 '본유관념'에 대한 토마스의 견해를 페이(T. A. Fay)에 의거하여 잠시 살펴보고 두 번째 논증으로 넘어가자. 앞서 인식론에서 보나벤투라와 토마스 아퀴나스 양자 간에 근본적이고 화해 불가능할 정도의 평행선을 달리고 있는 것을 보았지만, 신 존재 문제에 관해서는 그리스도교 철학자요, 교회 교부로서 서로 다른 관점에서 그 문제에 접근했을 뿐 실제로는 의견의 일치를 보고 있는 것이 아닌가라는 반대 의견 속에서 양자의 입장이 일치하는가를 살펴보려는 것이다. 그것은 5장에서 본바와 같이 토마스 아퀴나스와 보나벤투라가 저변에 불가역적으로 이루어진 인식론적 결정들 때문에, 화해 불가능할 정도로 평행선을 유지하였기 때문이다. 그러나 존재의 문제에 있어서 보나벤투라는 본유관념을 내세워 '신은 첫째로 알려지는 것(primum cognitum)'이라 하고, 토마스도 '존재는 가장 보편적 개념'이며 '첫째로 알려지는 것'이라고 말한 것을 보면 어떤 접합점을 가진다고 볼 수도 있다. 그렇다면 적어도 신의 존재 문제

---

28) ibid., V.46, n.10: item, inserta est animae nationali notitia sui, eo quod animasibi praesens est et se ipsa cognoscibilis; sed Deus praesentissimus est ipsi animae et se ipso cognoscibilis: ergo inserts est ipsi animae notitia Dei sui.

에 있어서는 본유관념이 양자 간의 상이점보다는 일치점에 더 접근한다. 여기서 대하여 T. A. Fay의 주장을 세 가지로 축약해서 본다.

1) 양자 간의 반대 입장의 증거로서 자주 인용되는 질문—'Utrum Deum esse sit per se notum' — 하느님의 존재가 자명하다는 점을 부인하는데 있어 토마스는 적어도 은밀하게 하느님의 존재가 가장 명백하며 실상 의심할 바 없다는 점을 사실상 확인시켜 주었던 보나벤투라의 입장을 공격하고 있지 않다. 여기서 우리는 하느님의 존재가 하나의 그 자체로서 가장 명백한 진리이고 또한 의심할 수 없는 진리라고 말하는 것과 그것이 자명한 명제이고 또한 그렇기 때문에 예시될 수 없다고 말하는 것과는 별도의 문제라는 것은 조심스레 지적해야 한다. 보나벤투라는 전자를 사실 확인했을 따름이지, 결코 신의 존재가 자명하다거나 예시 불가능하다고 가르치지는 않았다. 이러한 의미에서 보면 양자가 근본적 차이가 있다는 근거가 되지 않는다.

2) 보나벤투라가 하느님의 존재에 관한 지식은 창조물 안에서 이성적 영혼이 타고난다는 입장(innata, inpressum, inserta, ect.), 즉 본유관념(생득적 혹은 생래적 관념)을 견지하는 이유로, 토마스와 아퀴나스의 입장과 자주 모순된다고 주장한다. 여기서, 많은 부분은 토마스 아퀴나스가 어떤 식으로 해석할 준비가 되어 있는가에 달려 있는 것으로 보인다. 만약 혹자가 인간 지성은 일종의 로크적인 백지 위임장(tabula rasa)이라는 입장을 그가 취한다면, 그렇다면 당연히 그 답변은 긍정적이 될 것이다. 그러나 반론을 펴는 반대 입장을 주장하는 이들도 있는데 (마레샬, Marechal 같은) 토마스의 『이교도 대전』(Summa contra geltiles) 제3권 38쪽에서 — 'naturalii ratione statim homo in aliquem Dei cognitionem pervenire potest' — 만약 하느님에 관한 지식이 즉자적인 것이라면, 그것은 인간의 본성과 더불어 인간의 본성에 의해

주어지는 것으로 보인다. 더 나아가서 요한 다마세누스의 유명한 구절,— 'Nemo quippe mortalium est, cui non hoc ad eo naturaliter institutum est, ut Deum esse cognoscat' — 즉 모든 사멸하는 것은 하느님의 존재하심에 대한 지식을 타고난다고 단언한다. 에티엔느 질송은 보나벤투라가 이들 어구들을 강한 의미로 해석한 반면에 토마스에게 있어서는 이들 어구는 단지 그림으로서 우리가 하느님의 지식을 습득하게 될지도 모른다는 것을 의미할 뿐이라고 주장한다. 그러나 『신학대전』(Sum. Theo., 1.q.2, a.1, ad1)에서는 그렇지 않다. 즉 토마스는 우리의 하느님에 대한 타고난 지식과 관련하여 요한 다마세누스가 한 진술의 의미가 인간의 행복 추구로부터 이해될 수 있다는 점을 주장한다. 더욱이 우리가 토마스의 이 구절을 인간이 하느님을 그의 아름다움[29]의 최종적 원천으로 탐구한다면 반드시 가져야만 하는 하느님의 존재하심에 타고난 자연적 지식과 관련해 보나벤투라의 본유관념과 비교해 보면, 토마스가 다마세누스의 언급을 인간이 하느님을 인식할 수 있는 힘을 가지고 있다는 것만을 의미하는 것으로 이해했다는 에티엔느 질송의 입장은 결코 지지될 수 없는 것이며, 오히려 상이함보다는 두 위대한 학자의 밀접성을 보면서 양자가 이 문제에 대하여 매우 비슷한 것들을 말하고 있다는 결론을 내리도록 강요하는 듯하다.

3) 끝으로 지적할 점은 보나벤투라의 저서 『하느님께 나아가는 정신의 여정』 5장에서 조우하게 되는 어려움과 관련된다. 이 부분에서 보나벤투라가 최초로 알려진 그리고 그 밖에 가능한 모든 것들에 관한 지식을 만들어 내는 존재가 다름 아닌 하느님임을 말하고 있는

---

29) 토마스는 美에 대하여 "바라보기만 해도 기분이 흐뭇해지는 그것이 아름다운 것"이라고 하였다.

것인가? 이해를 통하여 파악되는 것이 하느님의 존재하심이라기보다는 오히려 우리가 결단의 과정을 통하여 그것에 도달하게 되는 것이 바로 하느님의 존재인 것이다. 즉 창조물은 원인과 근원으로의 복귀(환원)를 위한 결단을 하지 않는 한 근본적인 존재의 우연성 안에서는 창조물로서 가지는 현존재의 의미를 완전하게 이해할 수 없다. 그와 같은 결단을 내리기 위해서는 신적 존재(esse divinum)가 필요하다. 이러한 의미에서 우리는 실상 신에 관한 '타고난 지식'을 가져야만 하는 것이다. 그러나 여기서 보나벤투라를 우리가 잘못 이해하는 것을 경계해야 하는데, 왜냐하면 알려진 지식 있는 자들이 여타 다른 모든 것을 보는 수단이 되는 빛인 esse divinum은 lumen quod(구체적인 존재로의 빛), 곧 이해를 통하여 보이거나 파악되는 대상이 아니라 lumen quo(추상적 본질로서의 빛),[30] 곧 그것으로써 우리가 여타의 모든 것들, 곧 창조물을 창조물로서, 우리 자신을 하느님의 모상으로서 그리고 하느님 자신을 우리 존재의 제1원인으로서 그리고 아름다움의 궁극적 원천으로서 보고 이해하는 수단이 되는 것이다. 토마스도 인간 지식의 lumen quo로서 divinum의 필요성을 강조하는 데 있어 그와 동의할 수 있는가 하는 물음에 긍정적으로 대답할 수 있다. 「진리에 관하여」(De Veritate, q.11, a.1)에 있는 인간이 스승이라고 적절하게 호칭될 수 있는가 아니면 하느님만이 그렇게 호칭될 수 있는가의 물음에서 토마스는 이 항에서의 핵심이 되는 결론에서 하느님이 인간에게 주신 이성의 빛은, 어떤 의미에서는 신성한 진리와 관련한 유사한 것이라고 언급한다. 결과적으로 인간의 학습은

---

30) 이재룡 교수에 의하면, 'lumen quo', 'lumen quod'은, 전자는 인식의 원리 또는 출발점으로서의 빛을 표시하기 위해서 사용되고, 후자는 인식의 대상 또는 '목적'으로서의 빛을 지칭할 때 사용되는 표현일 것이라 한다.

궁극적으로는 곧 하느님이신 신적 빛과 우리를 내적으로 가르치시는 분인 하느님에게서 그 작용을 갖는다. 그래서 토마스도 유사하게 언급[31]하고 있다.[32]

이상 T. A. Fay의 세 가지 주장을 종합해 보면 두 철학자가 본유관념에 대해서는 서로 반대의 입장을 주장했다기보다는 신 존재 문제를 통해서 토마스는 보나벤투라를 묵시적으로 긍정하였다는 것이다. 그것은 보나벤투라의 신 논증에서 첫째로 알려지는 것(primum cognitum)이 신이라면, 토마스 아퀴나스도 존재는 가장 보편적 개념이며 첫째로 알려지는 것이라고 유사하게 언급하고 있기 때문이다.

2) 두 번째 방법: 인과율

보나벤투라가 취한 두 번째 방법[33]은 사물들로부터 나오는, 즉 결과에서 원인으로 추론되는 인과성(causalitas)의 원리이다. 신이 실재로

---

31) "Hujus modi autem rationis lumen, quo principia hujusmodi sunt nobis nota, est nobis a Deo inditum, quasi quaedam similitudo increatae veritatis in nobis resultantis. Unde, cum omnis d.humanna efficaciam habere non possit nisi ex virtute illius luminis; constat quod solus Deus est qui interius et principaliter docet, sicut natura interiusetiam principaliter sanat." (De Veritate, q.11, a.1)

32) Thomas A. Fay, 'Bonaventure on the existence of God the relation of his thought to Thomas Aquinas' in: 『San Bonaventura Maestro di vita Francescana e di Sapienza Cristiana』 vol. Ⅱ, pp.145－152.

33) "Item ostenditur hoc ipsum secunda via sic: omne verum, quod clamat omnis creatura, est verum indubitabile: sed Deum esse clamat omnis creatura: est quod autem creatura clamat Deum esse, ostenditur ex decem conditionibus et suppotionibus per se nota"

사물들의 원인이라면, 우리는 신의 결과인 피조물을 통해 신 존재를 인식할 수 있다는, 즉 피조물에서부터 신의 논증 방법을 취하고 있다. 『하느님께 나아가는 정신의 여정』에서 잘 밝히고 있듯이 그는 피조물을 '신의 서책(書冊)'이며 '신의 흔적' 그리고 '신에게 오르는 사다리'로 표현한다. 따라서 모든 사물은 신의 존재를 선포하는 것이나 다름없다는 것이다.

그렇다면 보나벤투라의 관점에서는 사물들은 창조주가 사전 감각의 빛을 그들로부터 비추어지도록 하는 일종의 투명한 성격을 갖는다. 그러나 피조물들이 그들의 창조주를 선언한다 할지라도, 우주에는 하나의 위계적 질서가 있으며, 이러한 연유에서 신적 빛의 참여에 따라 그 정도가 다를 수 있다. 그의 저서에서 언급되듯이 피조물 가운데 몇몇은 '신의 흔적'이요, 또 몇몇은 '신의 모상'이다. 따라서 그것이 인간에게 외부적인 것, 즉 신의 흔적(vestigia Dei)이라고 할지라도 가시적, 감각세계에 대한 상상을 통해, 또한 자기 자신의 영혼 속으로 들어가 그 안에서 신의 모상(imago Dei)이 있음을 볼 때, 인간은 사물들을 통하여 하느님의 존재하심을 아는 존재로 거듭나게 된다. 결국 신의 개념은, 그러한 생각으로 만들어지는 것이 아니라 영혼이 하느님을 발견하게끔 이끌린다는 것이다. 그러므로 그는 이 두 번째 논증을 통해서 '피조물이 어떻게 신의 존재를 드러내고 있는가?'를 제시하고 있다.

보나벤투라의 Text에 근거하면 모든 피조물은 신의 존재를 선포하고, 여러 가지 경우를 논한다. 『육일간의 창조 작업집』에서 보나벤투라는 "원인은 그의 결과보다 더 귀하다(causa nobilior suo effetu)."[34]고 말하면서 아리스토텔레스가 말한 '부동의 원동자' 개념을 사용하

---

34) in Hexaem. c.5, 29, V.5, p.358, n.26.

여 궁극의 존재에 관한 아리스토텔레스적 증명을 차용한다. 즉 움직이는 것은 부동적인 것으로 환원된다. 이와 같이 결과에서 원인을 이끌어 내는 아리스토텔레스적 증명을 보나벤투라는 아래와 같이 서술한다.

1. 만들어진 존재가 있다면 제일의 존재(primum esse)가 존재하지 않으면 안 된다. 왜냐하면 결과에 대한 원인이 있지 않으면 안 되기 때문이다.

2. 같은 방법으로, 타에 의한 존재자(ens ab alio)가 있다면 자존하는 존재자(ens a se)가 있지 않으면 안 된다.

3. 합성된 존재자(ens compositum)가 있으면 합성되지 않은 존재, 즉 단순 존재(esse simplex)가 필요하다.

4. 만일 혼합된 존재자(ens permixtum)가 있으면 순수한 존재(esse ens purum)가 필요하다.

5. 만일 변화하는 존재자(ens variatum)가 있다면 고정된 불변의 존재(esse fixum)가 있어야 한다. 왜냐하면 움직이는 것은 움직이지 않는 것으로 인도되기 때문이다(si est ens secundum se variatum, necesse est, quia mobile reducitur immobile).[35]

위의 라틴 문장 구성 — si, A, necessaria est, B. quia…… — 을 보면 조건문으로 전건과 후건으로 '만일 A이면 B가 필요하다. 왜냐하면…… 때문이다.'라는 가언 추리를 통해 신의 존재 증명을 이끌어

---

35) Bonaventura, in Hexaem., C.5, 29, V.5. p.358. n.29. 이재룡 교수의 견해에 따랐다.
'esse', 'ens(有)'는 학자들마다 견해의 차이가 있지만 前者는 일반적으로 '존재'로 後者는 '존재자'로 번역했다. 학자에 따라 강조점이 달라서 'exsitence' 두는 학자들은 'esse', 'existence'는 '실존'으로, 'ens(being(英))'는 '존재'로 번역되기도 한다.

낸다. 이와 같이 보나벤투라는 인과성의 원리에 입각하여, 우리가 경험하는 존재들의 개별성과 한계성을 인식하는 동시에 우리 인식은 제1존재를 인식함에 있어서 자체 내 일련의 빛을 가짐은 필수적이라고 주장한다. 즉 모든 인식은 먼저 존재하는 인식으로부터 생겨나는 것이다. 그리고 이와 같은 방법으로 『삼위일체의 신비에 대한 토론 문제』 1장과 『하느님께 나아가는 정신의 여정』 3장 3항에서도 보나벤투라는 10가지의 인과율에 따라 아래와 같이 논증을 하고 있는데, 아베로에스의 "결여와 결합은 단지 긍정적 존재를 통해서만 인식될 수 있다."36)라는 원칙을 이끌어 내어 설명한다.

1. 첫 번째는 이것인데, 만일 후의 존재자(ens postrius)가 있다면 선행 존재자(ens prius)가 있다. 왜냐하면 후의 존재자는 더 선재(先在)하는 것이 없으면 안 된다.

2. 만일 他에 의한 존재자(ens ab alio)가 있다면, 他에 의하지 않는 절대적 존재자(ens non ab alio)가 있지 않으면 안 된다. 왜냐하면 타에 의한 존재자들 중, 그 어떠한 것도 자기 스스로의 힘으로 존재하지 않음의 상태에로 이행할 수 없기에 궁극적으로 自存하는 제일 존재가 있지 않으면 안 되기 때문이다.

3. 또한 존재할 수도 존재하지 않을 수도 있는 가능적인 존재자(ens possibile)가 있다면, 반드시 존재하지 않으면 안 되는 필연적인 존재자(ens necessarium)가 있지 않으면 안 된다. 왜냐하면 가능적인 존재자가 존재 상태로 있게 되는 것을 설명하기 위해서는 이 필연적인 존재자가 존재해야 함은 필수적이기 때문이다.

4. 만일 상대적 존재자(ens respectivum)가 있다면 절대적 존재자(ens absolutum)가 있어야 한다.

---

36) Averroes, Ⅲ de Anima, text. 25.

5. 만일 半分하는 존재 혹은 무엇에 의한 존재자(ens diminutum sive secundum quid)가 있으면 단순하게 존재자(ens simpliciter)가 있다.

6. 같은 방법으로 만일 어떤 것으로 말미암은 존재자(他存在, ens propter aliud)가 있다면, 그 자체로 말미암은 존재자(自存在, ens propter se ipsum)가 있다.

7. 만약 참여를 통한 존재자(ens per participationem)가 있다면, 본질을 통한 존재자(ens per essentiam)도 있다.

8. 만일 가능태에 있는 존재자(ens in potentia)가 있다면, 현실태에 있는 존재자(ens in actu)가 있지 않으면 안 된다. 왜냐하면 어떠한 가능태에 있는 존재자이든지 간에 그 자체로 현실태에 있는 존재자의 작용에 의하지 않고는 현실태로 옮겨 존재할 수 없기 때문이다. 궁극적으로는 어떠한 가능태도 없는 순수 현실태인 신의 존재가 있지 않을 수 없다.

9. 만일 합성(合成)된 존재자(ens compositum)가 있다면 이 존재의 근원으로서 합성되지 않은 단순 존재자(單純存在, ens simplex)가 있어야 한다.

10. 만일 가변적인 존재자(ens mutabile)가 있다면, 불변적인 존재자(ens immutabile)가 있지 않으면 안 된다.[37]

이상과 같이 10가지의 인과율에 따라 보나벤투라가 사용한 신 존재 증명을 위한 두 번째 방법은 결국, 모든 존재자(피조물)는 의심할 수 없는 진리를 나타내고 있다는 것을 증명하는 데 있다. 그리고 바로 이 점에 있어서 모든 사물 ― 신의 흔적, 신의 거울, 신의 서책(書冊)으로 ― 은 바로 신의 존재를 나타내고 있다는 것을 증명하거나

---

37) *De Mysterio Trinitatis*, q.1, a.1, Opera Omnia Ⅴ., pp.46 − 47, no.11 − 20.

지적하고 있다.[38] 이것을 보나벤투라는 아리스토텔레스주의에 입각하여 설명한다. 즉 아리스토텔레스가 논증하고 있듯이 운동은 자신의 원리로서 부동의 운동자를 지니고 있고, 또한 자신의 목적인 부동자를 위해 존재하는 것과 같은 방법이나 혹은 아베로에스(Averroes)의 "결여와 결합은 단지 긍정적 존재를 통해서만 인식될 수 있다."는 원칙에서 신 존재 증명을 이끌어 내었다.

그래서 보나벤투라는 아리스토텔레스주의적 방법에 따라서 반어법으로 질문을 하면서 두 번째 신 논증을 확고히 한다. "우리의 지성은 가장 순수하고 가장 현실적이고 가장 완전하고 절대적 존재를 통찰함으로써 뒷받침될 때에만 이것에 도달할 수 있다. 그것은 순전한 존재요, 영원한 존재이다. 그 안에 모든 존재자들의 순수한 근거들이 들어 있다. 이성이 만일 아무런 결여도 없는 존재에 대한 지식을 가지고 있지 못하다면, 어떻게 이것이 결핍적이고 미완결적 존재임을 알 수 있을까?"[39] 이와 같이 보나벤투라는 인과성의 원리에 입각하여 모든 인식은 '先在하는 인식으로부터(ex praeexistendi cognitione)' 생겨날 수밖에 없다는 것을 위의 열거들을 통하여 증명하였다. 따라서 신의 존재는 단순히 인간의 관념 안에서만 존재하는 것이 아니라, 궁극적인 원인인 동시에 순수 현실태로서의 제1존재가 존재해야 함이 필연적인 것처럼 실재로도 존재함은 필연적이다. 그러므로 '신이 존재한다.'는 것은 의심할 여지 없는 참이며, 이는 필연적이다(……necesse est, quod Deum esse sit indubitabile verum).

---

38) F. C. 코플스톤, 앞의 책, p.331 참조.
39) Itin., c.3. n.3.

3) 세 번째 방법: 완전성

첫 번째 방법을 통해 우리는 신의 모상(imago Dei)으로서 우리 자신 속으로 들어가 하느님을 발견하고, 두 번째 길을 통하여 자신에게서 벗어나 신의 창조물 안에서 빛나고 있는 창조주의 빛을 생각하게 되는 마음으로 이제 세 번째 길에서 자신을 초월하여 신을 바라볼 수 있게 된다. 즉 영혼이 자신과 창조물을 넘어서 보게 되는데 그것은 창조주 신이야말로 제일원리이며, 또한 다른 여타의 모든 진리의 원천이 되는 진리 자체의 증거임을 보게 된다. 영혼(마음)은 이제 여타 모든 진리의 가능성, 조건 및 근거를 동시에 파괴하지 않고서는 신의 존재를 부정할 수 없게 된다. 신은 그 자체로 진리요, 진리의 원천이다. "비록 그 진리가 존재하지 않는다고 할지라도, 마음으로 하여금 하나의 진리만을 인정하도록 하라. 더불어 그것은 동시에 제1의 진리의 필연성을 주장한다. 왜냐하면 그와 같은 제1의 진리가 없다면 여타의 진리도 가능하지 않기 때문이며, 또한 제1의 진리는 오로지 하느님밖에 될 수 없기 때문이다. 그러므로 지식 있는 자는 가장 분명한 방식으로 진리, 곧 '하느님은 존재한다.'라는 진리의 필연성과 명백함을 보게 된다."[40]

여기서 우리는 보나벤투라가 아우구스티누스 노선에 참으로 충실하다는 것을 발견할 수 있다. 그 까닭은 이 세 번째 방법은 자신의 내면세계로 눈을 향해 존재의 확실성에 이르는 방법인 아우구스티누스의 진리 자체로부터의 논증(혹은 정신론적 논증)을 따르고 있음을 알 수 있기 때문이다. 아우구스티누스의 진리로부터의 증명[41]은 모

---

40) Sent., d.8, a.1, q.2, concl., Opera Omnia, Ⅰ p.155.
41) De Lib. arbit., 2, 12, 33: "만일 진리가 우리 정신보다 못하지도 않고

든 사람들에게 한결같이 주어져 있는 진리를 정신으로 파악하는데 보나벤투라도 이 논증을 따르고 있다. 즉 "모든 긍정적인 명제는 어떤 것을 진리라고 긍정한다. 그러나 어떤 진리에 대한 긍정은 모든 진리의 근거를 긍정하는 것이다."[42] 즉 '인간은 당나귀이다.'라고 말할지라도, 이것이 옳든 옳지 않든 간에 이 명제는 제일진리의 존재를 긍정하고 있다. 왜냐하면 반대로 부정을 한다손 치더라도 이 제일원리에 의해 부정되기 때문이다. 따라서 모든 진리가 제일진리를 통해서 알려지기에 이것(제일원리)은 신(하느님)이며, 신은 의심할 수 없다. 그러므로 진리가 존재하지 않는다는 사람은 스스로 자기 모순에 빠진다는 것을 지적한다. 왜냐하면 그 말 속에는 이미 진리를 긍정하고 있기 때문이다.[43]

이 세 번째 방법은 보나벤투라가 그의 저서 『삼위일체 신비에 관하여』(De mysterio Trinitas) 안에서 안셀무스의 『프로슬로기온』(Proslogion)에 있는 신 존재 증명에 대한 자신의 의견을 말하는 것으로 드러난다. 즉 신(Deus)은 '그것보다 더 커다란 것을 생각할 수 없는 자(quo nihil majus potest cogitari)'이다. 이는 안셀무스의 존재론적 주장으로서 신이 존재의 근원이라는 의미이다. 하지만 코플스톤은 이 세 번째 안셀무스의 증명에는 유의해야 할 점이 있음을 미리 우리에게 이렇게 지적해 준다. "보나벤투라에게 있어서 외계로부터의 논증 자체는 신에 대한 어떤 인식을 전제하고 있다는 것이다. 왜냐하면 그는 만일 정신이 완전성에 대해서 미리 알고 있는 것이 없다면, 감각적 사물은 결함이 있고 불완전하다는 것을 어떻게 알 수 있겠는가 하고 되

동등하지도 않다고 한다면, 진리는 마땅히 초월하여 뛰어나 있을 수밖에 없다."
42) I senten., 8, 1, 2, conclusio.
43) F. C. 코플스톤, 앞의 책. pp.336-337 참조.

묻고 있기 때문이다. 따라서 보나벤투라는 완전한 것의 관념을 단순히 피조물의 불완전성을 부정함으로써 얻어진 것이 아니라, 완전한 것에 대한 인간 욕구는 그것에 대한 지식을 미리 가지고 있다는 의미에서, 피조물의 불완전성을 인정함으로써 전제되는 것"[44]으로 간주했던 것이다. 그러므로 완전한 것에 대한 잠재적이지만 실질적인 생득 관념을 전제하고 있다.

보나벤투라는, 안셀무스의 『프로슬로기온』 4장 끝 부분 — "자비로우신 주여, 당신에게 감사를 드립니다. 이제 나는 당신의 은혜로 믿었던 것을 이제 당신께서 비추심으로 이해하게 되었습니다. 그리하여 이제 당신이 존재한다는 것을 믿기를 거절하더라도 나는 그것(당신의 존재)을 이해하지 않을 수 없습니다(Bone Domine, gratias tibi, quia quod credi prius, te domande, iam sic intelligo, te illustrante, ut si nolim te esse credere, non possim non intelligere)."[45][46] — 을 인용하면서 안셀무스의 proslogium의 3, 4 그리고 15장을 인용하고 요약한다.

1. "신은 그것보다 더 커다란 것을 생각할 수 없는 자이다(Deus est quo nihil majus potest cogitari)." 그런데 존재하지 않는다고 생각될 수 없는 것은 존재하지 않는다고 생각될 수 있는 것보다 더 크다. 그러므로 신은 '그것보다 더 커다란 것을 생각할 수 없는 자'(그는 생각될 수 있는 것보다 더 크다.)이므로 신이 존재하지 않는다고 생

---

44) 위의 책, p.336.
45) 안셀무스, 『모놀로기온과 프로슬로기온』, 박승찬 역, 아카넷 출판, 2002, pp.191-192 인용.
46) 보나벤투라, *De mysterio Trinitatis*(De mysterio Trinitas), q.1, a1; Opera Omnia vol. V, p.48, no.21.

각될 수 없는 것이다.[47]

2. 안셀무스의 5장에서 언급한―하느님은 존재하지 않는 것보다 존재하는 것이 더 좋은 것이다― 홀로 당신은 존재하지 않는 것보다 존재하는 것이 더 좋다. 위와 같이 성 안셀무스의 신 존재의 지적은 신이 존재하지 않는다는 것은 생각할 수 없다는 것이다. 안셀무스의 이러한 입장을 그도 취하긴 했지만[48] 보나벤투라는 더욱 깔끔하게 정리하여 존재론적 증명을 축약하여 다음과 같이 결론을 내린다. "만일에 신이 신이라면 신은 존재한다. 이것은 참이어서 그 모순적인 것을 생각할 수 없다. 그러므로 신의 존재는 의심할 여지없는 참이다("Si Deus est Deus, Deus est; sed antecedens estadeo verum, quod non potest cogitari non esse; ergo Deum esse est verum indubitabile.")."[49]

그리고 안셀무스의 논증에 대하여 "생각할 수 있는 한에서의 가장 아름다운 섬을 생각하고 있다면, 그 섬은 어딘가에 실재로도 존재해야만 할 것이다."라고 하면서 반론을 제시한 가우닐로(Gaunilo) 수사의 주장에 관하여,[50] 보나벤투라는 자신의 의견을 제시한다. '가장

---

47) ibid., Opera Omnia vol. V, p.48, no.22.
48) Itin., c.6. n.2: "가장 좋은 것은 단순히 더 좋은 것을 생각할 수 없는 것이다. 그런데 이것은 비존재로 생각될 수 없음이 옳다. 왜냐하면 존재는 비존재보다 아주 더 좋다(quoniam optimum quod simpliciter est quo nihil melius cogitari potest; et hoc tale sic est, quod non potest recte cogitari non esse. quia omnino melius est esse quam non esse)."
49) ibid., p.48, no.29.
50) 가우닐로가 안셀무스를 반박한 요지는: 1) 사유 속의 존재에 근거하여 사유 밖의 존재를 귀결짓는 것은 부당하다. 2) 사유 내 존재가 실재로 존재해야 한다는 것은 모순이다. 3) 인간은 실제로 존재하지 않는 것을 상상할 수 있으며 또 틀린 생각을 사유 속에 품을 수 있다. 이에 대한 반박의 두 번째 안셀무스의 답변은 『모놀로기온』 1-2장에서 요약하기를: 모든 사물은 완전성에 있어서 동등하지 않다. 필연적인 존재를 소

아름다운 섬의 경우와 신의 경우와는 아무런 공통성이 없다.'라는 것이다. 그래서 그는 이를 거부한다.[51] 왜냐하면 '그것보다 더 커다란 것을 생각할 수가 없는 것'의 개념에는 아무런 모순도 내포되어 있지 않는 반면, '그것보다 더 아름다운 것을 생각할 수 없는 섬'의 개념에는 형용상(形容上)의 모순을 내포하기 때문이다. 즉 '섬'은 불완전한 존재를 나타내는 단어이지만, '그것보다 더 아름다운 것을 생각할 수가 없는 어떤 것'은 완전한 존재를 나타내고 있기 때문이다.[52] 즉 이 의미는 신의 개념 그 자체가 신의 존재를 확신시키고 있다는 것이다. 여기서 그의 신 존재 증명은 본체론적(존재론적) 신 증명, 즉 관념에서 존재로 넘어가는 것임을 알 수 있다. 다시 말해 그에게서 관념은 존재에 의해서 사고 속에 나타나는 단순한 유형인 것이다. 따라서 필연적인 신에 대한 관념과 신이 필연적으로 존재한다는 것 사이에는 아무런 구별이 없는 것이다. 우리 영혼이 완전한

유하는 것이 우연적인 존재를 소유하는 것보다 더 완전하며, 우연적인 완전성은 필연적 완전성에 관여함으로써 완전성을 부여하거나 차지한다. 이는 더 이상 완전한 것이 없을 정도의 최고의 완전자에 대한 승인이다.(토마스의 5가지 길 가운데 4번째와 유사하다.)
『프로슬로기온』 2장: 우리는 당신이 그보다 더 위대한 것이 생각될 수 없는 존재임을 믿는다. 그리고 그보다 더 위대한 것이 생각될 수 없는 그런 존재는 홀로 정신 안에서만 존재할 수 없다는 것이 확실하다. 만일 지성 안에서만 존재하는 것이라면, 그보다 더 큰 실재가 실제로 존재한다고 생각될 수 있다. 그러므로 의심할 것 없이 그보다 더 위대한 것이 생각될 수 없는 그런 존재는 정신과 실재 세계에 모두 존재한다.
(Credemus te aliquid quo nihil majus cogitari possit······ Et certe id majus cogitari nequit, non potest esse in solo intellectu. Si enim vel in solo intellectu est, potent cogitari esse et in re, quod majus est······ Existit ergo procul dubio aliquid, quo majus cogitari non valet, et in intellectu et in re.)

51) ibid., 1.1, 6.
52) F. C. 코플스톤, 앞의 책, pp.335-336 참조.

것의 관념을 받아들이거나 신의 조명에 의해서 완전한 것의 관념을 형성한다는 의미에서 완전한 것의 관념은 신에 의해서 영혼에 새겨진 것에 지나지 않는다. 즉 그것은 생득적이다. 구체적인 존재에 그것의 실현이 부정될 수밖에 없는 것은, 이 관념의 존재 자체는 필연적으로 신의 존재를 의미하고 있기 때문이다.[53] 신 존재에 대한 명백하고 필연적인 결론에 이를 수 있는 것이다. 그러나 엄밀한 의미에서 신 존재에 대한 완전한 인식은 신에게만 속하는 것이기에 이 세상 삶 안에서의 우리 지성은 신을 완전하게 파악할 수 있는 것이 아니다. 우리 인간의 인식에 있어서 '신은 모든 존재들을 존재하게 하는 제1존재(Ens Primum)'라는 정도에서 그칠 수밖에 없는 단지 부분적이고 혼돈된 인식인 것이다. 결국 보나벤투라의 세 번째 방법은 신은 제일의 진리이며, 또한 여타 모든 진리의 원천이 되는 진리 자체임을 제시한다.

이제까지 논의된 세 가지 신의 존재 증명 방법은 다음과 같이 말할 수 있을 것이다. 즉 첫째 길은 자기 자신에 대한 성찰의 방법이고, 둘째 길은 감각적 사물을 통한 고찰의 방법이며 그리고 마지막 방법은 완전한 존재에 대한 성찰에 의한 길이었다.

이렇게 보나벤투라는 우리 인간이 신에게로 되돌아가는 단계들을 제시함으로써 이성과 신앙의 일치를 통하여 신 존재 증명을 전개해 나가고 있다. 이것은 보나벤투라 자신이 주장하는 3가지 진리관, ─ 첫째, 진리는 모든 이의 영혼에 인각(刻印)되어 있다는 것은 의심할 수 없는 진리이다. 둘째, 모든 피조물을 통하여 가르치는 진리는 의심될 수 없는 진리이다. 셋째, 만약 진리가 그 자체로 완벽하고 자명하다면 어떠한 진리도 확실하다는 것이다. ─ 그리고 그가 제시한

---

53) 위의 책, p.336 참조.

세 가지 방법은 각각 서로에게 관계되어 있음을 볼 수 있다. 그 논증들의 출발점이 되는 것은 다름 아닌 영혼이 하느님을 인식하는 것이며, 그것은 영혼의 타고난, 하느님과의 형이상학적 일치로 생겨나는 것이다.

따라서 그와 같은 형이상학적 일치는 신이 영혼에 드러날 수밖에 없으며, 영혼은 신을 이해하는 자연적 능력을 가지고 있다는 것이다.[54] 그러므로 우리가 말할 수 있는 것은 보나벤투라의 신 증명에서 가장 핵심은 신에 대한 생득적 관념(본유관념)이라 하겠다. 이는 우리가 동물의 세계에서도 볼 수 있듯이, 병아리가 알의 상태에서 부화되기 전에 최초로 들려주는 어미 닭의 소리를 알 상태에서 알고 부화된 후에 어미의 품으로 돌아가는 예와 유사하다 하겠다. 즉 최초의 울음소리가 병아리의 혼에 각인된 것과 다름없듯이, 신의 모상인 인간은 태초에 말씀인 신에 의해 하느님의 모상이 우리 영혼에 각인되어 있기 때문에 신을 인식할 수 있다는 그의 주장이다.

보나벤투라는 신의 첫째 이름이 존재(esse)라고 했다. 이러한 그의 주장은 결국 토마스 아퀴나스가 말하고 있는 바와 같이 신(존재)은 논리적 추구에 있어 맨 끝에 결론적으로 파악되는 존재이긴 하지만 아우구스티누스와 같이 논리적 추구에 있어 "제일 먼저 알려지는 존재(primum cognitum esse)"[55]라는 것이다. 우리는 영혼 안에서 제일 먼저 알려지는 것(존재)을 만나게 되고, 거기서 이미 신을 인식하게 된다. 왜냐하면 신은, 다른 것 아닌 영혼에 현재적으로 있기 때문이다. 특히 진리란, 신이 우리들로 하여금 우리 안에서 발견케 하는 것이

---

54) San 보나벤투라 Maestro di vita Francescana e di Sapienza Cristana vol.Ⅱ, A cura di A. Pompei, Teologia San 보나벤투라, Roma, 1976. pp.145－152 참조.
55) Iti. c.5. n.4－5 참조하라.

며, 더욱이 이런 진리는 변화하지 않는 진리이다. 이것은 가치 체험에도 상응되는데 이 가치 체험은 항상 최고의 신을 전제로 삼으며, 따라서 신을 드러내 보여주는 것이다.[56]

그러므로 보나벤투라의 세 가지 신 논증에서 첫째 논증이 대들보 역할을 하는 셈이다. 그러나 神이 존재한다는 것이 그 자체로 자명함에도 불구하고 우리가 이를 명백하게 인식하지 못하는 것은 우리 인간의 인식에 여러 가지 방해 요소가 작용함으로 인해 이에 대한 완전한 인식이 쉽지 않다는 것이다. 보나벤투라의 이 같은 주장에는 (본유관념을 지니고 있는 인간) 왜 이다지도 무신론자들이 많은가라는 큰 문제가 제기된다. 이에 대해서 질송은 우리 이성의 3가지 오류 때문이라고 설명하고 있지만 보나벤투라는 우리 '눈[目]과 빛[日] 자체' 그리고 '박쥐와 빛'(Iti., c,5. n.4)의 관계로 설명한다.

보나벤투라에 의하면, 전자는 우리 '이성의 현혹' 때문이라는 것이다. 즉 우리 "눈이 다양한 빛깔의 차이에 현혹되어 다양한 빛깔을 비로소 지각할 수 있게 하는 **빛 자체**를 보지 못하거나, 혹은 눈이 그 빛을 보기는 보아도 주목하지 않듯이 우리의 정신의 눈도 특수한 사물과 보편적 존재자에게 홀려서 존재 자체를 보지 못한다."(ibid) 그러나 존재 자체는 먼저 정신에 나타나지만 모든 유(類)의 존재 위에 있고 존재 자체를 통하여 모든 유의 존재가 성립된다. 후자에 대해서는 아리스토텔레스의 형이상학을 인용하여 말한다. "가장 명백한 자연의 빛 속에 있는 우리 정신의 눈은 대낮의 빛 속에 있는 박쥐의 눈처럼 장님이다(sicut oculus vespertilionis se habet ad lucem, ad manifestissima naturae)."[57] 토를 좀 더 붙이면 우리 눈은 태양 광

---

56) 요한네스 힐쉬베르거, 위의 책, pp.528－529.
57) 보나벤투라, 『하느님께 나아가는 정신의 여정』, 시글, 장은명 역, 1997,

선은 볼 수 있지만 태양 그 자체는 보지 못한다. 진리는 가까이에 있지만 보지 못하는데 이것은 어둠에 익숙한 박쥐의 눈이 대낮의 태양 아래 있는 것과 같다. 그것은 마치 장님과 같다.

2. 관조적(觀照的) 방법을 통한 신 존재 논증

『하느님께 나아가는 정신의 여정』58)은 앞서 본 '삼위일체에 대한 토론 문제'에서 신의 증명을 다룬 것보다 지성적으로 한층 간결하게

---

　　p.70. (Iti., c.5, n.4) 이 인용문은 Aristot., Ⅱ. Metaph. text.1(1. brevior, c.1.)에서 따온 것인데 김광식 역에서는 "빛에 대하여 맺는 관계는 우리 정신의 눈이 본성상 가장 잘 드러나는 것에 대하여 맺는 관계와 같다."고 번역되어 있다. 그래서 라틴 원문을 달았으며, 원문의 콰라키 출판에서는 아래의 주를 덧붙이고 있다. Textus originalis post lucem addit diei (AQ, solis), et pro oculus mentis nostrae substituit intellectus animae nostrae (A intellectus noster, BHKLMNP oculus noster, qui etiam cum text originali post ita omittunt se havet; cfr. supra pag. 109, 5.)

58) 『inerarium mentis in Deum』(신에게로 나아가는 하느님께 나아가는 정신의 여정)은 보나벤투라의 가장 특징적인 작품이며, 그를 이해하기 위한 필독서 중 하나인 책이다. 이 제목에 이미 내포되어 있듯이 인간 영혼이 신과의 합일을 내용으로 한 저서로 철학적이고, 신학적이며 그리고 신비주의적이다. 이미 그의 작품 설명에서 언급되었듯이 라베르나(L'Alverna)산에서 이미 신의 존재를 체험했던 성 프란치스코의 기일을 맞이하여 보나벤투라는 그 산을 찾아 관상 생활을 통한 자신의 신 체험기를 썼다. 그러므로 이 작품은 분명 신과 자연을 사랑하고 열망한 성 프란치스코의 영성의 영향 안에서, 그리고 그 지식은 아우구스티누스의 정신성으로 골격을 형성하고 있다. 아우구스티누스의 핵심 사상은 피조된 세계로부터 신에게로 올라가는 것인데 이러한 사상은 본서에서 각 장을 통해서 곧 알게 된다. 그것은 인식에서 시작하여 정서(情緖)로 끝난다.

논의・발전시킨 작품이다.[59] 그러나 여기서 논의의 중심은 13세기의 신비사상을 구현한 보나벤투라 사상 속에서[60] 이성적 신 논증보다는 관조적 신의 실존 면을 강조하고자 한다. 그래서 먼저 이 작품의 구조를 본 뒤에 아우구스티누스의 사상을 바탕으로 지성적으로 한층 간결하게 논의한 3가지 신 논증을 간략히 살펴보고 그 다음은 이 신은 그리스도교의 삼위일체임을 본다. 마지막으로 보나벤투라가 신을 빛과 어둠으로의 신임을 말하고자 한다. 먼저 이 작품의 구조를 이해하는 것이 필요하다.

1) 『하느님께 나아가는 정신의 여정』의 작품 구조를 살피기 전에 인간 지성에는 직관 기능과 추론 기관이 있으나 흔히 지성의 직관 기능을 망각하고 지성의 추론 기능만을 확대하여 이것을 우리는 이성이라 부르고 있다는 사실을 알아야 한다. 보나벤투라는 인간 지성의 직관 능력을 망각하지 않고 앞서 플로티누스의 관조적이며 신비적인 특색에서 살펴본 바와 같이 이성과 감성(정서) 둘 다를 그의 작품에 결합시킨다. 그리고 지성이 더 이상 나아가지 못하는 곳에 의지가 있음을 발견한다(사랑은 의지의 또 다른 이름이다). 그래서 이 작품은 그의 철학과 신학 그리고 신비신학이 총체적으로 결합된 작품이다. 이 총체적 작품 속에서 보나벤투라는 두 가지 중요한 의미를 말하고 있다. "하나는 철학적이고 지성적이고 능동적이며 획득된 것으로 불완전한 관조를 말하고 있고, 다른 하나는 지혜로 가득 차고 감성적이고 수동적이고 주입된 것이며 완전한 관조를 말하고 있다. 그러므로 이 작품의 목적에 있어서 전자는 수단이고 후자는 전

---

59) 소피아 로비기, 『성보나벤투라』, 앞의 책, pp.47－49 참조.
60) 전통과 영성, p.204.

자가 지향하여 도달되는 목표"61)가 된다. 또한 이 작품에서는 세 가지 인식 방법62)이 함께 작용하고 있지만 최고의 위치는 관조이다. 그리고 이 작품이 철학과 신학 그리고 신비주의가 하나의 결합체를 이루고 있기에 한편 대단히 난해한 작품이라 할 수도 있다. 따라서 이 책의 구조는 보나벤투라가 예리한 이성으로 그의 철학과 신학을 언급하면서 관조적 신 인식을 강조하고 있는데 관상의 지식은 이성보다는 신앙에 근거한다. 이 관상적 지식은 '초개념적이고 그것은 개념과 형상이야말로 관상을 방해하는 것'이 되기에 그것이 지닌 어둠을 설명한다.63)

앞서 언급하였듯이 보나벤투라의 목표는 우리 영혼을 신비적으로 일치되도록 하는 것이었다. 그렇게 하기 위해 관조(speculationes)의 6단계를 말하고 있다. 신을 향하여 올라가는 단계로 나타내는데 이 『하느님께 나아가는 정신의 여정』에서는 3단계 6차원으로 나누어 나타낸다. 보나벤투라에게 있어 인간 정신은 그 고유한 본성으로 인해 자신의 활동을 외부적인 것과 내부적인 것 그리고 상급적인 실재(實在)를 향해 나아가도록 하는데 여기에서 세 가지 기능의 범주가 유래한다. 즉 외부를 향해 이끌리는 감각과 내부에서 울려나오는 이성,

---

61) 여정주석, p.21.
62) "인식과 관조라는 두 가지 인식 방식이 정관보다 앞선다. 인식은 보는 것의 도움으로 얻는 깨달음이다. 그것은 외계 사물에서 추상되거나 혹은 그것과 상관없이 우리 자신의 내면세계 파악에서 얻어지는 것이다. 이러한 깨달음은 철학의 영역에 속한다. 초자연적 진리의 영역에서는 신앙이 인식 대신에 들어선다. 관조는 신앙으로 얻어진 것을 학문적으로 소화하는 것이다." …… 이러한 분야는 신학의 영역에 속한다. "관조는 관조에 의하여 해소된다. 관조는 관조의 모든 학문적 의도들을 극복하고 사랑하는 정관 속에서 신(神)이라는 대상으로 향한다." 이 마지막의 영역은 신비주의의 영역이다. 그러므로 이 작품은 철학과 신학과 신비주의가 하나의 결합체를 이루고 있는 작품이다.
63) 전통과 영성, p.229.

상부적인 것을 향해 계획되는 지성이다.(Itin., c.1, n.4.) 그리고 영혼 안에서 여섯 단계의 기능-감각, 상상력, 이성, 지성, 이해력, 영혼의 최고 상태(synderesis)[64]가 있다. 그리고 각 단계들은 기능으로 하여금 하급적인 것에서 상급적인 것에로, 외부적인 것에서 내부적인 것에로 나아가도록 하며 시간에서 영원에로 상승하도록 한다. 따라서 관조적 방법 또한 크게 세 가지로 나타나는데, 즉 '피조물을 통하여', '그분의 형상 안에서' 그리고 '존재와 선인 그 자체를 관조함'을 통해서 신의 존재를 발견할 수 있음을 말한다. 그것을 보나벤투라는 인간 정신의 세 가지 기능의 범주 — '우리 밖에서(extra nos)', '우리 안에서(intra nos)', '우리를 넘어서(supra nos)' — 에서 신의 존재를 인식할 수 있다는 것이다.

먼저 첫 단계에서는, 우리 외부인 물체적, 시간적, 감각적 세계를 관조하고, 둘째 단계에서는 우리 내부인 정신적, 내면적 영혼을 관상하고, 셋째 단계는 우리 위에서 혹은 우리를 초월하여서 영원적, 가장 영적인 신의 본질을 관상한다. 신에게로 향하는 상승에로 나아간다. 그리고 보나벤투라는 이 세 단계 — 감각세계, 영혼, 순수 존재인 신 — 를 각각 그것들을 '통하여(per)', 그것들 '안에서(in)' 그리고 그

---

64) 여기서 이성은 분류하고 이해력은 계발을 강조하며 지력은 절대자에게 집착한다. 그리고 '영혼의 영혼' 혹은 '분별력의 불꽃', '지선의 의지' 본심(本心)이라는 syderesis를 성 보나벤투라는 의지의 더 높은 부분과 동일시하였다. 지선의지(본심)는 선으로 돌아가려는 능력을 말한다. 양심과 본심의 관계에 대하여 그는 양심은 명하고 본심은 노력하거나 도피한다. 그리하여 본심에 대하여 우리가 본래적인 뜻으로 말한다면 그것은 본성상 선으로 향하고 선을 추구하는 정의적 능력이다. 그러나 양심은 실천적 오성의 능수능란함이다.(II.Sent., d.39, a.2, q.1, Opera Omnia vol.II., 910-911, 917.) 호세 메리노, 『프란치스칸 휴머니즘과 현대사상』, 김현태 역, 가톨릭대학출판부, 1992, p.149, 그리고 보나벤투라, 『하나님과 하나 되어』, 김광식 역, 대한그리스도교서회, 1982, p.104 참조.

것들 '넘어서(supra)'라는 방법으로 관조[65]하기 때문에 이 세 단계가 다시 두 가지씩 방법이 합해져 여섯 단계로 나타난다. 이 여섯 단계는 각 장의 제목을 지시한다.

1단계: 신에게 올라가는 단계와 그분의 흔적을 통하여 관상함에 대하여(De gradibus ascensionis in Deum et de speculatione ipsius per vestigia ejus in universo)

2단계: 이 감각적 세계 속에 그분의 흔적 안에서 하느님을 관상함에 대하여(De speculatione Dei in vestigiis suis in hoc sensibili mundo)

3단계: 타고난 능력에 각인된 그분의 형상을 통하여 하느님을 관상함에 대하여(De speculatione Dei per suam imaginem naturalibus potentiis insignitam)

4단계: 은총의 선물에 의해 재형성된 그분의 형상 안에서 하느님을 관상함에 대하여(De speculatione Dei in imagine donis gratuitis reformata)

5단계: 신의 일차적인 이름인 存在를 통하여 하느님의 하나이심을 관상함에 대하여(De speculatione divinae unitatis per ejus nomen primarium, quo est esse)

6단계: 善이신 그분의 이름 안에서 하느님의 삼위일체를 관상함에 대하여(De speculatione beatissimae Trinitatis in ejus nomine, quo est

---

65) 萬物은 하느님께 올라가는 사다리이다. 사물 속에서 몇 가지는 신의 痕迹이며(이는 우리 外部의 것으로 물체적-시간적이고) 몇 가지는 신의 모상(이는 우리 內部의 것으로 정신적-영원적)이다. 그러므로 우리는 그 痕迹을 통하여 通過해야만 한다(이는 우리 외부에 것으로 물체적-시간적이기 때문이다). 즉 이는 하느님의 길로 인도되어 우리 영혼 속으로 들어가는 것이다. 이 영혼은 영원하고 정신적이며 우리 안에 있는 하느님의 모상이다. 즉 하느님의 진리 안으로 들어간다. 영원하고 가장 정신적(영신적)이며 우리를 超越하여 계신 분께 올라간다. 즉 하느님을 인식하고 그분의 존엄을 敬畏함으로 기뻐한다.

bonum)[66]

이 6단계 다음으로 마지막 단계(7단계)는 신이 육일 간 창조하고 쉬었듯이 신과의 일치 속에 최고의 관상을 언급하고 있다. 황홀한 사랑 속에 하느님을 향하여 상승하는 영혼에 휴식을 주는 신비로운 영적 황홀[67])에 대하여(De Eexcessu mentali et mystico, in quo requies datur intellectui, affectu totaliter in Deum **per excessum** transeunte). 여기서 보나벤투라는 신비적 관조를 말하면서, 생동적인 열정(desiderio vivace) 없이 아무도 여기에 오를 수 없음을 말한다. 그래서 그는 열망이 없는 자에게는 어떠한 관조도 없다고 하는데 마지막 7단계는 이성이 사랑으로 전이된 상태를 말하고 있다.

이 6단계의 3가지 중요한 내용들을 보면, 보나벤투라는 아우구스티누스와 성 빅톨 학파의 뒤를 따라서, 영혼의 상승 단계, 즉 영혼의 다른 능력에 상응하여 영혼을 자연의 영역으로부터 은총의 영역으로 이끄는 단계를 더듬어 가고 있는데, 첫째는 영혼이 감각능력으로부터 출발하여 감각적 대상 가운데 있는 '하느님의 흔적'을 어떻게 보는가를 제시하고 있다. 왜냐하면 영혼은 감각적 사물을 먼저 하느님의 결과로 고찰하고, 그 다음으로 그 가운데 하느님이 현존하고 있

---

66) 보나벤투라에게 영향을 주었던 성 빅톨의 리까르도가 말하는 관상에 이르는 6단계가 우리의 이해를 도울 것이다. 1단계는 감각적 사물에 대한 고찰, 2단계는 감각할 수 있는 것에서 지각할 수 있는 것에로, 3단계는 정신적인 것을 통해 감각적인 것을 평가함, 4단계는 감각적인 것을 통해 도달한 지각적인 것을 자기 힘으로 고찰하는 것, 5단계는 감각적인 것을 통해 도달할 수 있는 것이 아니라 이성으로 이해될 수 있는 지성적 실재들을 관상하는 것, 6단계는 지성이 발견할 수 없고 상세히 알 수도 없는 지성적인 것을 고찰한다. 그것은 신적 진리의 탁월한 관상으로서 관상이 궁극적으로 완성되는 것이다.
67) 신인합일과 함께 주어지는 영혼의 상태로 exstasis와 같은 의미를 가지고 있다.

는 것으로 보기 때문이다. 그러므로 지성은 은총에 의해서 새로워지고, 높여진 영혼의 능력 가운데서 하느님을 관상하는 것이며 지성은 하느님의 말씀에 의해서 능히 그렇게 할 수 있다. 그러나 이 단계에서는 은총에 의해서 들어 올려졌음에도 불구하고, 영혼은 여전히 하느님을 하느님의 모습인 영혼 자체로서 관상한다. 그리고 마지막으로 영혼은 더욱 나아가서 '우리를 초월하는' 신을 처음에는 존재로서, 그 다음에는 선으로 관상한다.

본질이 '최고선'인 신(神)을 관조한다는 것은, 선의 자기확산(diffusivum sui)인 삼위일체(三位一體)를 관상한다는 것과도 같다. 이 마지막 단계에서 지성은 더 이상 나아갈 수 없다. 그 너머에는 황홀한 신비적 관상의 암흑, 즉 정신을 초월하는 정서적 사랑의 절정이 있다. 하지만 의지는 인간 영혼의 하나의 능력이며 영혼의 실체로부터 나오지만 별개의 우유가 아니다. 그러므로 의지의 정서적인 사랑이 지성을 능가한다는 것은 단순히 영혼이 사랑에 의해서 신과 밀접하게 결합되어 있어서, 영혼에 주입된 빛이 영혼의 눈을 어둡게 한다는 것이다.[68]

그런데 이 단계들은 아우구스티누스의 사상을 바탕으로 형성되어 있음을 각 장에서 뚜렷이 볼 수 있다. 예컨대 1, 2단계는 아우구스티누스의 피조물과 일반적 동의로부터의 증명(자연론적 신 존재)과 유사하고 3, 4단계는 아우구스티누스의 정신론적 논증(진리 자체로부터의 논증)을 토대로 하고 있다는 것이다. 마지막 단계 5, 6단계는 아우구스티누스의 빛의 형이상학과 조명설을 바탕으로 한 관조 안에서 신을 발견한다는 것이다. 그러나 이러한 그의 신 관조적 인식 방법은 아우구스티누스의 목적과 같이 이론적이고 학구적인 방법에 의한 것이라기보다는 마음에 호소하여 체득게 하는 체험의 신을 보여주고

---

68) F. 코플스톤, 앞의 책, p.377 참조.

자 하는 데 주목적이 있다 하겠다. 그래서 보나벤투라의 신 증명은 "영혼으로 하여금 신에게로 올라가게 하는 역할을 하는 데 주로 관심"을 두고 있다. 즉 그가 증명하는 신은 단순히 가지성의 추상적 원리가 아니다. 이것은 그가 이 작품 서두에서 밝히고 있는 바처럼 기도의 대상으로서 그리스도인들의 의식 가운데 있는 하느님이다. 그래서 영혼(정신)이 상승하는 단계들은 우리가 사용하고 있는 의미에서 철학보다는 신비신학과 더욱 관련이 되기 때문에 이 이상 상세하게 언급할 필요가 없다. 그러나 이러한 단계들을 통하여 보나벤투라의 의중은 피조물의 불완전성과 의존성에 대한 고찰은 이미 영혼에 있어서 명확하고 알려져 있는 것을 영혼에 다시 생각나게 하거나 그것에 대한 보다 명확한 인식으로 영혼을 이끄는 데 있고, 나아가 그는 감각세계, 즉 외부로부터의 증명보다 내부로부터의 증명을 강조하고 있으며, 또한 그는 인간 영혼의 궁극 목적으로서의 하느님에게 관심을 가지고 있으므로 감각세계에서나 영혼 자신에 있어서 신의 자기 현시에 주의를 끄는 활동으로 삼으려고 한다. 특히 프란치스코의 신비사상을 통한 신과의 일치를 아우구스티누스의 학문적 사상으로 간결하게 그려내고 있다. 이제 그의 6단계는 아우구스티누스의 신 존재 증명 형태에 따라—1) 자연적 신 존재 증명, 2) 진리 그 자체로부터 신 존재 증명, 그리고 3) 신(하느님)의 본질을 관조함— 다음과 같이 3부분으로 나누어 설명한다.

1) 자연적 신 존재

보나벤투라의 1, 2단계는 모든 피조물 속에 비추이는 그분의 자취를 통하여 신에게 인도한다는 아우구스티누스의 '자연적 신 존재 증명'처럼 자연에 의한 증명을 수행한다. 즉 아우구스티누스는 '신국론'에서 "세계와 모든 볼 수 있는 것들의 질서, 배열, 아름다움, 변화, 운동이야말로 형언할 수 없고 볼 수도 없을 만큼 위대하고 또 아름다운 하느님에 의해서만 만들어졌음을 보여주고 있다."(신국론 Ⅱ.4.2)고 말하는데 보나벤투라도 같은 의미에서 자연세계의 관찰을 통하여 신을 관조한다. 1단계―신에게 올라가는 단계와 그분의 흔적을 통하여 관상함에 대하여―에서 "사물세계의 관찰로부터 시작, 사물의 크기, 다수성 충만, 활동 질서, 즉 여기서는 사물의 거울을 통하여 하느님을 인식한다."(Iti., c1.n1) 그래서 우리 영혼은 사물 속에서 신의 본체, 능력, 존재를 보는데 그것은 감각적 사물의 거울을 통하여 관조한다는 것이다. 그리고 2단계―이 감각적 세계 속에 그분의 흔적 안에서 하느님을 관상함에 대하여―에서 보나벤투라는 知覺의 과정에서 영원하고 육화(肉化)한 성자(聖子)의 영상을 본다. 우리의 판단이 안전한 것이며 신(하느님)은 "만물의 원인이시고 진리의 표준과 빛이 된다."라는 인식에 이르게 된다. 여기서 그는 아우구스티누스의 수리적(數理的) 사색을 관상에 사용한다. 말하자면 진리에 이르는 가장 명료한 자취를 수에서 발견한다. 그러므로 우리가 수리적 관계를 지각하고 숫자적 균형을 즐거워하며 수의 법칙을 통하여 논박할 수 없게 판단한다면, 모든 물체적인 것과 감각적인 것에서 신의 완전성을 인식하게 될 것이다. 이처럼 보나벤투라는 아우구스티누스의 사상을 따라 1, 2단계의 결론을 이렇게 맺는다. "모든 피조물 안에 자신을 비추는 신의 흔적을 통하여 우리를 신께로 인도한다는 것이다."(Iti.,c.3, n.1)

2) 진리 자체로부터의 논증

아우구스티누스가 가장 선호했던 신 존재 증명은, 진리 그 자체로부터의 논증, 즉 우리 영혼(정신) 안으로부터의 논증인데 이를 보나벤투라는 3, 4단계에서 말하고 있다. 이 논증은 아우구스티누스의 인식론의 새로운 시도로 자신의 내면세계로 향한 존재의 확실성에 이르는 자신의 철학적 탐구의 과정과 일치하는데, 그것은 그가 지적 확실성과 정신적 평화를 추구하는 데서 사상적 출발을 하고 있기 때문이다. 이 증명은 인간 정신이 자기 내부에 들어가 정신의 오류와 불안정을 겪고 난 후, 정신을 초월하고 정신에 의존치 않는 불변의 진리를 발견하고서 이 진리의 기반인 신의 이해에 도달하는 것이다. 이는 이미 이성적 논증의 세 번째 방법에서 언급되었듯이 모든 사람들에게 한결같이 주어져 있는 진리를 정신으로 파악하는 데 있어 보나벤투라도 이 논증을 따르고 있다. "모든 긍정적인 명제는 어떤 것을 진리라고 긍정한다. 그러나 어떤 진리에 대한 긍정은 모든 진리의 근거를 긍정하는 것이다."[69] 모든 진리가 제1진리를 통해서 알려지기에 이것(제1원리)은 신(하느님)이며, 신은 의심할 수 없다. 그러므로 진리가 존재하지 않는다는 사람은 스스로 자기 모순에 빠진다는 것을 지적한다. 이와 같은 방법으로 『하느님께 나아가는 정신의 여정』에서 보나벤투라는 아베로이스의 말을 인용한다. "결여와 결함은 단지 긍정적 존재를 통해서만 인식될 수 있다."(Iti., c.3. n.3) 이어서 보나벤투라에 의하면 영원불변한 진리가 모든 이에게 다를 수 없으며 진리는 불변적임을 알고 있다. 그러나 "우리의 정신은 가변적이다. 그러므로 우리의 정신은 변치 않고 빛나는 빛을 통해서만

---

69) I senten., 8, 1, 2, conclusio.

그것을 변함없이 비추는 진리로 인식할 수 있다."(ibid) 그래서 이 '빛'은 적어도 피조물일 수 없는데 그렇다면 그것은 '참빛(Lux)'인 신으로 인식된다.

결국 이 3, 4단계는 보나벤투라가 아우구스티누스의 '진리 자체로 부터의 논증'에 의한 것과 동시에 신의 조명이 등장[70]한다고 할 수 있다. 보나벤투라는 3단계 — 타고난 능력에 각인된 그분의 형상을 통하여(per suam imaginem) 하느님을 관상함에 대하여 — 에서 우리는 우리 마음 안에로 들어가도록 초대받는데 우리 마음은 하느님의 모상이며 하느님을 볼 수 있는 거울이다. 우리 마음 안에 계시는 하느님의 모습을 보기 위해서 우리는 우리가 지니고 있는 기억력, 지력 그리고 선택력 또는 의지력을 사용할 것이 요청된다. 기억력은 우리로 하여금 현재와 과거와 미래에 단순하고 영원한 것들을 보존할 수 있게 해 주고, 현재를 받아들임으로써 보유하고 예측함으로써 미래를 지니게 한다. 기억력, 지력, 또는 지성 그리고 의지력은 복된 삼위일체를 반영한다. 즉 성부, 말씀 그리고 사랑을 반영한다. 보나벤투라는 기억력은 우리를 영원으로, 지력은 진리에로, 그리고 의지력은 선에로 인도한다고 결론을 내린다. 따라서 하느님의 모상인 영혼은 각기 지니고 있는 능력에 맞게 하느님의 삼위일체를 반영한다는 것이다. 4단계 — 은총의 선물에 의해 재형성된 신의 형상 안에서 (in imagine) 하느님을 관상함에 대하여 — 에서 우리는 은총의 선물

---

70) F. C. 코플스톤, 『중세철학』, pp.374-375. '영원한 이념'과의 관계에 의해서 불변하는 초시간적인 측면에서 판단을 설명하기 위해서 신의 조명이 등장하는 것이다. 판단은 시공을 초월하기 때문에 인식되는 모든 감각 대상은 把握, 享受, 決定의 세 가지 마음의 작용을 통해서 정신 작용 안으로 들어온다. 그러나 결정의 작용은 그것이 참되고 확실하기 위해서 '영원한 이념'에 비추어서 이루어지는 판단이 아니면 안 된다.

에 의해 재형성된 하느님의 모상 안에서 하느님을 찾게 된다. 이는 관상의 네 번째 차원으로 우리를 인도하는데 여기서 우리가 관상하는 것은 제일원리라는 것을 말하고 있다. 이제 우리는 네 번째 차원에서 관상에 한 걸음 더 깊이 들어가 영혼 안에서 하느님을 관상한다. 그러나 은총의 선물을 받지 않는 유한한 존재, (창조된 영혼) 안에서는 제일원리를 조명받을 수도 없고 찾을 수도 없다. 여기서 보나벤투라는 진리에 힘입지 않는 영혼은 그 스스로 신성을 결코 직관할 수 없다는 사실을 강조한다.

관상의 차원에서는 우리 지성이 형성해 놓은 개념들은 오히려 도움보다는 방해가 된다. 주지주의자인 토마스 아퀴나스에게서도 이런 관상의 일면을 보여주는 전해 오는 대목이 있는데 그가 신학대전의 제3부를 쓰고 있을 무렵(1273년 12월 6일) Christus의 발현을 보게 되는 소위 신비적인 체험을 하였다. 그런 후 그는 "내가 여태껏 쓴 모든 것은 내가 본 것, 즉 나에게 계시된 것에 비하면 짚북데기처럼 보인다."라고 말하면서[71] 자기의 저작이 끝났음을 알렸다는 사실이다. 이 두 학자들을 통하여 여기서 우리가 알 수 있는 것은 우리의 지성을 넘어 또 다른 하나의 앎의 방식, 즉 관상(혹은 관조)[72]이 존재한다는 것이다.

---

71) F. C. 코플스톤, 『토마스 아퀴나스』, p.8.
72) 일반적 觀照 용어를 그리스도교 靈性神學에서는 관상으로 흔히 사용하는데, 관상기도는 주체가 하느님으로 신이 인간에게 원하는 때에 원하는 만큼 내려주는 수동적 기도로서 인간의 노력은 전혀 없고 신이 해주는 것이다.

3) 신의 속성을 통한 논증

지금까지의 단계들에서 피조물 통해서(per) 신의 흔적을 관조하고, 우리 정신 안에서(in) 진리 그 자체 발견하였다. 그런데 이 제1진리(神)는 영원불변의 존재로서 무한하며 또 무한하기에 우리가 파악할 수가 없다. 따라서 우리 위에(supra) 존재하므로 관조의 눈으로 신의 속성을 인식해야 한다. 보나벤투라는 우리 위에서(supra), 우리 정신의 위를 비추는 빛을 통하여 신을 관상할 수 있다는 것이다. 그 이유를 여기서도 보나벤투라는 아우구스티누스의 사상을 빌려 인용하고 있다. "우리의 정신은 정신의 인식에 있어서 직접적으로 진리 자체에 의하여 형태화"되기 때문이다.(August., 83 Qq., q.51, 2, 4.)[73] 그러므로 진리 자체는 곧 신이며 그 신의 속성은 무한 그 자체이며 순일(純一)이다. 그래서 "예지와 인식, 신의 선과 능력은 신의 본질이며, 이 본질에는 우유성이 없다."[74]는 아우구스티누스의 사상을 보나벤투라는 5, 6단계를 통하여 인간 정신은 신의 본질 속성으로 향하며, 신적 품격의 속성(존재와 본질)을 조명론과 본유관념으로 말한다.[75]

5단계―그분의 일차적인 이름인 存在를 통하여 하느님의 하나이심을 관상함에 대하여(De speculatione divinae unitatis per ejus nomen primarium, quo est esse)―에서 '존재(Esse)'의 그 첫 번째 이름 안에 있는 하느님의 유일성을 그는 관상한다. 만일 우리가 신의 본질인 유일함에 속하는 보이지 않는 신의 특질들을 관상하기 바란다면 우리는 존재 그 자체를 바라보아야 한다. 신은 순수 존재이다. 신은 非

---

73) Itin., c.5. n.1.
74) F. 코플스톤, 앞의 책, 105 참조.
75) 여정주석, p.135 참조.

有의 無이며 절대적 실재이다. 純粹存在는 신적이다. 우리는 구체적인 존재를 생각하고 잠재적인 것과 가능성을 생각하는 데 익숙해져 있다. 가끔 비실재적인 것에 몰두하기도 한다. 그러나 반면에 존재인 순수 존재에 대하여 주목하기는 어렵다. 그래서 보나벤투라는 '지성의 눈멂'을 말한다. 즉 존재 자체를 관상하지 못함으로써 구체적이고 보편적인 존재에 머물러 있는 마음의 눈을 이야기한다. 그러나 우리가 영원한 조명을 받는다면 마음의 순수한 단순함을 통하여 순수 존재에 마음을 집중시킬 수 있다고 한다.

6단계—선이신 그분의 이름 안에서 하느님의 삼위일체를 관상함에 대하여(De speculatione beatissimae Trinitatis in ejus nomine, quo est bonum)—에서 선(善) 자체인 그 이름 안에서 삼위일체의 반영을 찾는다. 순수 존재는 선이다. 선은 신적 발산을 묵상하는 근본, 즉 삼위일체이다. 선은 非有보다 더 낫기에 삼위이면서 하나이심을 묵상하지 못하고서는 선을 올바르게 인식할 수 없다. 선은 스스로 확산하는 속성이 있다. 선은 선을 낳고 사랑을 발출하고 사랑을 받아들여야 하는 속성이 있다. 선은 존재인 선에 의해 발산되는 말씀이며 선물이다. 그리하여 성부, 성자, 성령으로 나타난다. 순수 존재로서 신은 순일(純一)이며 선(善)이다. 그러나 선은 필연적으로 삼위일체이다. 즉 신은 본질적으로 하나이고 삼위이다. 이와 같은 삼위일체의 신비 같은 것은 우리 이성으로 완전히 이해할 수 없고 어떤 추론에 의해서도 확실히 발견할 수 없는 신앙의 문제이다. 즉 신적 계시를 통해서 가능하다. 따라서 마지막 단계76)에서 보나벤투라는 명제로서 이성

---

76) 7단계는 'De Eexcessu mentali et mystico, in quo requies datur intellectui, affectu totaliter in Deum per excessum transeunte(황홀한 사랑 속에 하느님을 향하여 상승하는 영혼에 휴식을 주는 신비로운 영적 황홀에 대하여)' 말하고 있다.

을 넘어 신앙을 강조하고 있다. 마지막 단계인 정신적이며 신비적인 상승에서 모든 지적 작용은 끝이 난다. 이곳은 하느님께 전이되고 하느님과 결합되는 우리 영혼이 도달할 수 있는 열정의 최고의 정점이다. 이러한 상승의 마지막 단계는 아무도 알 수 없으니 받아들여질 수 있는 신비스러운 것이며 가장 신묘한 단계이다. 이 단계는 신인 합일, 즉 하느님과 일치하는 최고점의 신적 체험 안에서 하느님께로 향하는 하느님께 나아가는 정신의 여정을 마치 순례자가 순례의 목적지에 도달함으로 묘사한다.

이상으로 우리는 보나벤투라의 이성의 추리에 의한 신 증명과 하느님께 나아가는 정신의 여정을 중심으로 한 자기 경험에 있어서의 선천적인 직관적 신 인식을 보았다. 그런데 보나벤투라의 신은 형이상학적 제일원리(第一原理)로서만이 아닌 그리스도교의 인격신[77]이다. 그러므로 보나벤투라의 신은 플라톤의 이데아(Idea)나 아리스토

---

77) 토를라이프 보만 『히브리적 사유와 그리스적 사유의 비교』 p.69. 토를라이프 보만은 그리스적 언어가 시간적, 공간적, 정적 사유를 하여 유럽적 사유의 기초가 된 반면 히브리적 언어는 청각적, 시간적, 동적 사유를 하여 동양적 사유의 기초가 되었다고 말한다.
김득룡, 「빛과 소리」 pp.15-17. "고대 그리스인들의 미는 대상의 외관을 묘사하는 데 열중하여 눈으로 보이게 사실적으로 표현되며, 감상적인 것이나 동적인 것들을 형상을 매개로 하여 모두 정신적인 것, 정지적인 것들로 바뀐다. 히브리인들은 깊은 인상과 감명을 주는 대상들의 성품을 감관에 느끼도록 표현한다. 그래서 궁극적 일자인 '신도 감각적으로 다가오는 음향으로 표현'된다. 전자가 가시성에 중점을 두고 공간을 중시하는 반면, 후자는 흐름과 율동과 느낌으로서의 동사적 시간을 중시한다. 전자에게 참존재(存在)는 영원히 정지해 있는 선의 이데아(Idea)이고 로고스(Logos) 역시 '계산하다.', '사유하다.'를 의미하는 이성적인 것에 비해 후자에게 참존재는 행위와 구별되지 않는 말로서 역동성을 지닌 행언(行言)이라 번역될 말이다. 전자는 정적, 공간적, 양적, 기하학적 크기의 개념을 가지고 있으며, 본질적이고 유일한 부동자에서 출발한다. 반면 후자는 동적, 질적, 크기의 개념이다."

텔레스의 부동자(Primus Motor) 그리고 플로티누스의 언표될 수 없는 일자(Unus ineffabilis)가 아니다. 이러한 형이상학적 존재는 추상적 원리로서 어떤 '것'이지 그리스도교의 신은 아니다. 더군다나 '인간-나'에 대한 '하느님-너'가 아니다.[78] 그리스 철학과 유대 그리스도교 사상을 종합한 아우구스티누스처럼 보나벤투라의 "신은 가지성의 추상적 원리가 아니라 인간이 기도로써 비는 신이다. 신은 경배와 기도의 대상이며 이성적인 동시에 범주적인 요청으로서 더욱더 추구되고 해석되는 존재"[79]이다. 따라서 보나벤투라가 자신의 작품을 통해 내심 드러내고자 한 신(神)은 그리스도교적 계시의 신이며, 보다 구체적으로 말해서 삼위일체의 신이다. 그리고 이 삼위일체에서 파견된 성자 그리스도('말씀', logos)이다. 『하느님께 나아가는 정신의 여정』의 서두는 삼위일체의 신으로 선과 평화가 충만한 '제일원리'이며 동시에 '빛의 아버지'와 성자(聖子)인 그리스도를 통하여 기도[80]로 '간구할 수 있는 신'[81]이고, 『신학요강』(Breviloquium)에서는 삼위일체의 신을 중심으로 출발하고 『육일간의 창조』(Collatio in Hexaemeron)에서는 그리스도 중심에서 출발한다. 이 두 방향은 그의 신론의 출발점인데, 즉 Cristocentrism(그리스도 중심주의)와 하나이며 삼위인

---

78) 성 아구스띤, 『고백록』, 최민순 역, 바오로딸, 1998, p.7 참조.

79) 프란치스칸, p.147.

80) 보나벤투라는 『하느님께 나아가는 정신의 여정』 c.1 n.1에서 기도는 "모든 영혼을 고양시키는 어머니이며 근원이다." 한다. 그리고 비트겐슈타인은 기도한다는 것은 "삶의 의미에 대해 사유하는 것이다." 물론 그가 말하는 신은 그리스도교의 신은 아니다. 신비적 언어의 본질은 '관조함' 다시 말해 '사건들에 영향을 미치는 것을 포기함'이다. "신과 삶의 목적에 대해 내가 아는 것은 무엇인가? 나는 세계가 존재하는 것을 알고 있다. …… 삶의 의미, 즉 세계의 의미를 우리는 신이라고 부를 수 있고 그것의 아버지이신 신의 유사성을 연관지을 수 있다."

81) Itin., c.1, no.1 참조.

삼위일체의 신이다. 그래서 그는 당시의 모든 철학자와 신학자들처럼 삼위일체의 신을 역동적으로 기술했을 뿐만 아니라, 그것을 계획하고 발전시키는 데 이바지하였다.[82] 특히 인식의 다른 한 방법[83]인 관조를 통하여(비록 주관적이기는 하지만) 우리에게 진리인 신에게로 인도함으로써 신의 존재 증명을 대신하는 듯하다. 그것은 플라톤이 국가론에서 언급한 바와 같이 참된 철학자의 몫은 '진리 그 자체로 인도 하는 것'과 같다 하겠다.

3. 삼위일체인 신 존재에 대한 관조

서양 철학은 삼위일체를 아우구스티누스에게 의존하여 설명한다. 아우구스티누스 사상의 완성자라고 볼 수 있는 보나벤투라 역시 '삼위일체의 학자'라 불린다. 그것은 그가 그리스도교 철학자로서 삼위일체의 신을 자신의 신학의 출발점으로 삼고 있으며, 삼위일체는 그의 정신의 본질적 구조가 되고 있기 때문이다. 그는 계시의 빛을 통한 통찰력으로 삼위일체의 심연에까지 도달하고 있으나 한편 그 신비의 측량할 수 없는 깊이를 강조한다. 따라서 신 존재에 관해서 보나벤투라는 논리에 의해서라기보다 직관으로 신을 찾으며, 전통적 철학 논증보다는 신비주의적 방법을 선호하고 있다.

---

82) 프란치스칸, p.163 참조.
83) 知性에는 직관 기능과 추론 기능 양자가 있으나 흔히 지성의 직관 기능을 망각하고 지성의 추론 기능만을 확대하여 이것을 理性이라고 부르고 있다.

물론 그가 플라톤의 모형론을 그리스도교화하여 삼위일체론에 적용하고, 신적 이데아를 삼위일체 안에서 신적인 말씀의 유출로 이해하고 있지만, 그의 신은 일자로서 혹은 이데아의 이데아, 궁극적 존재로서만이 아니라 일성 안에 동시에 삼위라는 삼위일체의 신으로 귀결한다. 이 삼위일체의 구조에 따라 그는 신의 유비로서 모든 존재들도 고찰하였다. 이제 신에 대한 두 가지 속성, 즉 존재의 근원과 최고선의 신이 어떻게 삼위일체의 신인가라는 것이다.

쉽게 말한다면 일이 왜 삼인가라는 물음이다. 이에 대하여 그는 이성을 바탕으로 고찰하고 다른 하나는 신적 계시를 바탕으로, 즉 신앙의 내용으로서의 삼위일체를 말한다. 그래서 그는 신에 대한 신학적 공리를 철학적으로 해명하려고 한다.

보나벤투라는 『하느님께 나아가는 정신의 여정』 1장에서 위-디오니시우스의 신비신학(Mystica Theologia, Ⅰ, 1)을 언급하고 있는데 삼위일체의 신비를 다루고 있는 5, 6단계는 위-디오니시우스의 신비신학에 기초를 두었다고 할 수 있을 만큼 영향이 크다. 따라서 이 두 단계는 그의 신비신학에 대한 사전 지식이 없으면 매우 난해할 수 있다.

위-디오니시우스는 『신비신학』에서 두 유형의 신학 및 신비적 관상의 본질에 관해 전개하고 있다. 신의 인식에 관해서 두 가지 방식을 말한다. 첫째 방식은, 이성적 지식으로 지성을 통해서 신을 인식할 수 있는 방법이고, 둘째 방법은, 직관적인 신비신학으로 신비적 관상을 통해서만 신을 인식할 수 있는 방법이다. 전자는 '논증적 신학'이라 불리는 이성적 지식이고 후자는 초자연적 직관적인 '신비신학'이다. 그리고 전자의 논증신학에는 긍정신학과 부정신학 두 종류가 있다. 즉 모든 가능한 존재와 완전성을 신에게 종속시키는 긍정신학과 신에 대한 인간 개념들이 어떻든 간에 실재 그대로의 신보다 실재 그대로가 아닌 신의 뜻이 더 많이 있다는 사실을 표현하는 부정신학이다. 이 작품에서 보나벤투라는 위-디오니시우스의 신 인식의 두 가지 방법을 따르고 있다.[84]

4. 불완전한 관조와 완전한 관조

1) 불완전한 관조

보나벤투라에게 있어서 신에 대한 지성적 철학적 방법은 불완전 관조이다. 그는 첫째로, 철학적 공리를 신에게 적용한다. "온전히 하나인 존재는 모든 다양성의 보편적 원리이다."[85] 즉 존재의 근원은 모든 것의 원천이 된다. 즉 신은 작용인이고 모형인이며, 목적인이다. 여기서 보나벤투라는 존재 자체는 제일의 것으로 존재의 일성을 강조한다. 둘째로, 신학적 공리에 있어서 보나벤투라는 존재의 일성으로부터 다성을 강조한다. 그의 사상 전개는 "우리 선이 자기 자신을 확산한다."(Dionys. de Celest Hierarchia 4.)는 위-디오니시우스의 가르침을 좇아 '선은 자기확산적이다(Bonum summum est diffusivum sui).'는 분명한 원칙에서 출발한다. 이 원칙에서 주의주의자인 보나벤투라의 모습을 볼 수가 있는데, 의지의 측면에서 보면, 때로는 사랑도 의지의 또 다른 이름이라고 생각할 때, 기쁨이나 사랑은 정태적

---

84) 전통과 영성, p.83.
85) Itin. c.5. n.7: "summe unum est, est omnis multitudinis universale principium"

일 수 없고 (홀로 간직할 수 없고 넘치게 마련이듯이) 확산되는 것이다. 보나벤투라는 선의 본질도 빛의 본질처럼 '자기확산'에 있다고 보았다. 보나벤투라에 의하면 삼위일체의 신 존재 양식은 자기확산이라고 한다. 즉 선이 본질인 신은 그 자체가 '자기확산'이다. 그것은 자기 생산 안에서 끊임없이 역동적으로 자신을 분출하는데 먼저는 성부, 성자, 성령의 상호 안에서 이루어지는 내적 확산 때문이며, 다음은 이 삼위일체의 자기확산이 밖으로 유출된, 즉 '외적 확산'이 세계 창조로 나타나기 때문이다.

첫째는 최고의 선은 가장 완전하게 자기 자신을 확산한다. "최고의 자기확산은 현실적이고 내면적이며, 실체적이고 인격적이며, 자연적이고 의지적이며, 자유롭고 필연적이며, 틀림이 없고 완전해야 한다."(Itin, c.6, n.2) 즉 이는 삼위일체 안에서 상호내주(相互內住)로 가장 완전한 확산의 양태를 말해주고 있다.

둘째는 "최고의 소통 가능성은 인격적 특성과 결부되고 최고의 동일 본질은 여러 실체들과 결부되며, 최고의 동형성은 인격적 상이성과 결부되고 최고의 동종성은 질서와 결부되며, 최고의 동일 영원은 발현(유출, emanatio)과 결부되고 최고의 동일 내면성은 파견(보냄, emissio)과 결부되어 있다."[86] 그러므로 세상 창조는 절대 선의 확산과 같다고 고찰하였다.

이상에서 신은 그리스도교 철학자인 그에게서 삼위일체의 신으로 나타난다. 그는 서양 철학사가 문제 삼아 왔던 '일과 다'의 문제를, 즉 창조자와 세계 창조의 문제를 일차적으로 삼위일체인 신에서부터 문

---

86) itin., c.6, n.6.

제 삼아서 설명하고 있다. 궁극적 존재는 일이다. 즉 '이데아의 이데아' 혹은 '一者'이다. 그러나 보나벤투라의 신은 일이면서 동시에 삼인 삼위일체이다. 어떻게 일(一)이며 동시에 삼(三)인가라는 삼위일체의 본질에 관해서 그는 두 가지로 설명한다. 하나는 신의 본질이 빛으로서의 확산이라는 것이고, 다른 하나는 최고선으로서의 확산이다. 이 두 확산성이 신의 내적 삼위일체의 존재 이유이다(내재적 삼위일체). 그리고 이 확산성의 외적 표현이 바로 세계 창조의 이유가 된다.

그러므로 보나벤투라의 사상에 있어 신론과 존재론, 지식론과 진리론은 빛을 모형으로 하고 있으며 그 빛의 본질인 확산성이 기저에 깔려 있다. 그러므로 보나벤투라에게 있어, 이 빛은 인식의 근거이고 진리의 근거이며 동시에 존재의 근거가 되고 있다. 빛의 본질은 우리가 그의 사상을 이해할 수 있는 가장 중요한 개념인데, 보나벤투라에 의하면 빛 그 자체의 본질이 '자기확산(diffusivum sui)'이라는 것이다. 이 '자기확산'은 바로 '활동의 원리'이기도 한 것이다.

이것은 마치도 플로티누스가 말했던 일자(一者)의 '자기 생산성(自己 生産性)'과 유사하지만 보나벤투라는 플로티누스의 一者를 그리스도교 삼위일체(三位一體)의 신으로 대치시키고 있는 듯하다. 그리고 13세기의 빛의 시대에서 야기되었던 빛의 본질 문제와 과학의 태동기에서 논의되었던 물리학적 빛의 문제는 분명 교부 시대의 아우구스티누스와는 상당한 차이를 보였을 것은 분명하다. 적어도 보나벤투라의 빛은 옥스퍼드학파의 그로스테스트의 물리학과 일치하면서 형이상학적 빛을 언급하고 있다는 것이다. 즉 존재의 근거와 원인은 一者와 같은 '一'의 모습이 아니라 빛의 속성이 담고 있는 '확산성의 一'(*논자의 표현)이다. 즉 이것은 1과 1의 3성(三性)의 차이와 같은 것이다. 둘은 결과적으로 1이지만 그 내용은 분명 다른 것으로, 충만한 일이라고 할 수 있다.

이와 같이 존재의 근거(一)로 신을 시원적 혹은 근원적으로 빛이라 보는 빛의 형이상학자들과 맥을 같이하면서도 스스로 운동하며 비추는 '확산성의 一'을 발견하고 이를 그리스도교의 삼위이신 '삼위일체'의 신에 적용하고 있다. 이러한 차이점을 발견한 사실은 빛의 형이상학 전통에서 빛을 자연적 현상으로만 여겨 온 것을 형이상학적으로 문제 삼았던 선구자 플라톤처럼, 그리고 형이상학적인 '빛'을 일자로 여기면서도 '일자는 왜 일자이어야만 하는가?'라는 근본적 물음을 제기한 플로티누스처럼, 분명 삼위일체의 학자 보나벤투라가 발견한 크나큰 업적이 아닐 수 없다.

2) 완전한 관조

이 장 서두에서 밝힌 것처럼 지금까지 신 존재에 관해서 말한 것은 보나벤투라에게 있어서는 하나의 수단으로서 철학적이고 지성적이고 능동적이며 획득된 것이고 불완전한 관조로 말한 것뿐이다. 진정 그가 말하고자 하는 목적은 지혜로 가득 차고 수동적이고 주입된 것이며 완전한 관조[87]를 말하고자 하는 것이다. 즉 이성적 신 논증은 수단에 불과하다는 것이다.

결국 보나벤투라가 이성적으로 증명한 신은 그가 신앙으로 수용한 삼위일체의 신이라는 것을 확신할 수 있다. 왜냐하면 철학자들이 철

---

87) 신의 실제를 체험함은 注賦的 觀想으로서 여기에는 세 가지가 포함된다. 즉 감각적이고 지적 인상의 정지, 어둠 속으로 들어감, 신을 보고 신과 친밀히 결합함이다.

학에만 머물 때 오류를 범한다는 것은 이성은 궁극적 존재의 일성에서 신을 말할 뿐 삼위일체의 신을 받아들일 수가 없기 때문이었다.

그는 인간이 진리를 인식하는 데에는 이성만 요구되는 것이 아니라, 계시도 필요한 것이라 생각하였다. 보나벤투라는 신앙은 이성보다 오히려 한 단계 높은 빛이며, 상위의 인식 방법으로 생각하였다.

그는 위-디오니시우스처럼 삼위일체를 논리적으로 설명할 수 있는 방법과 설명 불가능한 초자연적이고 신비적 관상의 방법을 통해 설명한다. 그리고 신의 존재 양식이라 할 수 있는 삼위일체(의 신비)는 다른 한편 인간의 이성으로 완전히 이해할 수 없는 관상의 방법, 즉 하느님의 직관을 통해서만 파악될 수 있다. 이것은 인간 이성의 부족함과 신에 대한 이성적 지식의 한계를 보충해 주는 방법일 수 있다.

성부, 성자, 성령의 존재 양식인 삼위일체는 셋과 하나가 양립하는 것, 최고의 상호 전달이면서 위격의 고유성이 존재하는 것, 최고의 동일 본질이면서 위격이 다수라는 것, 최고 동등성이면서 위계적 질서가 있고, 동일 영원성 속에 한 위격이 다른 위격으로부터 태어난다는 것[88] 등의 문제성을 갖는데, 이것은 우리의 논리와 우리의 지성을 넘어 있기 때문에 그저 응시와 관조만으로 상상할 수 있다는 것이다. 이 관조에 관하여 보나벤투라에게 영향을 주었던 성 빅톨의 리까르도가 말하는 관상에 이르는 6단계가 우리의 이해를 도울 것이다.

1단계는 감각적 사물에 대해 고찰하고
2단계는 감각할 수 있는 것에서 지각할 수 있는 것으로 이행하며
3단계는 정신적인 것을 통해 감각적인 것을 평가하고

---

88) Cf. itin., c.6, n.6.

4단계는 감각적인 것을 통해 도달한 지각적인 것을 자기 힘으로 고찰하고

5단계는 감각적인 것을 통해 도달할 수 있는 것이 아니라 이성으로 이해될 수 있는 지성적 실재들을 관상하며

6단계는 지성이 발견할 수 없고 상세히 알 수도 없는 지성적인 것을 고찰한다.

그것은 신적 진리의 탁월한 관상으로서 관상이 궁극적으로 완성되는 것이다.[89]

보나벤투라에 의하면 "가장 완전한 것은 측량할 수 없는 것"(Itin., c.5, n.7)이라고 한다. 이 보나벤투라의 말을 빅톨 리까르도의 관상의 6단계에서 설명을 한다면 더욱 잘 나타날 수 있을 것이다.

리까르도에 의하면 신 존재를 이성적으로 파악한다는 것은 4단계에 해당하고 신비적 관상은 5단계에서 시작된다. 이 단계는 "인간이 이성으로 완전히 이해할 수 없고 어떤 추론에 의해서도 우리가 확실히 발견할 수 없는 진리를 알게 된다." 그것은 신의 본성 및 신의 본질의 단순성에 관한 가르침이다. 그러나 6단계에서 관상된 진리는 이성을 능가할 뿐 아니라, 삼위일체의 신비 같은 것은 추론하기가 어렵다.[90]

리까르도와 같이 보나벤투라도 삼위일체의 신을 5, 6단계에서 관조의 눈으로 응시하기를 선호한다. 즉 감각적인 것과 지성이 더 이상 나아가지 못하고 오히려 지성이 만들어 놓은 모든 개념들이 방해가 되는, 그래서 지성의 능동 상태가 수동 상태로 환원되는 경지에서 신적 조명만이 존재하는 단계이다. 보나벤투라는 신 논증에 있어 이러한

---

89) 전통과 영성, p.195.
90) 위의 책, p.179.

관조를 더 선호하였다. 그리고 보나벤투라는 관조에 들기 전 지성의 끝 자락까지 사유하며 분석한다.

여기서 보나벤투라도 감각적 피조물을 통하여 그 안에서 현존하는 신을 이론적으로 고찰하고 나아가 자신을 초월하여 신에게로 향하여 그분을 관상해야 함을 강조하고 있는데, 보나벤투라가 말하는 이러한 관상이 어떠한 의미를 갖는지 고찰할 필요가 있다.

드 울프는 보나벤투라의 "신비사상은 13세기의 신비사상을 가장 훌륭하게 구현한 것"[91]이라고 하는데 『하느님께 나아가는 정신의 여정』을 통해서 우리는 보나벤투라가 예리한 이성으로 그의 철학과 신학을 언급하면서 관조적 신 인식을 강조하고 있음을 보고 있다.

일반적으로 관상의 지식은 이성보다는 신앙에 근거한다. 따라서 관상적 지식은 "초개념적이고 개념과 형상이야말로 관상을 방해하는 것이 되기에 그것이 지닌 어둠"[92]을 설명하기도 한다.

특히 이 작품에서는 '관조(speculatio)'[93]라는 전문 용어가 많이 나

---

91) 위의 책. p.204.

92) 『전통과 영성』, p.229.

93) **안다는 것**의 일차적 차원은 **눈을 통하여 본다는 것(by eyes)**이지만, 이차적 차원은 감각 차원을 넘어 **정신으로 지각하는 것**(by the mind), 즉 형상과 이데아를 보는 것이다. 이것은 그리스어에 '**nostos**', 즉 Odysseus가 트로이 전쟁에서 자기 고향집 이타카로 **되돌아감(귀향, 복귀)**을 의미한다. 안다는 것은 숙고한다, 통찰한다, 관찰한다는 의미들로 통용될 수가 있다. 그리고 나아가서 전체를 직관하는 단어들인 관조한다, 관상·관조한다는 의미의 것의 어원은 먼저 'speculatio(speculation. 英)'이다. 이말은 라틴말에서 유래하는데, 영어로는 1) spy out(몰래 조사하다, 발견하다, 찾아내다, 알아내다), 2) to examine(탐구하다), 3) to explore(탐구하다, 조사하다)이다. 그것은 라틴어의 specula, ae, f.(망보다, 경계하다, 조심하다)로 英語로는 'Watch out'과 같다. speculum(mirro. 英) 거울이라는 그리고 species(a seeing, a sight, a form. 英) 봄, 시각, 형상으로서 'spec'에 어근을 두고 있다. 이는 vision(영) ― 시력, 상상력, 선견, 통찰력, 그리고 마음의 광경, 환상, 영상, 한 눈, 一見 ― 과 연관돼 지칭되

타나고 그 의미도 상징적이고 다양하다. 먼저 보나벤투라의 작품에서 찾아보는 관상의 정의를 보면 성 빅톨 후고(Hugo de Victore, 1096 – 1141)와 리카르두스(Richardus)의 사상적 영향 안에서 보나벤투라는 관상(contemplatio)은 "자유이고 사물의 속을 꿰뚫어 보는 눈이며 부동의 직관력이다(Liber ac perspicax et defixus intuitus)." 혹은 관상은 "경이로움과 함께 진리의 응시(명상) 속에 정신의 자유스런 통찰력이다(Libera mentis perspicacia in sapientiae spectacula cum admirationem suspensus)." 또는 "관상은 경탄을 통한 신적 명상 안에서 정신의 자유로운 직관이다(Liber animi contuitus in divina spectacula per admirationem suspensus)."라고 말한다.

그리고 보나벤투라가 말하는 관상은 그리스도교 본질 안에서 더잘 파악된다. 그리스도교의 본질은 사랑이며, 사랑은 지혜로써 완성되고, 신비적 은총은 지혜와 관련된다. 따라서 그의 관상은 사랑과지혜의 완성이고 그것은 직관이라기보다는 신을 체험하고 맞들임

고 공유한다. 그것은 영어에 'spy(조사하다)', 'espionage(첩보활동, 정찰행위)', 'special(특별한, 유별난, 임시의)'과 같은 어원이다. **관조**(speculation＝absolute vision)와 **숙고**(reflection)는 둘 다 '숙고하다.', '알아내다.', '보다.'라는 뜻이다. 우리는 그리스어와 라틴어를 통해 이 두 단어의 차이점을 알 수 있다. 즉 **반성적 고찰[reflective gaze]**이란 '직접적봄(Schein)'이고 實在까지 결코 도달할 수는 없다. 왜냐하면 reflection은단지 반영의 반영, 즉 自己外化(alienation)의 가상을 보는 것이기 때문이다. 이에 반하여 觀照는 그 자체로 되돌아가기 위하여 무엇이 외화의本質인가를 찾아내는 것이다. 관조(speculation)는 현재 직접적인 봄이아니다. 즉 관조는 외화의 숨겨진 것을 찾아내어 그 가면을 벗기는 것(정체성을 드러내게 하는) 탐색 행위 안에서 시작해야만 한다. 헤겔에게 있어서 관조(절대적 봄)는 직접적으로 보이는 것이 아니라 어떤 것이 실재 속에서 탐구되는 것이다. John Russon; "For now we see Through a glass darkly" (The systematics of Hegel's visual imagery): in Sites of vision, ed. by David Michael Levin, the MIT Press Cambridge Messachusetts. pp.225 – 227 참조.

(sapore)이다. 관상은 완전히 수동적이고 주입적이며 대개 보나벤투라가 탈혼(excessus)이라 일컫는 어떤 유형의 황홀감이 동반된다.[94] 그러므로 보나벤투라에게 있어서 관조 혹은 관상은 다양하고도 폭넓은 범위로 사용되고 있다. 즉 관조는 '실제적인 인식', '경험을 통한 앎', '신비적 앎', '참된 지혜',[95] '일시정지(유보)', '탈혼', '정신의 극치', '극도의 나른함(졸음)', '신비적 극치', '신비적 일치', '극치의 앎', '안개와 극치', '광기', '신적 감미로움의 체험', '성교(포옹)', '관상[96](觀想)'……등등[97]으로 무수히 나타난다. 그러므로 그는 신비가들이 자주 택하는 최고의 빛으로 신을 말하고 있는 것이다. 그 예는 두 형태로 나타난다. 빛의 신과 동시에 어둠에 묻혀 있는 신이다.

---

94) 전통과 영성, pp.204-205.
95) 지혜라는 말은 4가지 의미로 사용된다. 첫째는 신적 그리고 사물의 인식을 표시, 고차적 인식, 즉 영원한 사물의 인식, 예컨대 아리스토텔레스는 지혜를 최고 원인의 인식이라 표시한다. 둘째는 경건에 의한 신 인식(경건 자체가 신 인식)으로 보나벤투라는 신, 망, 애로 이루어지는 신 인식을 표현한다. 셋째는 경험적 신 지식을 의미하는데 지혜의 은사는 신인합일을 위해서 절대 필요하다. 그것은 인식에서 시작하여 정서에서 완성된다. 넷째는 지혜는 사랑에 가깝다. 사랑이 지혜로 나타나는데 하느님께 나아가는 정신의 여정에서는 이 지혜(사랑)가 본래 목표이다.
96) 보나벤투라는 경험 위에서 관상의 은총에 대해 언급한다. 인간이 자기 자신 안에 신의 은총 영향을 느끼는 만큼 그만큼 더 탁월한 관상을 한다.
97) Antonio Blausucci, La spiritualita' di San 보나벤투라, Citta di Vita, 1974, Fireze, p.71.

5. 빛의 신과 어둠의 신

1) 빛의 신

빛의 형이상학자들이 빛을 신과 절대자에게 적용하였듯이 보나벤투라는 삼위일체이신 성부(하느님)와 말씀이신 성자 그리스도를 지칭하고 있다. 삼위일체의 내적인 상호 관계를 들어 말하면서 성부, 성자, 성령의 관계를 빛(lux)과 밝음(splendor) 그리고 열(calore)로 설명하기도 한다. 그 예를 보면 빛은 모체로서 밝음을 낳는다. 밝음과 빛[光]은 열을 내고, 열은 이 둘의 자손과 같은 형태가 아니라 이 둘로부터 생긴다. 그러므로 신(하느님)은 근접할 수 없는 빛이시다(Lux quidem tanquam parens generat splendorem, splendor autem et lux producunt calorem······ si ergo Deus vere lux est inaccessibilis). 보나벤투라는 신은 최고의 존재로 '가까이 갈수 없는 빛'이며, '빛의 아버지'로 표현한다. 그리고 그리스도교 사상은 이 빛의 신을 삼위일체로 표현하고 있다. 즉 빛(光源)은 모체로서 밝음(광선, 빛살)을 낳는다. 밝음과 빛은 열을 내고 열은 이 둘의 자손과 같은 방법으로는 아니라 하더라도 이 둘로부터 생긴다. 따라서 신의 밝음과 열의 본질과 실체를 이루고 있는 가까이 갈 수 없는 빛이다.[98] "Non erat ille lux; sed ut testimonium perhiberet de lumine"[99](그(세례자 요한)는

---

98) 보나벤투라, 『세 가지 길』, 권숙애, 시글, 1997, p.68.
99) S. Bonaventura, Opera Omnia(Tomus, Ⅵ), Ad claras Aquas(Quaracchi), 1893, p.251. Coment. in Ioannem C.1 vers. 8.

빛이 아니라 다만 그 빛(그리스도)을 증언하러 왔을 따름이다.) 여기에 대한 주석을 달면서 보나벤투라는 분명하게 "오로지 하느님(Deus)만이 Lux(발원체)이시다."라고 하면서 이렇게 언급하고 있다. Respondo; est lux illuminans effective et dispositive. Lux illuminans effetive est lux per essentiam, sic solus Deus est illuminans; dispositive est lux per participationem……100) (나는 답한다. 발광체는 작용하며 질서정연하다. 빛(lux)은 본질상 발광한다. 이렇듯이 오직 Deus만이 발원체이시다. 참여를 통하여 빛은 질서정연하다…….)

이렇게 보나벤투라는 지성의 방법으로 삼위일체의 신을 빛의 근원으로서 참빛이라 설명한다. 그러나 최고의 빛인 하느님(Deus)은 감각적이고 지적인 것을 초월한 존재이기 때문에 보나벤투라는 지성의 방법보다 관조적 방법을 더 선호하면서 다음과 같이 말하고 있다.

"정화되고 싶다면 양심의 가책에 의지하라. 조명되고 싶다면 이지의 빛에 의지하라. 완전한 일치를 얻고 싶다면 지혜의 작은 불꽃에 의지하라. 이렇게 할 때 당신은 '빛에 의지하라'고 복된 위 위-디오니시우스가……"101)

2) 어둠의 신 S. Bonaventura

보나벤투라는 성 안셀무스의 충실한 제자라고 불렸지만 '오직 이성만으로' 문제를 다루는 안셀무스의 계획 자체는 받아들이지 않았다. 그래서 보나벤투라의 증명들이 체계적으로 다듬어져 있지 않은 것으

---

100) ibid., p.251.
101) 보나벤투라,『세 가지 길』, 권숙애, 시글, 1997, p.19.

로 생각될 수 있었다. 그러나 그렇게 보이는 이유는 그의 변증법적 무능력함으로 인한 것이 아니라 신 존재가 인간 영혼에 아주 명백하다는 보나벤투라의 확신에 의한 것이며 그에게 있어서는 신을 발견하기 위해 오직 순수한 마음과 성실한 정신만이 요청[102])되었기 때문이다. 즉 그러한 비침은 이성을 통한 신 존재 증명과 그리스도교 철학자로서 확신에 찬 신앙의 눈으로 본 신에 대한 전 이해(前 理解) 사이에서 발생되는 충돌 때문일 것이다. 그는 이 작품의 결론 안에서 위-디오니시우스의 부정신학 형태를 취하고 있다. 즉 긍정의 길을 타당한 것으로 받아들이지만 부정의 길을 더 의미 있는 것으로 받아들이고 있다. 신은 밝음에서보다 어둠에 묻혀 있으며, 빛보다는 불에 묻혀 있다는 결론을 내리고 있다. 그래서 보나벤투라에게 있어 신은 어둠이며 빛이다. 그는 신을 전통적 방법인 이성으로 설명하고 증명하는 것보다 관상의 방법을 선호하였다. 관상의 지식은 이성보다는 신앙에 근거한다. 따라서 관조적(관상적) 지식은 "초개념적이고 그것은 개념과 형상이야말로 관상을 방해하는 것"[103])이다. 그러므로 보나벤투라는 『하느님께 나아가는 정신의 여정』 결론에서 이렇게 말함으로써 결론을 맺는다.

"만일 그대가 이것이 어떻게 일어나는지 알고자 한다면, 학문에 묻히지 말고 은총에 묻히며 연구하는 독서에 묻히지 말고 기도와 탄식에 묻히며…… 밝음에 묻히지 말고 어둠에 묻히고 빛에 묻히지 말고 불에 묻히어라. 그 불은 완전하게 타올라서 신비적 도유와 불타는 사랑을 통하여 하느님 안으로 변형시킨다. 이 불이 하느님이시다."[104])

---

102) 프란치스칸, 149 참조.
103) 전통과 영성, p.229.
104) Itin., c.7. n.6.

상기의 인용은 보나벤투라가 말하고 있는 신은 논리적이고 이성에 입각하여 증명되는 신이 아님을 역설하고 있다. 그가 말하는 신 존재는 '어둠이며 빛'이다. 여기서 우리는 그가 왜 합리적이고 이성적 논증보다 관조적 방법을 더 선호했는가를 이해할 수 있다.

이상으로 우리는 보나벤투라의 신 실존에 대한 두 가지 접근 방법, 즉 전통적 이성의 추론과 관조적 방법을 보았다. 전자는 스콜라 시대의 전통적 이성의 추론 방법이고 후자는 이성과 감성 둘 다를 결합시키면서 관조적 방법을 강조한다. 앞서 본 플로티누스적 방법을 그가 택한 것 같다. 즉 자신의 체험이며 신비적 깨달음을 통해서 신을 말했다. 이 관조(깨달음)적 인식 방법은 이성을 최고로 이용하고 더 이상 이성이 오를 수 없을 때 비트겐슈타인의 표현처럼 그 사다리를 버리는 방법과도 같다.

보나벤투라는 신 논증에 있어 지성을 통한 이성적 추론 방법에만 매달리지 않았다. 그는 주의주의 안에서, 그리스도교 신앙 안에서, 그리고 신비주의자로서 최고의 빛(신)을 더 우선적으로 말한 것이다. 그러나 그의 이론은 별로 체계적으로 다듬어지지 않은 것으로 생각할 수 있다. 따라서 현대의 논리적 실증주의 시각과는 너무나 거리가 멀다고 할 수 있겠다. 그러나 보나벤투라가 생각한 인간 정신(mens)은 신비가들이 '영혼의 영혼', '가장 갈고 닦인 영혼의 부분'을 지니고 있다. 이것을 아우구스티누스는 삼위일체적 구조와 하느님을 인식할 수 있는 능력을 가졌다는 이중적 이유 때문에 바로 이 멘스 안에 하느님의 모상이 있다고 본 것이다. 따라서 보나벤투라는 인간 존재는 신을 깨달을 수 있는 능력을 갖춘 인간 'Capax Dei'임을 매우 강조하였다.

그러나 오늘날 이성적 인간은 검증과 관찰과 실증주의 사고를 중시하면서, 끊임없이 희구하고 있는 인간을 오히려 더욱 폐쇄적이고 희망이 없는 존재로 전락시키고 있다. 보나벤투라의 관조적 신 존재 증명은 오히려 이론적 앎과 실천적 삶을 통하여 신을 증명하였다기보다 오히려 신을 증명한 셈이다. 그는 플라톤적 사고로 인간을 진리 자체인 신에게로 인도한 것이다. 신의 문제는 질송의 말대로 가장 긴박한 것이긴 하지만 오늘날 실증과 검증의 척도 아래에 있는 철학에서는 답보 상태에 머물고 있다고 볼 수 있다. 이러한 사조에 물들어 있는 현대인의 관점에서 보면 그의 관조적 신비사상은 비실리적이고 비생산적으로 보일 것이다. 그러나 본질적 삶을 살려면 우리는 더 높은 곳을 향하여 마치 보나벤투라가 제시한 것처럼 점차적으로 상승 단계로 나아가 무한히 열려져 있는 순일(純一)로 되돌아가야 할 것이다. 그의 관조적 신 인식은 폐쇄된 사고에서 열린 존재로 우리를 인도한다.

보나벤투라 사상의 현대적 의미

보나벤투라는 그리스도교 철학자이고 신학자이며 신비가로서, 그의 사상은 때로는 난해하게 보이지만 사상의 중추적 역할을 하는 '빛의 형이상학'을 알면 그의 사상을 이해하는 데 도움이 된다. 그는 그리스적 사유의 빛과 그리스도교의 성서의 빛을 접목시켰다. 즉 그리스 사상 안에서 형이상학적으로 논의되었던 궁극적 존재인 빛을 유대-그리스도교의 신으로 나타내고 있다. 그것은 성서(Gv1: 1, 9)와 신비가들이 말하고 추구하였던 '최고의 빛'이며, 최고선을 본질로 하는 그리스도교의 신이다. 우리가 주지하듯이 13세기는 유럽에 있어서는 새로운 아리스토텔레스적 사상이 유입된 시기로, 학문적으로 과학의 태동기라 할 수 있는 시기이다. 보나벤투라는 당시 우주 천체 운동의 논쟁 과정에서 그리스도교의 창조론을 고수하면서, '빛과 관조(lux-speclulatio)'로써 일관되게 대처한다. 보나벤투라는 그것이 그리스도교적 태도라고 생각하였기 때문이다. 따라서 보나벤투라 사상의 특징은 빛의 형이상학이다. 그리고 그가 다루려고 했던 것은 존재와 생성 전체의 형이상학이었다. 그는 궁극적 존재로서의 빛과 여기서 쏟아져 나오는 광선을 구별하여 절대의 빛을 'Lux'로 지칭하여 오직 신(Deus)에게만 적용시켜 가시적이고 창조된 빛과 구별한다. 그러나 더 중요한 것은 신학적 의미보다 자연적 현상과 철학적 의미를 갖는 발광체인 빛을 'lux', 그리고 거기에서 나오는 가시적인 빛을 'lumen'으로 구별한 것이다. 그리고 그는 그의 『명제집 주해』에서 물체세계의 빛(창조된 빛)을 "빛은 구체적 개념 속에서든지 아니면 추상적 개념 속에서든지 물체가 아니라 조명된 물체적 형상이다(Lux proprie, et in abstractione dicta non est corpus, sed forma corporis luminosi)."라고 정의한다. 또한 그리스도교 창조설은 형상이신 신이 사물들에 존재론적 형상을 부여하는 것이다. 즉 사물의 발생이 다름 아닌 형상화(formatio)라고 제시하고 있다. 따라서 그리스도교 전통을 고수하면서 보나벤투라는 빛을 실체적 형상으로 생각하고 '빛과 관조'의 사상이 가장 만족할 만한 그리스도교적 방법이라 주장하였다. 그가 말한 일차적 의미는 물체적 빛, 즉 자연적 빛이며, 이차적 의미는 이 빛이 정신계에 적용되어 인식의 근거와 존재 자체의 근거가 되는 빛이다. 더 나아가 신비가들이 말하는 최고의 빛, 즉 신(삼위일체) 자신이다.

필자가 지금까지 보나벤투라의 사상을 살펴 온 바에 의하면, 그는 플라톤의 이데아 개념에 기초한 아우구스티누스 전통을 충실히 따르며 그 전통을 더욱 심화한 그리스도교 철학자이었다. 그렇기 때문에 그리스 철학이 우주론적 관점에서 궁극적 존재와 인간을 설명하는 반면 보나벤투라는 이성을 배제하지 않고 그 위에 계시된 신앙을 바탕으로 한 그리스도교 관점에서 이데아의 빛을 축출하고 대신 빛을 창조한 하느님을 '최고의 빛(Lux)'으로 내세웠다. 그리고 인간 존재의 근거와 세계의 근거 역시 이성이나 이데아가 아니라 창조주 하느님이다. 따라서 그의 철학은 신과의 관계성 없이는 아무런 설명을 할 수 없는 것이 그 한계성을 드러내는 약점이면서도 모든 존재들을 해석해 낼 수 있는 강점이 되기도 한다.

빛의 형이상학자로서의 보나벤투라는 이러한 관계성의 맥락에서 이해 가능하다. 그는 옥스퍼드학파의 로버트 그로스테스트의 물리적 빛의 가르침을 수용하면서 자신의 '빛론'을 주장하였으며, 그로스테스트처럼 자연적 빛의 본질을 정신계로 가져와 인식론과 존재론에 접목시켜 설명하였다. 따라서 그의 '빛'은 물리적 빛을 뛰어넘어 형이상학적 존재로서 존재의 근거요, 인식의 근거이며, 도덕의 근거이다. 그리고 구약 창세기를 통해 '빛이 생겨라'고 태초에 말씀한 빛의 창조자이다. 그러므로 창조된 빛의 근원이 신이다. 그리고 모든 존재자들은 이 빛에 의한 흐름에서 창조된 것이다. 이 구도는 보나벤투라의 사상 전체를 빛과 반사광으로 구성한다. 그래서 인간을 위시한 창조물은 그 빛의 흐름이며, 모든 존재는 근원적 빛의 위계질서 안에서 설명하고 학문마저도 빛의 단위로 구별되어 진리를 말하고 그리고 다시 모든 학문이 성서 전체가 말하고 있는 사랑에 귀의한다. 이처럼 세라핌 박사의 빛의 형이상학적(존재론적) 관점은 사랑의 형이상학에 기초하고 있다. 즉 그의 형이상학에서는 모든 것이 빛과 사랑의 전달이며 관련이며 참여였다. 위로부터 내려오는 모든 조명도 사랑을 통하여 생겨나고 사랑을 목표로 삼고 있으며, 학문까지도 그 궁극적 목적이 사랑이라 여긴 보나벤투라는 이 우주의 무게가 바로 사랑에 있음을 말하고 있는 셈이다. 이러한 의미에서 그의 철학은 생동적이고 구체적이며 총체적이다. 그리고 통일성을 지향하는 보나벤투라의 사상은 전체적으로 빛의 형이상학에 기초한다.

이제 보나벤투라의 현대적 의미와 연관해서는 철학사를 통하여 끊임없이 제기되어 왔고 또 제기되는 세 가지 물음—신과 인간 그리고 세계—에 대한 그의 중추적 사상을 말하고자 한다.

보나벤투라는 신 존재에 관해서는 철학자라기보다 신학자였다. 그의 사상은 신에게서 출발하여 신에게로 환원된다. 그래서 정신적인 물이 끊임없이 샘솟는 원천은 삼위일체의 신에 두었기 때문에 그는 삼위일체의 신학자이고 성육신의 스승이며 그리스도 중심주의의 주창자이었다. 그러나 그는 이러한 신학적 문제를 철학을 통하여 밝히려 하였다. 따라서 그리스도교의 궁극적 삼위일체의 신은 참된 빛(Lux)이다. 그런데 왜 하나이며 삼위인가라는 내적 신의 물음도 빛은 그 자체가 밝음이므로 자기 내의 신적 빛의 확산으로 그 삼위일체의 존재 이유를 밝힌다. 그리스도교의 창조 역시 빛의 확산이다. 왜 일에서 다가 나오느냐는 설명 또한 빛의 외적 확산이라고 하였다.

그리고 모든 존재자들은 빛의 단위이고 최고의 빛은 그 본질이 최고의 선이며 존재(Esse)이다. 이 빛을 그는 존재와 인식의 근거이면서 동시에 윤리 도덕의 원천으로 나타내고자 하였다. 그리고 무엇보다 보나벤투라는 그리스도교 철학자로서 우주론적 관에서 사유한 플라톤의 이데아나 아리스토텔레스의 원동자(Primus motor), 그리고 플로티누스의 일자(Unus ineffabilis)마저 그것은 어떤 '것' 혹은 어떤 '원리'이지 결코 그리스도교가 지향하고 있는 인격적 신, 육화(肉化)한 신, 기도로 빌 수 있는 신(神)이 결코 아님을 분명 깨닫고 그의 삼위일체의 선의 확산(사랑의 발로)으로 이 세상에 파견(missio)된 구체적인 신인(神人) 그리스도에게 중심을 두고 있다. 이것은 관념적인 신이 아닌 구체적으로, 신이 인간 되신 육화(肉化)한 그리스도이며 참된 빛(vera Lux)으로 말하였다. 이러한 그의 빛의 사상은 '그리스도 중심주의'를 낳게 되는데 보나벤투라는 모든 지식의 샘을 그리스도에게 두었기 때문에, 그리스도는 "우리의 논리이며, 그분은 우리의 이성"이라고 하였다. 뿐만 아니라 존재론적 질서, 도덕적 질서, 삶의 질서, 학문과 역사의 질서에 있어서 그 중심이 된다. 그리스도는 그의 사상과 형이상학의 열쇠라고 볼 수 있다. 이처럼 신학자요, 신비주의자인 보나벤투라는 그리스도를 모든 것의 모형인이요, 형이상학과 사변적 학문의 중심으로 보았다. 특히 오늘날 새롭게 주장되고 있는 '그리스도 중심주의'를 주장한 보나벤투라의 학설은 철학적 관점에서보다 신학적 관점에서 더 각광을 받았다고 볼 수 있다.

그리스도는 보나벤투라의 사상과 형이상학의 열쇠라고 볼 수 있다. 그의 그리스도 중심주의와 빛의 사상은 21세기에도 여전히 그리스도교 철학과 신학에 커다란 영향을 주고 있다. 교황 요한 바오로 2세는 1979년 "인간의 구원자(Redemtor Hominis)" 회칙을 통하여 그리스도가 우주의 중심임을 선포하였고, 21세기(2002년 10월 26일)를 향하여서는 교서(敎書) "Rosarium Virginis Mariae"를 반포하면서 그리스도의 '빛의 신비(Mysterium lumenis)'를 특별히 강조하고 있다. 이 두 회칙과 교서에서 우리는 8세기라는 시대적 격차를 넘어 그리스도 중심주의를 주창한 보나벤투라의 깊은 통찰력을 엿볼 수 있다. 무엇보다 보나벤투라의 세 가지 근본 사상은 오늘날 많은 통찰들을 시사하고 있다.

첫째로 신의 문제에 대한 통찰력이다. 과학의 발전과 인터넷의 확산으로 일어난 변혁은 현대사회를 급진적인 세속화와 무신론적 방향으로 나아가게 만들었으며, 그 결과 신 존재의 물음은 퇴색되었다. 신존재의 물음은 질송의 말처럼 가장 긴급한 물음이다. 그런데도 현대는 개인주의와 자본주의 그리고 실증주의 사조에 묻혀서 답보 상태에 머물고 있든지 아예 문제제기조차 하지 않는다. 그러나 이 신의 문제는 보나벤투라에게 있어서는 제일 먼저 추구한 물음이었다. 보나벤투라에게 있어 신은 첫째로 알려지는 존재이며, 이 존재는 신비가들이 언급하는 '최고의 빛'이었다. 이러한 면모는 현대인들에게 시사하는 바가 크다. 특히 그의 작품 『하느님께 나아가는 정신의 여정』 5장과 6장―"존재는 비존재보다 더 좋다(……melius est esse quam non esse)."[1), "존재는 전적으로 하나이기 때문에 또한 전면적이다. 즉 최고로 하나인 것은 모든 다수의 보편적 원리가 된다."(Itin., c.5. n.7) ―은 그의 빛론과 함께, 마치 존재론을 다루듯이 존재에 대하여 언급하고 있다. 靈性史的으로 보면, 17세기에서 19세기에 이르기까지 근대 영성(靈性)의 본거지는 프랑스였다. 특히 18, 19세기는 프랑스 문화 및 종교의 영향이 전 세계에 크게 나타났다. 근대 가톨릭 영성은 그리스도 중심적이었고 목적은 실천적인 데 있었다.[2) 그러므로 그리스도 중심주의를 처음 주창하고, 생의 철학자로 불리는 보나벤투라는 급기야 19세기에 이르러서 존재론자의 권위자로 칭송받았다. 한 예를 들자면, 19세기 초반에 직관주의 존재론자들은 옛 전통의 열매(결과)인 프랑스 철학자이며 영성가인 말브랑쉬(Maleblanche)의 이론을 주장했다. 이 이론을 거슬러 올라가면 보나벤투라, 아우구스티누스, 알

---

1) Itin., c.6, n.2.
2) 전통과 영성, p.309 참조.

렉산드리아학파, 그리고 플라톤의 이론이었다. 그래서 이 시기에는 아우구스티누스와 보나벤투라가 주요한 권위자로 칭송받았다. 그런데 보나벤투라에 대하여 더 극단적 표현을 한 이는 루뱅 대학의 우박스(G. C. Ubaghs) 교수이다. 그는 1859년에 "보나벤투라는 참으로 존재주의(직관적 존재주의)의 총체(근원)"라고 말한 적이 있다. 사실 이에 대해서 보나벤투라는― 우리가 신론 문제에서 다루었듯이― 신의 첫째 이름을 '존재'로 거명한 사실에서 그리 놀라운 것은 아니다. 현대의 물질주의와 근본적 존재와 관련성이나 관계를 절단하고 있는 무신론적 사고가 팽배한 가운데 그가 신론(神論)에서 취한 이성적 방법과 관조적 방법은 신 존재의 문제에 활기를 불어넣고 있다. 보나벤투라의 사상은 신과 인간의 관계성에서 출발하기 때문에 우리의 삶을 신에게 도달하기 위한 여정이며 상승이라고 가르친다. 그와 함께 그의 날카로운 지성으로 현대의 무신론의 근본을 파헤치고 있다.

둘째로 인간의 문제에서 보나벤투라의 통찰력을 찾을 수 있다. 우리가 익히 알듯이 르네상스부터 인간의 학문 관심은 신 중심에서 인간 중심으로 옮아갔다. 신에서 탈출한 인간은 신 없는 세계를 건설하고 인간만이 인간의 구원자라고 확신했다. 그러나 과학의 발전이 곧 인간의 발전은 아닐 것이다. 그리고 오늘의 인간관은 기계론적 사고 안에서 내적 인간보다는 외적이고 신체적 모습에 더 치중하고 있다. 그래서 더욱 인간은 자기의 울타리 안에서 폐쇄적인 삶을 살아가고 있는 것이다. "인간의 구원자(Redemtor Hominis)" 회칙을 통하여 언급되듯이 "현대의 인간은 여느 때보다도 자기가 만들어 낸 것으로부터 위협을 받고 있는 듯하다. 즉 인간의 손, 나아가서는 인간 지성과 의지의 성향이 만들어 낸 작업의 결과에 위협을 받고 있다."[3]는 것이다. 보나벤투라의 인간관은 앞서 보았듯이 오늘날의 자기 안에 갇힌 폐쇄적 사고가 아니라 무한한 신에까지 소급되어 올라가는 열려진 인간관이다. 즉 인간은 '소우주'이며 '신의 모상'이다. 안토니오 디 몬도는 『현대인들에게 있어 성 보나벤투라』[4]라는 저서를 통해 보나벤투라가 현대인들에게 주는 메시지의 필요성을 말하고 있다. 그리고 호세 메리노도 보나벤투라의 동적인 특성을 지닌 그의 상호 관계성의 인간학을 현대적 의미로 부각시키고 있다. 보나벤투라의 인간관과 관련해서 몇 가지를 언급한다면 다음과 같다.

1) 스콜라 사상에 있어서 인격 개념은 무엇보다도 신학적 의미를 지니고 있었기 때문에 보나벤투라도 무엇보다도 인간을 신의 모상으로 정의하였다. 또한 인간은 본성적으로 다른 실재들, 즉 세계와 다른 실재들을 향해 계획되어 있고 방향 지어져 있음을 느낀다. 이 같은 상관적인 존재 사실은 인과적인 것이 아니라, 형상적 구성 요소이다. '개별성과 비전도성 그리고 최상적 품위'로부터 인격이 사물들과 다른 존재들과 함께 그리고 창조주를 향한 개방성 안에서 살아가는 것 외에 다른 어떤 것이 아니다.

2) 제일원리는 자기 자신을 현시하기 위하여 세계를 창조하였기에 세계는 그분의 발자취요, 거울이다. 그러므로 'capax Dei'로서 인간은 세계 안에서 그의 행동과 존재를 통하여 의미와 가치들 그리고 삶의 목적을 힘들게 탐구하고 찾는 요청적 존재이다.

3) 인간은 소우주이다. 동시에 신체적 존재와 정신적 존재 사이에 그 중심적 위치를 점하고 있는 대우주의 종합이기도 하다.

---

3) 요한 바오로 2세 교황 회칙, Redemtor Hominis, 『인간의 구원자』, 한국 천주교 중앙협의회, 1979. 제15조, p.45.
4) Antonio di Mondo, 『S. Bonaventura *agli uomini di oggi*』, Tip. Laurenziana-Napoli, 1974.

4) 인간 안에는 무한한 존재에 대한 요구가 내재한다. 왜냐하면 이성적 영혼의 사랑과 지성은 무한한 한에 있어서 무한한 선과 참된 것에로 향하기 때문이다.

이처럼 보나벤투라의 인간관은 유물론 사상과 범신론 사상에 물든 통속적인 현대인의 가치관보다 훨씬 품위 있고 의미 있는 인간성을 제시하고 있다.

셋째로 보나벤투라 사상이 현대에 던지는 교훈은 관조와 자연에 대한 그의 통찰력에 있다. 자연과 관조를 사랑하는 것, 이 둘은 모두 아씨시의 프란치스코의 유산이지만 보나벤투라에 대하여 드 울프는 "그의 신비사상은 13세기의 신비사상을 가장 훌륭하게 구현한 것"이라고 말한다. 13세기에 가장 탁월하였던 신비주의자인 보나벤투라의 사상은 15세기의 영성가들에게뿐만 아니라 근대의 영성가들에게도 깊은 영향을 주었다. 특히 프란치스칸들에게는 '제2의 프란치스코'라고 불리고 있다. 오늘날에도 프란치스칸 사상과 영성에 주춧돌로서 큰 영향을 주고 있음은 두말할 나위가 없다. 아씨시의 성 프란치스코가 품위 있는 삶을 실천적으로 보여주었다면, 보나벤투라는 방대한 저술을 통하여 그의 삶을 성문화하고 공동체를 조직화하며, 영성적 삶을 이론적으로 제시해 주었다. 뿐만 아니라 앎과 삶을 통일시키고 있다. 성 프란치스코가 전 세계의 생태계의 수호자로서 각광받고 있는 지금, 보나벤투라의 자연관도 자연히 중시되고 있다. 프란치스코와 보나벤투라의 사상은 동일한 실체의 상이한 두 측면인 것이다.

실지로 근대 과학의 발전은 질적인 것을 양화하는 작업에서 비롯되었다고 볼 수 있다. R. 데카르트와 베이컨 등은 자연을 '수학적 언어'와 '상징적 기호'를 사용해야 한다고 주장하여 사실상 실증적 객관주의를 추구하는 근대 과학의 기본 골격을 형성하였다. 더 나아가 이러한 자연관은 '존재하는 것'은 '측정할 수 있는 것'이며, "자연은 수학적 언어와 기호로 쓰인 책"이라고 하는 갈릴레이에 의해 체계화되었다. 모든 감각의 성질들은 주관적인 것이며 수학적 언어에 기초한 객관주의가 정립되었다. 따라서 근세 이후에 인간은 자연을 무한히 개발하고 이용할 수 있다는 생각으로 인해 과학 기술이 발전해 왔기에 자연 문제에 심각성을 던져 주고 있다. 이러한 문제에 대하여 린 화이트(Lynn White) 교수는 이런 원인을 그리스도교의 과실과 과학 기술의 발전 그리고 사상적으로는 철학의 이분법적 사고에서 찾고 있다. 그리고 그는 그 대안으로 프란치스코 사상을 제시하고 있다. 생태학자들의 수호자이기 때문이다.

신비주의자로서 보나벤투라는 성 프란치스코와 같이 자연을 상징적 표징으로 읽고 있다. 그래서 자연을 심오한 신비가 현현하는 성사(Sacramentum)로 나타내고 있다. 사실 보나벤투라는 프란치스코의 심미적 영향을 많이 받았다. "태양의 노래"를 통하여 볼 수 있듯이 성 프란치스코는 모든 사물들이 공통적인 기원을 갖고 있다고 봄으로써, 가장 보잘것없는 피조물까지도 인간과 종속관계로 보지 않고 대등한 관계로서 형제, 자매라고 불렀다. 그는 "인간에게서 피조물에 대한 인간의 지배권을 제거하려 했으며, 하느님의 모든 피조물이 동등하다는 '형제애' 사상을 수립하려 했다." 그는 모든 것들이 자신과도 같이 유일한 원리에서 생겨났다는 것을 잘 알고 있었다. 그리고 육화한 그리스도로 말미암아 모든 자연은 의미 있게 되었다. 프란치스코는 자연이 부패되어 있는 것이 아니라 인간의 의지가 자연을 부패시켰다고 보고 있다.

보나벤투라 역시 낙원의 동산이 인간 자유의지가 남용된 결과 부패하였다고 보았다. 그는 과학자들처럼 자연을 관찰하였다. 그리고 사물 속에서 무게와 수와 척도를 발견하고 자연을 '수학적 언어'와 '상징적 기호'로 보았다. 그러나 그는 자신의 이익만을 생각하는 경건한 관찰자로서 목적인이며 원형인 창조주와 연관하여 보았기에 자연은 인간을 신에게 오르게 하는 사다리요, 신의 흔적·조상(彫像)이며, 우리에게 관람하도록 제시된 연극물이고 신으로부터 우리에게 주어지는 표적으로 본 것이다. 하느님의 서책, 신을 볼 수 있는 거울(speculum), 상징(signa)이다. 그리고 최선의 제일원리, 영원한 근원, 즉 영원한 빛을 대한 모형으로 자연은 그림자요, 메아리며, 그림이다. 그리고 존재하는 모든 것은 좋은 것으로 보았다.

이처럼 보나벤투라의 사상은 현대적 감각에서도 퇴색되어 나타나는 것이 아니라 오히려 밝은 빛으로 조명되고 있다. 더 나아가 그의 사상은 성서 전체가 말하는 사랑의 형이상학을 바탕으로 출구 없는 오늘의 탐욕과 지성의 오만으로 갈 곳 몰라 하는 현대의 사상에 이정표와 같다. 그것은 그의 관계성 철학과 주의주의 노선에서 오는 역동적 사상과 빛의 형이상학으로 불안과 어둠을 축출하고 있기 때문이다.

보나벤투라는 스콜라 철학 시기, 우리가 암흑기라고 불렀던 중세의 대표적인 '빛의 형이상학자'이었다. 그는 신과 자연 그리고 인간 존재에 대한 균형 갖춘 철학자로서 모든 존재들을 빛으로 종합하여 설명하였다. 우리가 사는 21세기는 그 어느 세기보다 빛을 많이 이용하고 있기 때문에 영상 시대 혹은 양자 광학 시대라고 부른다. 그럼에도 불구하고 하늘은 어두워져 가고 인간은 내적 빛을 잃어 가고 있으며 '빛의 아버지'는 어둠 속에 갇혀 있다. 그러나 빛은 결코 어두울 수 없으며, 빛의 속성은 결코 폐쇄적이지 않음을 우리는 안다.

그것은 빛은 그 자체가 밝음과 확산성을 지니고 있기 때문이다. 보나벤투라에 의하면 유기물이든지 무기물이든지 모든 존재는 공통된 빛의 본성을 지니고 있다고 하였다. 빛이 없다는 것은 인식할 수 없다는 것이고 존재할 수 없다는 것과 같다. 또한 빛의 확산처럼 선 역시도 결코 자폐적이지 않다. 그것은 선의 특성 역시 '자기확산(Bonum summum diffusivum sui)'에 있기 때문이다. 바로 빛 그 자체며 선 그 자체를 절대자로 여긴 빛의 형이상학자 보나벤투라는 오늘의 우리에게 자연을 '聖事'로 대하며, 인간의 품위를 격상시켜 우리들의 정신을 '최고의 빛'에까지 이를 수 있다는 참다운 지혜의 길과 광원(Lux)에서 떠난 광선(lumen)은 결코 존재하지 않음을 우리들에게 가르쳐 주고 있다.

참고문헌

[I]

1. *Doctoris Seraphici S. Bonaventurae S.R.E. Episcopi Cardinalis Opera Ominia*, 1 − 10 vols, Ad Claras Aquas(Quaracchi), prope Florentiam, 1882 − 1902.

제1권: Commentarii S. Bonaventurae in primum librum Sententiarum Petri Lombardi, (1882).

제2권: Liber secundus Sententiarum(Commentarius in distitinctionem I − XXXVI), (1885).

제5권: Quaestiones disputatae de scientia Christi, de misteri Ss. Trinitatis, (1891).

De perfectione evangelica, (1891).

Breviloquium, (1891).

Itinerarium mentis un Deum, (1891).

Opusculum de redutione artium ad theologiam, (1891).

Collationes in Hexaëmeron, (1891).

Collationes de setem donis de Spiritus sancti, (1891).

Collationes de decem praeceptis, (1891).

Sermones selecti de rebus theologicis, (1891).

제6권: Commentarius in Librum Ioannis, (1893).

Collationes Evangelium Ioannis, (1893).

Commentarius in Librum Ecclesiastae, (1893).

Commentarius in Librum Sapientiae, (1893).

제7권: Commentarius in Evangelelium S.Lucae, (1895).

Expositio in Lamentationes Eremiae Prophetae, (1895).

Expositio Orationis Dominicae, (1895).

제8권: De Triplici Via, alias Incendum amoris, (1898).

Soliloquium de quatuor mentalibus exercitiis, (1898).

Lignum vitae, (1898).

De quinque Festivitatibus puer Iesu, (1898).

Tractatus de praeparatione ad Missam, (1898).

De Perfectione vitae ad Sorores, (1898).

Apologis pauperum, (1898).

Lengenda S. Francisci, (1898).

Lengenda minor S. Francisci, (1898).

Antonio di Mondo, "*S. Bonaventura agli uomini di oggi*", Tip. urenzia-na−Napoli,1974.

Blausucci,A., "*La Spiritualita' di San Bonaventura*", Citta di Vita, 1974.

Bluausucci, Betocchi, Pompei, Morra, Todisco, Magrini, Ristori, "*Lettura critica di San Bonaventura*", Citta di Vita, 1974. "*Bonaventure & Aquinas*", ed. by R.W.Shaman and F. J. Kovach, Univ. Oklahoma Press, 1976.

Bonaventura, "Itinerarium mentis in Deum−*De reductione artium ad theologiam*", ed. by Julian Kaup. Kosel−verlag Münhen, 1961.

Bonaventure, "*Les Six Jours De la Cration*", Desclee / cerf Paris, 1991.

Barbara Faes de Mottoni, "*San Bonaventure e La scala di Giacobbe*", Bibliopolos, 1995.

Bruce Bubacz, "*St. Augustinus, theory of knowledge*", The Ediwin Mellen, 1981.

Copleton, F. C., "*A History of Philosophy*", vol. II, The Newman Press, Westminster Maryland, 1962.

Cousins E.H., "*Bonaventure*", Paulist Press, NY, 1978.

Eric Doyle OFM, St. Francis and the Song of Brotherhood, George Allen & Unwin Ltd, Loden, 1980.

Fr.Gemelli, A., "*il Francescanesimo*", Societa editrice Vita e Pensiero, 1956.

Gilson, E., "*The Philosophy of St. Bonaventure*", Paterson. N.J, St. Anthony Guild Press, 1965.

Maurer, Armand A., "*Medieval Philosophy*", Random House. NY, 1962

Magistri Petri Rombardi, "*Sententiae in VI libris distinctae*", 4 Vols, Romae, Ad Clara Aquas, 1981.

James McEvoy, "*The Philosophy of Robert Grosseteste*", Oxford: Claredon Press, 1982.

"Fonti Francescane", Padova: Edi. Messagero, 1980.

Pegis,Anton c., "*A Gilson Reader*", NY: Image Books,1957.

Plato, "*Republic*"(vol. II), by Paul Shorey, Univ. Harvard Press, 1942.

Plotin, 1936, "*Enneades*"(vol. I − VI), Emile Rrehier, Paris, Societe D'Edition (Les Belles Lettres).

S.Thomas Aquinas, "*The Summa Theologia*", by Daniel J. Sullivan Ency, − cyclopaedia Britaania, INc, 1952. "*The History of Franciscan Theology*", ed. by Kenan B. Osborne, NY, St. Bonaventure, 1994.

[Ⅱ]

Abate G., "Per la storia e la cronologia di S. Bonaventura", in *Miscellanea Francescana*, 1949, pp.534－568, 1950, pp.97－130.

Bettoni E., "*L 'uomo in cammino verso Dio*"(Commento all'ltinerario dell' anima a Dio), Milano, EBF, 1978.

Bettoni E., "S. *Bonaventura da Bagnoregio. Gli aspetti filosofici del suo pensiero*", Milano, 1973.

Bonafede G., "Ⅱ *'De scientia Christi', ossia il Problema delle idee in* S. *Bonaventura*", Palermo, 1949.

Bonafede G., "*San Bonaventura*", Benevento, 1961.

Bougerol J. G., "*Introduzione a S.Bonaventura*", tr. by A. Calufetti, Vicenza, LIEF, 1988.

Bougerol J. G., "*Solo i paveri possono capire. San Bonaventura e l'uomo d'oggi*", Roma, Studium, 1975.

Bougerol J. G., "Saint Bonaventure et la hierarchie dionysienne", in *Archives d'Histoire Doctrinale et Litteraire du Moyen Age* 36(1969), pp.131－167.

Bougerol J. G., "Saint Bonaventure et Saint Anselme", in *Antonianum* 47 (1972), pp.333－361.

Bougerol J. G., "Saint Bonaventure et Saint Bernard", in *Antonianum* 46 (1971), pp.3－79.

Brady. I., St. Bonaventure's Doctrine of Illumination, in: "*Bonaventure and Aquinas*", ed. by Shahan and Kovach, University of Oklahoma Press, 1976, pp.57－65.

Brown S. "*The Journey of the Mind to God*", Indianapolis, Hackett, 1993.

Callus D. A., "The Origins of the Problem of the Unity of Form", in *The Thomist* 24(1961), pp.257－285.

Cousins E. H., *"Bonaventure and the Coincidence of Opposite"* The *Theology of Bonaventure*, Chicago, Franciscan Herald Press, 1978.

Doyle J. P., "Saint Bonaventure and the Ontological Argument", in *The Modern Schoolman* 52(1974), pp.27−48.

Lazzarini R. *"San Bonaventura filosofo e mistico del cristianesimo"*, Milano, Bocca, 1946.

Park Jangwon, O.F.M., *Le persone e I loro attributi nel Breviloquio di San Bonaventura*, (Dissect. Doct.), Roma, Pont.Aten.Antonianum, 1990.

Ratzinger *J. "The Theology of History in St. Bonaventure"*, Chicago, Franciscan Herald Press, 1971.

Rovighi S. V., *"L'immortalita dell'anima nei Maestri francescani del secolo XIII"*, Milano, Vita e Pensiero, 1936.

Rovighi S. V., "II secolo XIII: Bonaventura da Bagnoregio e Tommaso d' Aquino", in ID., *Studi di filosofia medioevale*, vol. II, *Secoli XIII e XIV*, Milano, Vita e Pensiero, 1978, pp.53−71.

Rovighi S. V., "Perche san Bonaventura ha criticato Aristotele", in ID., *Studi di filosofia medioevale, Secoli XIII e XIV*, Milano, Vitae Pensiero, 1978, pp.40−52.

김현태, 「성 토마스 아퀴나스와 성 보나벤투라의 철학사상」, ≪프란치스칸 삶과 사상≫ 2(1992), p.42−70.

로비기. S.,『성 보나벤투라』, 이재룡 옮김, 가톨릭대학교출판부, 2001.

로비기. S., 「13세기: 보나벤투라와 토마스」,『성 보나벤투라』, (이재룡 옮김, 가톨릭대학교출판부, 2001)의 '부록'(pp.189−213.)

메리노. J. A,『프란치스칸 휴머니즘과 현대 사상』, 김현태 옮김, 가톨릭 대학교출판부, 1992.

박창수,『행운의 순례자 성인 보나벤투라』, 이문출판사, 1997.

보나벤투라,『세 가지 길』(*De triplici via*), 권숙애 옮김, 시글, 1997.

보나벤투라,『생명의 나무』(*Lignum vitae*), 장은명 옮김, 시글, 1997.

보나벤투라, 『신비의 포도나무』(*Vitis mystica seu Tratactus de Passione Domini*), 권숙애 옮김, 시글, 1997.

보나벤투라, 『완전한 삶』(*Perfectione vitae ad sorrores*), 권숙애 옮김, 시글, 1997.

보나벤투라, 『하느님께 나아가는 정신의 여정』(*Itinerarium mentis in Deum*), 장은명 옮김, 시글, 1997.

보나벤투라, 『하나님과 하나되어』, 김광식 옮김, 대한기독교서회, 1982.

보나벤투라, 『신비의 포도나무(Ⅰ)』, 원유동 옮김, ≪프란치스칸 삶과 사상≫ 2(1992), pp.5 - 127.

보나벤투라, 『신비의 포도나무(Ⅱ)』, 박영호 옮김, ≪프란치스칸 삶과 사상≫ 4(1995 / 봄), pp.116 - 131.

보나벤투라, 『신비의 포도나무(Ⅲ)』, 박영호 옮김, ≪프란치스칸 삶과 사상≫ 5 (1995 / 가을), pp.109 - 126.

박장원, 「성 보나벤투라의 신앙과 이성」, ≪가톨릭철학≫ 제2호(2000), pp.79 - 95.

박장원, 성 보나벤투라의 생애와 신학사상(1 - 6), ≪프란치스칸 삶과 사상≫ 1(1992), 65 - 98, 2(1992), pp.85 - 114, 4(1995 / 봄), pp.8 - 40, 5(1995 / 가을), pp.75 - 108, 7(1996 / 가을), pp.69 - 90, 8(1997 / 봄), pp.6 - 48.

프란치스칸 신학, 프란치스칸 영성학교, 2002, 미출간.

[Ⅲ]

권순홍, 『존재와 탈근거(하이데거의 빛의 형이상학)』, UUP, 2000.

김상환, 『예술가를 위한 형이상학』, 민음사, 1999.

김용환, 『홉스의 사회・정치철학』(리바이어던 읽기), 철학과 현실사, 1999.

김현태, 『종교철학』, 가톨릭대학출판부, 1996.

도일. E.,『태양의 노래』, 정현숙 역, 분도출판사, 1986.

데이비드. C. 린드버그, 로널드 L. 넘버스,『신과 자연』, 이정배, 박우석 역, 이화여자대학교출판부, 1998, p.78.

마르틴 하이데거,『존재와 시간』, 이기상 역, 까치출판사, 1998.

바슈라르. G.,『촛불의 美學』, 李嘉林 역, 이문출판사, 1975.

박영서,『플라톤 철학의 이해』, 정음사, 1984.

벨테. B,『종교철학』, 오창선 옮김, 분도출판사, 1998.

셸링,『인간적 자유의 본질 외』, 최신한 역, 한길사, 2000.

신창석,『스콜라 철학의 기본 개념』, 분도출판사, 1999.

성 아구스띤,『고백록』, 최민순 역, 바오로의 딸, 1965.

아우구스티누스,『자유의지론』, 성염 역, 분도출판사, 1998.

이재경,『토마스 아퀴나스와 13세기의 심리철학』, 대구가톨릭대학교, 2002.

안셀무스,『모놀로기온과 프로슬로기온』, 박승찬 역, 아카넷 출판, 2002.

장욱,『중세철학의 정신』, 동과서, 2002.

정달용,『그리스도교 哲學』, 韓國 中世哲學硏究所 出版部, 1994.

정의채 · 김규영,『중세철학사』, 지학사, 1977.

조던 오먼,『가톨릭 전통과 그리스도교』, 이홍근 · 이영희 옮김, 분도출 판사, 1991.

존로지,『과학과 역사』, 정병훈 · 최종덕 공역, 도서출판, 1999.

질송. E.,『중세 철학사』, 김기찬 옮김, 현대지성사, 1998.

코플스톤. F. C,『중세철학사』, 박영도 옮김, 서광사, 1988.

코플스톤. F. C,『토마스 아퀴나스』, 강성위 역, 대조사, 1968.

토마스 아퀴나스,『신학대전(vol.1)』, 정의채 역, 성바오로 출판사, 1985.

플라톤, 2000,『티마이오스』, 박동현 · 김영균 역, 서광사, 2000.

헤겔,『종교철학』, 최신한 옮김, 지식산업사, 1999.

1. 성 보나벤투라의 신비신학의 체계[1]

1) 신비신학의 정신적 기조

성 보나벤투라의 신비신학 사상의 실질적 기조는 말할 것도 없이 그가 속해 있었던 프란치스코회의 창립자인 성 프란치스코의 정신과 생활이다. 성 프란치스코는 잘 알려진 바와 같이, 가장 위대한 신비가 중에 한 사람으로 그의 정신과 생활의 기초는 복음서 안에 있다. 그의 특징은 소위 치품 천사 같은 사랑이다. 그는 그와 같은 사랑에 의해서 가장 절실하게 그리스도의 생애를 모방하고자 하였으며, 가장 절실하게 그리스도와 일치하여 실천하는 것을 원하였는데, 사실 내외적으로도 그리스도의 모습을 스스로 나타내었다.

---

1) 루펠엔델레, 「성 보나벤투라의 신비신학전요」, 장곡천무민 역, 소화 25, 동경, pp.113~138 우리말로 옮김.

그 뿐만 아니라 성 프란치스코의 정신과 생활 속에는 그의 제자들에 의해 발전하게 될 이론적인 싹이 있었다. 성 보나벤투라의 신비사상의 이론적 발전은 그 싹 중의 하나가 당연히 생장 개화한 것에 지나지 않는다. 그의 이론적 발전을 조성시킨 것은 우선 성 아우구스티누스이며, 다음은 아레오파기타라고도 불리는 디오니시우스였다. 그리고 성 빅톨 수도원에 나타난 신비사상이 있으며, 성 베르나르도로부터의 영향도 무시할 수는 없다. 성 보나벤투라는 이들 선구자들이 남겨 놓은 자료들을 그 대로 받아들인 것이 아니라 자기의 사변과 경험에 의한 독자적 신비이론을 발전시켰다.

성 보나벤투라는 성 프란치스코의 신비사상에 그의 이론적 기초를 더해서 그것을 더욱 더 체계화하고 발전시켰던 것이지만, 결국 양자의 신비적 정신은 본질에 있어서 완전히 일치하는 것이며, 또한 성 보나벤투라가 프란치스코회 전체에 새긴 신비적 정신의 각인도 순수한 프란치스코적인 특징을 가지는 것이라고 할 수 있을 것이다.

2) 신비신학의 체계적 내용

(1) 관계 저서

성 보나벤투라의 신비사상의 궁극적 목적을 짐작할 수 있는 자료는 여러 가지 있지만, 우선 그의 전집(Opera Omnia) 속에서 다음과 같은 것을 들지 않으면 안 된다.

1. 성 프란치스코 대전기(Legenda major S. Francisci)
2. 성 프란치스코 소전기(Legenda minor S. Francisci)

이 저술들을 통해서 프란치스코의 생애 또는 그의 신비적 정신과 성 보나벤투라 자신의 신비적 관찰 방법을 알아내는 것이 가능하기 때문이다.

더구나 성 보나벤투라에게 있어, 일체의 지식, 따라서 일체의 학문은 신과의 일치의 수단과 단계이며, 신에의 사랑을 불태우는 재료가 되기 마련이므로, 이미 명백히 언급한 바처럼 그의 철학과 신학의 서술 전체가 언제나 신비사상과 연관성을 보여준다. 특히 그의 신비사상과 연관된 형식으로 나타나는 저술로는 그 전집 중에 다음과 같은 글들이 있다.

3. 삼중도 (Incendium Amoris)

4. 4가지 정신훈련에 대한 강독(Solioquium de quatuor mentalibus exercitiis)

5. 생명의 나무(Lignum Vitae)

6. 아기 예수의 5대 축일(De Quinque Festivitatibus Pueri Jesu)

7. 미사 준비에 대한 논고(Tractatus de praeparatione ad Missam)

8. 수녀들의 완전한 삶(De Perfectione Vitae ad Sorores)

9. 영혼의 통치(De Regimine Animae)

10. 여섯 날개 달린 치품 천사에 관하여(De Sex Alis Seraphim)

11. 주님의 수난에 관한 성무일도(Officium de Passione Domini)

12. 신비스런 삶(Vitis Mystica)

또한 철학적 신학적 저서와 귀중한 자료를 담은 다음과 같은 저술들이 있다.

13. 베드로 롬바르디의 4권에 대한 주석집(Commentarii in quatuor libros Sententiarum Petri Lombardi)

14. 강독(Breviloquium)

15. 하느님께 나아가는 정신의 여정(Itinerarium mentis in Deum)

16. 모든 학문의 신학으로의 환원(Opusculum de Redutione Artium ad Theologiam)

17. 6일 간의 창조집(Collationes in Hexaëmeron)

18. 성령의 은사들 모음집(Collationes de Onis Spiritus sancti)

위의 저술 중 "Itinerarium mentis in Deum" (하느님께 나아가는 정신의 여정) 같은 것은 그의 치품 천사 같은 사부 성 프란치스코가 읊었던 "태양의 노래" 시에 대한 형이상학적 표현이라고까지 일컬어지고 있다. 그 밖의 저작의 뛰어난 점은 여기서는 언급을 생략하겠지만, 특히 "삼중도"는 그의 전집 간행자인 콰라키 성 보나벤투라 학파의 모든 스승들에 의해 "Summa Theologiae Mysticae" (신비신학전집)이라 칭해진 것 같이, 그의 신비사상과 신학에 관한 가장 체계적인 저술로, 그 「후대 영성에 미친 현저한 영향」에 대해서는 현 예수회 수사 드·기베르 수사도 지적한 바 있는 일반적으로 잘 알려진 책이다. 따라서 앞으로는 주로 이 "삼중도"에 의거해 다른 저술을 고려해가면서 그의 신비신학 체계에 대해 간략히 살펴보고자 한다.

(2) 이론적 전제

우선 "삼중도"의 서두를 주시하지 않으면 안 된다. 그것은 궁극적으로 간결한 속에 깊고 함축된 의미를 내포하고 있어 진실로 「신비신학전집」전1편의 서두에 상응하는 구조를 가지고 있다. 필자가 총합 7개의 명제로 구성된 내용을 검토해 보니, 그것이 실질적으로는 다음의 도식처럼 정연한 구조를 가지고 있다는 것을 확인할 수 있었다. (장·드·디우 수사의 불역을 보면 유감스럽게도 그 수사는 이

점에 관한 인식이 결여되어 있다고 여겨진다.)

<pre>
        ┌─ 제1단계: 명제 1, 명제 2, 명제 3
  서두 ─┤─ 제2단계: 명제 4, 명제 5, 명제 6
        └─ 제3단계: 명제 7
</pre>

　서두 제 1 단계의 요점은 성 보나벤투라의 범형론적 고찰 방법에 대한 주의를 환기시키는 데 있다. 이 서두의 전체, 나아가서는 "삼중도" 전체를 충분히 내용을 음미해서 소화하려고 한다면 우선, 첫째로 이론적, 근본적 전제로서 나타나고 있는 범형론—그 다음에 그의 철학, 신학 전 체계에 구석구석까지 침투해 전반적으로 퍼져 있는 범형론—이 되는 원리를 주시하지 않으면 안 된다.

　성 보나벤투라의 가장 근본적 사고방법에 의하면 제 1 원리로서의 신은 사물의 능동인, 범형인, 목적인으로, 따라서 철학, 신학을 통해서 형이상학적 문제로서는 세 가지가 있다. 즉 (1)창조론 (2)범형론 (3)조명에 의한 신에게로의 귀환론인데, 그의 이론에 의하면, 이 세 가지 문제를 해결하는 자만이 참다운 형이상학자 (verus meta-physicus)라는 것이다. 그래서 아우구스티누스 학파로서의 그의 교설에 있어서는 사람들이 상상하는 것과 같이 조명론적 고찰은 분명이 중요한 역할을 지니지만, 범형론적 고찰은 그것 이상으로 중요 불가결한 의미를 지니고 있다고 보아야 할 것이다. 아마 창조론은 범형론을 낳고, 범형론은 조명에 의한 신에게로의 귀환론을 낳고 이 범형론의 철저함에 의거해서만 「조명에 의한 신에게로의 귀환론」의 철저를 기대할 수 있기 때문이다. 범형론이야말로 실로 그의 모든 형이상학의 중추를 이루는 것으로 (Gilson, La Philosophie de S.B., pp.

141－142), 그의 이전과 그의 이후에도 수도회의 거룩한 박사의 수는 많았다고 하지만, 그 만큼 강력한 사랑, 강한 주장과 투철한 지성을 가지고 이 위대하고 풍부한 범형론의 교설을 전개시킨 이는 그 외에 그 예를 찾아 볼 수 없다.

범형론이란 신이 모든 피조물의 창조를 맡아서, 어느 정도의 깊이의 차이는 있지만, 그 자신, 즉 성 삼위일체 형상(imago)을 규범적 원형으로서 표현하는 것이기에, 일체의 피조물 중에는 어떠한 형태이든 성 삼위일체의 흔적을 지닌다고 말할 수 있는 것이지만, 그것은 한 걸음 더 나아가, 영혼은 성 삼위일체의 흔적을 통하여 삼위일체의 신으로부터 조명을 앙망하면서, 성 삼위일체인 신의 품 안으로 귀환해 하나지 않으면 안 된다는 것(조명에 의한 신으로의 귀환론)을 요구한다. 성 보나벤투라가 "삼중도"의 서두 제 1 단계에서 다음과 같이 언급한 것도 필경 그가 다음과 같은 설교로부터 출발하고 있기 때문임이 틀림없다.

「모든 지식, 특히 성서에 담긴 지식은 다른 무엇보다도 거룩한 삼위일체와 관련되어 있기 때문에 이 모든 지식은 필연적으로 바로 이 거룩한 삼위일체의 자취를 제시해야만 한다」

생각건대, 성 보나벤투라의 입장에서 본다면, 그의 설교 속에서 이런 흔적에 관해 심사숙고한 면을 엿볼 수 있는 것은, 그에게 특히 실존을 보는 사리를 꿰뚫어 보는 생생한 살아 있는 눈과 복종이 있음을 보증하는 것이다. 실로, 모든 피조물은 깊이의 차이가 있을지언정 거룩한 삼위일체의 흔적을 나타내고 있는 것이다. 어떤 신학자일지라도 단지 이러한 일에 이의를 다는 자는 없다. 그러므로 피조물의 어떤 움직임이든 신에 의한 범형상의 인과율의 지배를 받지 않는 것이 없다고 누구든 결론지을 수 있을 것이다. 의심할 나위도 없이,

현실 속의 인간성에 있어서는 신으로부터의 이러한 영향이 가장 미약한 방면에 갈라진 부분에까지 걸쳐, 탐구의 손길을 뻗으려면, 때때로 여러 가지 험준함을 각오하지 않으면 안 된다. 그러나 문제는 거기에 있는 것이 아니고, 어디까지나 눈앞에 본 우유성에도 불구하고 만일 일체의 지식이 실로 바람직한 것이라면, 그것은 거룩한 삼위일체의 신의 흔적을 자신 안에 머물게 하지 않으면 안 된다는 점에 있는 것이다. 따라서 지식의 대상이 영적이라면 영적일 수록, 그 지식에 의해서 나타날 수 있는 흔적도 또한 점점 깊게, 점점 명백하게 될 것이라는 것이다.

이리하여 성 보나벤투라는 "삼중도"에서 신비생활의 단계에 관해서 삼위일체의 흔적을 통해 철두철미하게 범형론적 고찰을 이론적 전제로 하여 독자적 체계를 정리하였다.

(3) 삼중도의 길

"삼중도"의 제 1장은 묵상에, 제 2장은 기도에, 제 3장은 관상에 해당되는 것이다. 그러나 이 순서에 의하여 직접적으로 성 보나벤투라가 처음이 묵상이고, 이것이 끝나면 기도가 따라오고, 기도가 끝나면 관상이 따라오는 것으로 여겼다고 이해해서는 안 된다. 이 내용을 알기 위해서 우선 삼중도의 내면을 이해하지 않으면 안 된다.

"삼중도"는 정화의 길, 조명의 길, 일치의 길 3단계를 지칭한 내용이지만, 이 3단계를 지지한 철학자는 첫 번째가 신플라톤주의의 플로티누스, 그 다음이 아레오파기타라고도 불리는 디오니시우스이다. 하지만 성 보나벤투라가 독자적 고찰방법을 사용해 파악하는데 이르러, 신비생활의 단계적 발전은 처음으로 미묘한 경로로 규명되었다. 성 보나벤투라 이전의 고찰방법과 성 보나벤투라의 고찰방법을 비교

대조해 보면 다음과 같다.

성 보나벤투라 이전의 방법
제1단계: 정화의 길
제2단계: 조명의 길
제3단계: 일치의 길

성 보나벤투라의 고찰방법
제1단계: 정화의 길 / 조명의 길 / 일치의 길
제2단계: 조명의 길 / 조명의 길 / 일치의 길
제3단계: 일치의 길 / 조명의 길 / 일치의 길

즉 성 보나벤투라 이전의 많은 신비저술가들은 삼중도를 실제의 영적 생활에 적용하려는 데 있어서 이것을 계기적 의미만으로 해석하여 처음에는 정화의 길, 그 다음은 조명의 길, 마지막으로 일치의 길이 오는 것으로 보았다. 이것에 비해 성 보나벤투라는 범형론에 기초하여 정밀한 형이상학적, 심리학적 변증법에 의한 삼중도를 단순히 순차적으로 나열하는 것만으로는 부족함을 느끼고, 구재적, 병렬적으로 일어나는 것임을 명확히 한다. 단지, 영혼의 상승의 단계를 따라 삼중도의 하나하나의 강도의 증감이 나타나는 것으로 보고 있다. 즉 그는 제1단계에 있어서는 주로 정화의 동향이 필요하다고 할 수 있지만 그것과 동시에 조명의 동향도 있고 또한 얼마간의 일치의 상태가 있을 것이라고 하면서, 제2단계를 통해 조명의 길이라 칭하지만, 더욱 더 여기에는 정화의 동향이 계속될 것이며, 또한 일치의 상태도 이전보다는 다소 더 깊어져야만 한다는 것을 말하고, 제3단계를 일치의 길이라고 칭할 지라도, 거기에는 가장 깊은 의미에 있어서의 최후의 정화, 즉 수동적 정화가 일어나고, 또한 더 한층 신비한 빛에 의한 조명이 주어짐과 동시에, 마침내 최고의 신비적 일치 상태로 도입되는 것이라고 한다.

그리하여 상기와 같이 성 보나벤투라에 의해 파악된 3단계의 삼중도에 의해 이루어져야 할 묵상, 기도, 관상 세 가지에 대해서도 마찬가지로 각각의 단계에 상응해서 파악되어야만 한다. 즉 정화, 조명, 일치의 동향을 내포하는 제1단계는 주로 이러한 보통의 묵상이 행해지고, 여기에 다소 기도를 동반하며, 제2단계에 있어서는, 높은 차원의 묵상 이외에도 기도가 한층 감동적으로 되어, 이것이 주가 되어 움직이는 것과 동시에 중도적 관상을 생겨나게 하고, 제3의 단계에 있어서는 앞의 단계의 상태가 최고조에 달하고, 또 그것이 멈춤과 더불어 완성적 관상의 상태로 이입되는 것이다.

또한 여기의 소위 3개의 단계라는 것은 큰 국면에서 본 단계이고 그 각 단계의 내면에도 더 많은 세밀한 단계가 있다는 것에 주의해야 한다.

(4) 관상의 의미와 본질

관상 (contemplatio)이란 단어는 성 보나벤투라의 여러 저술 속에 매우 많이 나타난다. 그러나 그 의미는 많은 경우에 동일하게 해석되지 않는다.

그는 "관상"을 「보는 것」이라는 성서적 의미로, 혹은 「현실의 상황을 응시」한다는 의미로, 혹은 교부들에게 전수된 세 개의 의미, 즉 「정신의 응시」가 되는 고대 철학의 의미, 「심경에 의한 신과의 습성적 일치의 기도생활」이 되는 신학적 의미, 「사랑에 의한 신과의 절실한 일치의 단기적 상태」가 되는 신비적 의미로 사용한다.

한편 그의 신비신학에서 다루어지고 있는 관상에는 두 가지 형식이 있다. 하나는 「중도적 관상」이고 다른 하나는 「완성적 관상」이다. 현대 신비신학자들은 주로 「습득적 관상」, 「주입적 관상」이라는 명칭 아래 두 형식을 받아들이고 있다. 호칭의 차이는 있지만, 실질적으로는 「중도적 관상」은 「습득적 관상」과 같으며, 「완성적 관상」은 「주입적 관상」과 같다.

(a) 중도적 관상

지성적 관상이라고도 한다. 이것은 성령의 은사의 하나인 총명에 의해 준비되고, 신과 그 속성 혹은 그 역사에 대한 지성적 직관으로 이루어지는 것으로, 「마음이 깨끗한 이」는 이 경지에까지 도달할 수 있다. 각자의 인식과 활동은 정지하지 않지만, 추리만은 정지하고 있다. 성 보나벤투라는 관상의 대상들의 단계와 순서에 따라, 혹은 빛의 강도에 따라 이런 종류의 관상의 내면에는 단계가 있음을 분명히 밝힌다. 신적 작용의 향수는 다음의 완성적 관상에서 생겨나는 정도의 것은 아니지만, 낮은 정도에서 이루어진다. 각각의 경우에 영혼의 힘의 경향에 따라 관상의 주제들을 선택해 얻을 수는 있지만, 그 정도의 관상을 결과적 목적으로 믿는 것은 용인되지 않는다.

(b) 완성적 관상

감동적 관상이라고도 한다. 이 관상에 도달한 영혼은 여기서 신과 완전한 일치를 이룬다. "삼중도"의 1장 4절과 18절에 의하면, 정상적인 수행생활에 있어 묵상의 완성된 경지, 즉 이 완성적 관상이 시작된 경지에 대해, 「여기서는 인식과 활동이 정지되고, 참된 최고 지혜가 있고, 그 속에는 진리의 경험에 의한 인식이 있다」 (hic est finis omnis cognitionis et operationis, et est sapientia vera, in qua est cognition per veram experientiam.)라고 서술되어 있지만, 그 언표 속에는 간과해서는 안 될 분명한 세 가지 요소가 내포되어 있다. 다음에 각각의 요소를 보면서 완성적 관상의 본질을 고찰해 보자.

1. 「일체의 인식의 정지」 (finis omnis cognitionis)

여기서 「인식」이라는 것이 소위 감성적 혹은 지성적 인식을 지칭함은 그 뒤에 경험적 인식을 드는 것에 의해 그 자체가 명백해진다. 이 완성적 관상 — 따라서 탈혼(ecstasis) — 에서 지성은 단지 「주시」하지만, 극도로 강렬한 빛에 의해 「봄(인식)」은 없다.

2. 「참된 최고 지혜, 그 속에는 진리의 경험에 의한 인식이 있다」

(vera sapientia, in qua est cognitio per veram experientiam)

그에 의하면 원래 성령의 은사로서의 최고의 지혜에는 두 가지의 동향이 있다. 하나는 준비적인 것으로 인식의 계열에 속하며, 다른 하나는 본격적인 것으로 감동적 계열에 속한다. 즉 이것은 관상의 두 가지 형식을 생기게 하는 원인이지만, 이 「진리의 경험에 의한 인식」이란 제2계열에서 생겨난 것이므로, 소위 감성적 또는 지성적 인식이 아니다. 그것은 영적 의미로서 「촉각적 인식」·「미각적 인식」이라고 할 것이다. 이리하여 사람들은 종종, 성 보나벤투라가 내린 정의로서 「초자연적인 관상은 신의 경험적 인식이다」 (cognitio Dei experimentalis)라는 간결한 표현을 사용하지만, 이것은 현대 일반 신학자들이 인정한 점이다. 그리고 보나벤투라의 교설에서, 최고 지혜는 지성에 활동하고 있는 것과 동시에 그 이상으로 주로 의지와 사랑의 관계에도 활동하고 있다고 하는 것도 위와 같은 고찰에 토대를 둔 것이다.

3. 「일체 활동의 정지」 (finis omnis operationis)

최고 지혜의 은사의 두 가지 동향에 병행해서, 관상에 있어서 두 가지 형식을 구별해야만 한다는 것은 두 말할 필요가 없지만, 하나는 준비적인 것으로 능동적 성격을 띠고 있으며, 다른 하나는 본격적인 것으로 수동적 성격을 띠고 있다. 환언하면, 제1의 관상에서 제2의 관상으로 옮아가는 것은 은총에 의한 수동적 실현으로 제2의 관상에서는 일체의 활동이 정지해 있다. 그런데 이 제2의 완성적 관상은 예외적인 은사로 이상한 현상이 아닌가 하는 문제가 대두되지만, 보나벤투라는 이 관상을 본질적으로 다른 은총에 의한 것이라고 보지 않고 그 경험에까지 나아간 자가 가령 「극소수」(paucissimorum)일 지라도 그것은 여전히 성령의 은총과 성령의 7가지 은사에 기초한 것으로, 삼중도의 수행에 있어, 끊임없이 열심히 정상적인 속도로 나아간다면, 초자연적 생명의 발전에 의해 언젠가는 도달되는 상태가 된다는 뜻을 명백히 하고, 거기에다가 모든 사람들이 이 완성적 관상을 모든 활동과 모든 영위의 최고 목표로서 바라는 것이 괜찮을 뿐만 아니라, 또한 그 때문에 준비하고, 추구해야 할 것이라 말한다. 한 걸음 더 나아가, 성 보나벤투라의 완성적 관상은 신과의 일치, 그 지성스러운 덕 안에서 최고선 (Bonum supremum)을 관상하는 것이다. 그럼에도 그것은 신 자신의 최고선과, 피조물에 대해 표출된 신의 선까지 언급한 것이지만, 최고선은 또한 자기 그 자체를 나누어 주지 않으면 안 되는 본질을 가지고 있기 때문에, 신 자신의 무한한 사랑과 피조물에 대한 무한한 사랑이 관상의 대상이 되고 있다. 따라서 이 완성적 관상의 최고의 대상이 되는 것은 두 말할 것도 없이 신의 삼위일체의 현의인데, 기술한 바처럼 범형론적 전제에서 출발하고 있는 그의 신비신학으로서, 특히 당연한 귀결이다. ("삼중도"의 3장, 7절 및 "하느님께 나아가는 정신의 여정"의 6장 참조)

(5) 관상과 완덕의 관계

나아가서 신비생활에 있어서, 윤리성의 지위에 관해 고찰해보자.

우선 발생할 수 있는 문제로는, 신비적 관상은 완덕 상태의 성립을 위해 필요한 지 아닌 지에 대한 것이다. 이것에 관해서, 성 보나벤투라는 관상 그것은 가령 완덕 그 자체의 궁극적인 정도 단계가 아니라 할지라도 완덕의 진보를 위해서는 매우 강력한 수단이라는 것을 분명히 하고 있다. 생각건대, 관상 그 자체가 은총의 보통의 동향보다 한층 강한 조명을 받아, 또 한층 강렬한 치열한 사랑을 유발시키기 때문이며, 게다가, 이미 성 바오로도 언급한 것처럼, 사랑은 모든 덕의 완성이기 때문이다. 그러므로 성 보나벤투라에 의하면, 적어도 이러한 의미로 진리의 완덕에 도달하기 위해서는 가능한 한 많은 관상이 일반적으로 요구된다고 할 수 있다.

또한 그에 의해서도 역으로, 덕을 열심히 실천하는 것이 관상의 준비로서 항상 요구된다는 것은 말할 필요가 없을 것이다.

(6) 관상으로의 준비

기술한 바와 같이 완성적 관상은 비록 「극소수」밖에 나타나지 않지만, 예외적으로 나타난다고 해도 본질적으로 은총에 의한 것으로, 완덕에 도달하기 위해 무엇보다도 유익한 은사인 동시에, 그것을 위하여 마음을 다해 준비하지 않으면 안 된다는 것이다. 따라서 보나벤투라는 단순히 "삼중도"에 있어서만이 아니라, 그의 모든 신학적 또는 수행적 저술에 있어서도 직·간접적으로 항상 이 준비를 촉구하고 있다.

그래서 이 완성적 관상에 의한 신과의 신비적 합일에까지 이르기 위해, 그리스도의 신성과 더불어, 초대 교회에 있어서 보다 한층 더 직접적으로 그리스도의 인성과 복음서 상의 그리스도의 생애, 특히 그 분의 수난을 묵상하고, 이것과 일치하여, 그 지극히 성스러운 덕과 정신을 자신의 내면에서 나타나게 하는 것에도 보나벤투라적인 특징이 나타난다.

(7) 신비적 수반 현상

대부분의 성인들의 생애의 실제적 면에 있어서, 혹은 그 저술에 있어서, 신비적 현상이 중요한 역할을 하는 것은 사실이다. 그러나 신비적 수반 현상으로서의 이 현상과 신비적 본질을 혼동한다면, 그 결과는 오히려 신비생활을 두려워하게 만드는 것이 될 것이다. 실제로 과거에 있어서도 그런 사례가 없었다고는 말할 수 없다. 다행히 대부분의 현대 신비신학자들은 새로운 신비생활에 대한 본질적 상태와 수반 현상을 명확히 구별하고 신비적 이상을 수반적인 것으로 보는 입장을 취하고는 있지만, 이것은 실질적인 면에 있어서, 역시 고대 중세를 통하는 전통적인 신비사상, 따라서 성 보나벤투라의 신비사상에로 되돌아갔다고 할 수 있다.

보나벤투라는 이러한 신비적 수반 현상에 대해서는 그다지 논하지 않고, 주로 본질적인 신비 상태를 해명하고 있다. 물론 그에게도 탈혼의 경험이 있으며, 또 누차 탈혼 상태에 대해 객관적으로 저술하고 있는데, 다음의 두 가지 점을 지적하고 있다. 즉 그에 의하면, 첫째, 탈혼은 완성적 관상에 있어서 오관의 기능이 일시적으로 속박되어 있는 상태에 지나지 않는다는 것이다. 둘째, 성 프란치스코의 경우와 같이 동시에 성혼이 낙인이 되는 탈혼일 지라도, 성혼은 매우 예외적인 것이지만, 역시 수반적인 현상에 속한다고 말할 수 있다.

마찬가지로, 시현에 대한 고찰 역시 본질적인 것과 수반적인 것과의 구별을 명확히 하고 있다. 성 보나벤투라에 있어서는 위에서 언급한 성 프란치스코의 경우와 같이 치품 천사의 시현에 의해서 낙인 찍힌 성혼은 어디까지나 신비적 수반적 현상에 속한다고 할 수 있으나, 그의 소위 지성적 시현은 오히려 신비적 최고의 상태에 본질적으로 속하는 것으로 보인다.

(8) 신비학적 인간론·세계론

성 보나벤투라의 신비학적 체계는 소위 신론 또는 인간론 제시를 직접적인 목표로 한 것은 아니다. 그러나 영혼이 어떠한 것인가를 인식하려는 것은 필경 신이 어떠한 존재인가 알려는 것이고, 신이 어떤 존재인가 인식하고자 하면, 이 역시 필경은 영혼 자체가 어떠한가를 알고자 하는 것일 것이다. 따라서 그 의의에 있어서 보나벤투라의 신비신학 체계가 내포하는 점은 간접적으로는 「신비학적 신론」, 혹은 「신비신학적 인간론」이며, 나아가서는 「신비신학적 세계관」으로 칭해야만 하는 것으로 전개되고 있음을 우리가 부정할 수는 없다.

그래서 신비신학이 인간 정신생활의 최고점이요, 궁극적 문제를 다루는 이상, 여기에 내포된 것은 신론, 인간론, 세계관으로 각각 최고로 궁극적인 것이라고 할 수 있다.

(9) 순수 가톨릭적 성격의 내용

다시 한 번 그의 신비신학의 체계적 내용을 통관하면, 그것은 결국 순수 가톨릭적, 따라서 순수 그리스도교적 성격이라고 하지 않을 수 없다. 물론 그것은 앞서 지적한 바처럼 순수한 프란치스칸적인 특징을 지니지만, 그 특징은 궁극에 가면 순수한 가톨릭적 성격이다. 예를 들면 "삼중도"속에 점철된 말을 보더라도 「성체 분배자」·「성직」(1장 2절 12), 「[성체의] 봉헌」(동상 13), 「신비스러운 기적 안에서 [우리의] 어머니 되는 교회에 의하여」·「모든 성인들의 통공」·「천사들의 보호」(2장 2절 3), 「전투의 교회는 승리의 교회로」(3장 1절 1), 「죄 사면의 완전·죄 오염의 정화의 완전·속죄의 완전·은총에 의한 성화의 완전」(3장 3절 2) 등과 같이 하나같이 순수한 가톨릭적인 성격을 나타내지 않은 것이 없다.

아시시의 성 프란치스코가 가톨릭 외의 일반인들에게도 감화를 주거나, 모방되고 있는 것은 한편으로 경하할 만한 현상이다. 그러나 그가 철두철미하게 가톨릭 교회에 충실한 종·충실한 기사였던 것을 절대로 소홀히 해서는 안 된다. 아마 교회의 권위를 인정하고 교회에 내포되어 있는 초자연적 생명과 직결되지 않고는 결코 성 프란치스코는 생겨날 수 없었을 것이다. 따라서 성 보나벤투라도 사부 성 프란치스코처럼, 철두철미하게 교회의 충실한 기사였음을 소홀히 다루어선 안 된다. 「신비신학전집」의 체계적 내용의 생활적 실현은, 단지 교회의 권위를 인정하고, 교회가 내포한 초자연적 생명에 직결하는 것에 의해서만 가능하기 때문일 것이다.

3) 신비신학의 체계화 방법

(1) 특 징

성 보나벤투라의 신비신학적 방법, 즉 그 체계화 방법을 고찰함에 있어, 우선 「신학」인 한에 있어서는 그것이 초자연적 계시 위의 주어진 것과 신앙에 의해서 밝혀진 지성의 빛을, 따라서 일반 신학적 방법을 전제로 하고 있는 점, 다음으로는 「신비신학」의 한에서는, 그것은 정리신학·윤리신학과 수덕신학상의 주어진 것을 전제로 하고 있음은 두 말할 필요가 없다. 그러나 그가 그 체계화에 있어 발휘한 방법상의 특징은 독자적인 형이상학적 방법을 기본적 골격으로 하고 배치하는데 심리학적 방법을 사용하면서, 종합적으로는 변증법적 방법을 사용한 점이다. 그러면서도 이 세 가지 방법이 이론적으로는 범형론적 원리를 골격으로 하면서 내면적으로 일체화하고 있는 점에 있다고 본다.

(2) 형이상학적 방법

우선 형이상학적 방법에 대해 생각해 보자. 이미 분명히 저술한 바와 같이, (1) 창조론, (2) 범형론, (3) 조명에 의한 신에게로의 귀환론은 그의 철학과 신학을 통해 모든 형이상학에 있어 다루어야만 할 세 가지, 단지 세 가지로 한정되어야만 할 근본 문제이지만, 이 세 가지 사이에 있는 이론적, 내면적 관계를 보면, 범형론 구성의 원리는 이미 창조론 속에 있다. 그러나 조명에 의한 신에게로의 귀환론 구성의 원리도 역시 범형론 속에 이미 있는 것이다. 그러므로 그의 형이상학으로는 본질상 당연히 「범형론적 형이상학」이라고 명명될 성격의 것이다. 따라서 신비신학적 입장에 있어서는, 응용된 그의 형이상학적 방법 역시 그 본질상 당연히 「범형론적 형이상학적 방법」이라고 불려야 할 것이다. 성 보나벤투라가 이론적 근본적 전제로 범형론에서 출발하고 있다는 것도 방법적으로는 우선 첫째로 이러한 의미의 형이상학을 사용하여 출발하고 있음을 의미한다. 그러나 이 형이상학적 방법은 그 자체의 범형론적 원리를 계기로 하고 있으며, 한편으로는 심리학적 방법을, 또 다른 한편은 변증법적 방법을 다시 한 번 환기시키고 있다.

(3) 심리학적 방법

도대체 「영혼을 다루지 않고 심리학이 존재할 수 있는가?」(Y a-t-il une psychologie sans âme?) 라는 것은 스콜라적 심리학자들이 항상 견지하는 전통적인 주장이지만 그것은 「영혼」(ψυχή, anima)과 「심리학」(psychologia, scientia de anima)의 어원학적 전의에 머무르는 것이 아니고, 항상 실상의 세계에까지 다가서는 「하나의 실체로서의 영혼」이야말로 심리학의 가장 근본적인 연구대상이어야만 한다는 주장이다. 영혼 없이, 어떤 감각, 지각, 표상이 있을 수 있는가? 영혼 없이 어떤 양심, 지성, 의지가 있을 수 있는가? 영혼 없이, 어떤 추리, 인식, 감동이 있을 수 있는가? 그러므로 영혼의 정신적 발전의 궁극적 단계를 다루는 신비신학에 있어서, 성 보나벤투라가 「영혼학적 방법」이라고까지 칭할 수 있는 심리학적 방법을 택한 것에 대해서는 어떤 이상한 점도 없을 것이다. 만일 그가 이런 방법을 선택하지 않았더라면, 그것이야말로 이상하다고 말하지 않으면 안 될 것이다.

그의 심리학적 방법의 특징은 그 이전의 수많은 신비가들, 특히 스승인 성 프란치스코의 초자연적인 경험에 기인한 소여 내지는 그 자신의 초자연적인 경험에 의거한 소여를 자료로 이것들을 관찰, 내관해나가면서 (그는 어떤 심리학적 방법, 따라서 어떤 내관적 방법에도 탁월하다고 할 수 있지만, 가능한 한 자기의 내적 경험을 표면에 나타내지 않으려 노력했다.), 거듭 신비생활에서 영혼의 정신적 발전의 방법의 본질에 대해서도 범형론적 고찰 방법의 활용한 점에 있다. 즉, 이것은 기술한 바와 같이, 범형론적인 것은 「어떤 피조물로서도, 따라서 피조물의 어떤 동향으로서도 신에 의한 범형론상의 인과율의 지배를 받지 않는 것은 아니다」라고는 하지만, 이러한 근본적 사고에 기초하여 성 보나벤투라는 영혼의 구조에 ― 따라서 모든 능력의 활동 방식에 ― 대해서 내린 범형론적 고찰의 결과를, 나아가 심리학적 방법으로서의 신비신학의 체계화에 자유자재로 응용하였다. 따라서 그 방법 또한 「범형론적 심리학적 방법」이라고 칭해야만 할 것이다. 단지 여기에 응용된 방법은 영혼이 영위하는 신비생활이 신으로부터의 초자연적인 생명의 활동을 전제하는 한에 있어서 여전히 이론적, 실험적 경험적인 것으로, 가장 단순한 철학적 또는 실험학문적 분야의 심리학적 방법의 영역을 벗어나 이미 신학적 방법에까지 고양되고 변용된 것이다.

그가 신학적 방법과 아울러 심리학적 방법을 능란하게 구사한 데 대해서 신비신학 방법사적 관점으로 볼 때 세 가지 주목할 만한 것이 있다. ❖첫째, 그가 생존한 당시의 중세는 아직 일반적으로 심리학이 그다지 발달하지 않았음에도 불구하고 그가 심리학적 방법을 마음껏 구사하면서도 신학적 방법과의 사이에 완전한 조화를 보여준 것은 특이한 현상이라고 말 할 수 있겠다. 그러나 그 두 가지 방법을 내면적으로 깊이 서로 연결시키고 있는 것 ― 범형론적 범위를 계기로 한 신학적 형이상학적 방법으로부터 신학적 심리학적 방법을 출발시키고 있는 것 ― 은 성 보나벤투라의 입장에서 볼 때 당연한 현상이라고 할 수 있다. ❖둘째, 르네상스 시대로부터 근래에 걸친 경향을 볼 때, 특히 테레사 성녀와 십자가의 성 요한 이래에 신비신학 내지 신비생활에 관한 대부분의 저술들은 유효적절한 방법으로서 더욱 더 신학적으로 심리학적 방업을 도입했다. 그러나 이것은 르네상스 시대부터 일반 심리학이 발달한 결과인 것이다. ❖셋째, 르네상스 시대의 근대부터 현대에 이르는 경향을 본다면 일반 심리학의 발달의 반면에는 무의식적으로 유발되기 쉬운 한 가지 위험성이 항상 잠재하고 있다. 즉 「전제가 없는 과학」과 「영혼이 없는 심리학」에서 생겨난 실험적=경험적=심리학적 방법을 과도하게 존중한 결과로 걸핏하면 이 방법에 의해서만 신비적 수반 현상을 논하는 경향을 양성하게 되고, 동시에 신학적 방법, 특히 신학적 형이상항적 방법과 신비생활 현상의 본질적 방면을 다분히 편견적 눈으로 보게 되었다는 것이다. 그런데 근대에 있어서는 그것에 대한 시정적 방법으로서 신비생활을 단지 일반 심리학 입장에서 논하는 데 그치지 않고 새로운—초자연적 생명, 은총, 성령의 은사 등의—신학적 입장으로 논하게 되었다. 그리하여 한편으로는 성 토마스 아퀴나스의 신학적 방법이, 다른 한편으로는 성 보나벤투라의 신비신학적 방법을 새로운 현대적 반성 하에 회상하게 되었다. 또한 성 보나벤투라의 성령의 은사에 관한 논술 "Collationes de Donis Sancti Spiritus"가 있는데, 그 요지는 "삼중도" 속에 나타나 있지만, 그의 신비신학 체계의 특색은 철저하게 최고의 종합적 입장에서 성부 성자 성령의 삼위일체적 존재 방법 및 활동 방법을 신비생활 발전의 범형으로 앙망하는 점에 있음은 앞으로 더욱 더 돌이켜보지 않으면 안 된다.

더욱이 성 보나벤투라가 신비신학의 체계화에 즈음하여 심리학적 방법에 중요한 역할을 주었던 것은 그가—현대 철학에 의한 논리주의와 대립될 때 듣는 바와 같이—소위 심리주의 속에 깃들어져 있던 것을 나타낸 것은 아니다. 그것에 대해서는 이미 여러 말이 필요하지 않을 것이다.

(4) 변증법적 방법

위에서 명백히 서술한 바처럼, 그의 신비신학에 있어서 형이상학적 방법이 이미 그 내면의 범형적인 원리, 따라서 범형론적 실질논리를 내포하고 있는 것과 같이 심리학적 방법 역시 이미 스스로의 내면에 범형론적 원리, 따라서 범형론적 실질논리를 내포하고 있다. 그러나 그 실리논리는 영혼의 정신적, 단계적 상승 발전의 방법에 입각하면서, 범형론적으로 전개되고 있으므로, 거기에 나타나는 것은 필연적으로 변증법적 방법으로서의 성격을 가진다.

성 보나벤투라가 그의 철학, 신학을 통하여 사용하고 있는 변증법을 롬바르트 수사는 「상승변증법」 (dialectique ascendente)이라고 부르지만, 필자는 위와 같은 고찰에서, 이것을 「범형론적 상승 변증법」 혹은 「범형론적 변증법」이라고 부를 수 있다고 생각한다. 하지만 성 보나벤투라의 근본적 입장에서 본다면, 모든 참된 진리의 변증법은 ― 그 위에 붙여진 한정사에 구애받지 않고 ― 실질적으로는, 그 변증 과정의 전개원리가 완전히 범형론적 논리에 기초하지 않으면 안 된다고 해야 할 것이다.

그렇다면 성 보나벤투라의 변증과정 전개는 어떤 것일까? 필자는 ― 위에 나온 서술로 볼 때 당연하다고 생각하겠지만 ― 그것은 제1 도식과 같이 ①에서 ②가 출발, ①과 ②로부터 ③이 출발, 그리고 ③에서 ④가 출발, ③과 ④로부터 ⑤가 출발하고, 이하 이에 준하는 출발을 계속하는데, 그것이 철두철미하게 바로 범형론적 원리의 발현이라고 본다.

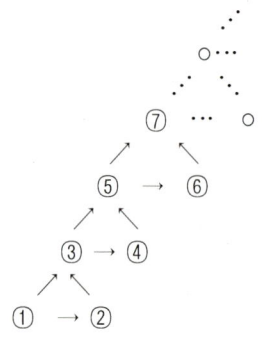

제1도식

결국 필자는 상기와 같이 봄으로써만 "삼중도"에 있어서 때때로 문제가 되는 모든 사항을 그 내면적 논리에 의거해 이해할 수 있다고 본다. 예를 들면 동서에 나타나 있듯이, 한편으로는 3분법 혹은 6분법(3의 배수)을 사용하고, 다른 한편은 4분법 혹은 5분법, 7분법(3의 배수가 아님)을 사용하고 있으면서, 어떻게 삼위일체성의 모습을 모범적 원형으로 우러러보는 소위 범형론이 되는가 하는 문제가 자주 연구자에게 당혹감을 느끼게 하고 「풀기 어려운 수수께끼」로 간단히 결말지어지는 것 같지만, (Bonnefoy, Une Somme Bonaventurienne, pp.6 – 8 참조), 이들의 구분법이 되는 것은 필경 각각의 (대소의) 어떤 특정의 계열에 대해서나, 혹은 특정한 과정(의 전체나 부분)을 서술하는데 있어서, (항상 동일한 범형론적인 논리에 기인하는) 그 출발 방법을 그때마다 일일이 상술하는 번거로움을 피하고 단순히 출발하는 순서에 따라서 ①·②·③ 이나 ①·②·③·④, 또는 ……라고 열기한 것이라는 것을 안다면, 모든 의혹은 쉽게 풀릴 수 있을 것이다. 또한 "삼중도"의 정화의 길·조명의 길·일치의 길의 상호 관계, 그리고 묵상과 기도와 관상의 상호 간에도 제2도식과 제3도식에 나타난 것처럼 범형론적 관계가 있음을 안다면, 동서에 대한 이해가 한층 깊어질 수 있을 것이다.

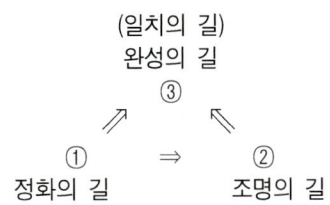

제2도식

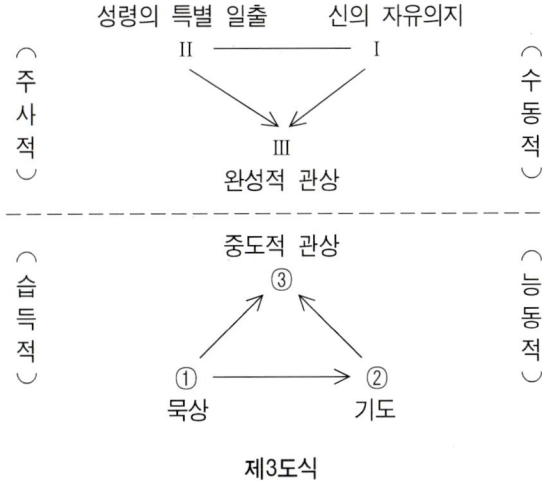

제3도식

이와 같이 실로 「심연에서 …… 정상까지」상승하는 성 보나벤투라의 변증법적 방법은 그 전개원리를 전적으로 범형론 속에서 앙망하는 동시에 「조명에 의한 신에게로의 귀환론」의 실현방법으로서의 직분 목적을 다하고 있다.

(5) 결 어

이상의 언급에서 알 수 있는 바와 같이 신비신학 체계로서의 "삼중도"는 이론적 관점에서도 실천적 관점에서도 실로 완벽한 영역에 도달하고 있다. 그렇게 때문에 교황 레오 13세는1890년 (11월 20일) 성 안토니오 대학의 학생들에게 「······ 학적 사변의 정상에 이른 후, 신비신학에 있어, 어떤 다른 사람도 도달할 수 없는 높은 경지에까지 오를 수 있었던 치품 천사 같은 박사 성 보나벤투라 ······」라고 했던 것이다.

2. 성 보나벤투라 신비신학의 영향

신비신학의 최고봉으로서 성 보나벤투라에게는 전 교회 내의 신비신학 및 신비생활에 끼친 영향에 있어서도 넓고 깊은 점이 있었다.

두말할 나위도 없이 그것은 우선 프란치스코 수도회 내부로부터 시작되었다. 즉, 프란치스코 수도회에 있어, 자신도 가르친 것처럼, 활동생활 (vita activa)도 고귀하지만, 관상생활(vita contemplativa)은 한층 더 고귀한 것으로 여기지고 또 단순한 관상생활로부터 나아가 더욱 더 그것이 사도적 생활 (vita apostolica)에까지 결부되고, 여기에 「관상할 만한 것을 타인에게 전한다」(contemplata aliis tradere)라는 원칙이 확립되었다. 현재도 제1회인 프란치스코회 내의 어떤 수도원과, 특히 제2회인 글라라 수녀회에서 프란치스칸 관상정신의 함양에 힘을 쏟는 것은 이러한 내용 일부를 나타내는 것이다. 그러나 프란치스코회 내에 끼친 성 보나벤투라의 영향이 시기적으로는 그의 사후 직후의 세대에, 지역적으로는 이탈리아에서 가장 강하게 나타난 것은 아마도 당연한 이치일 것이다.

다시 말해 전 교회 내에 미친 영향을 보면, 우선 그의 직후에 나타났던 영적 저술가들에 의해 그 신비신학 체계가 표준적으로 채용된 것을 들 수 있다. 다음으로는 그의 특징 중 하나라고 말해야 할 그리스도 인성의 묵상과 그리스도 모방에 의한 수덕 방법이 유효적절한 심령수업의 방법으로서 더욱 더 일반인에게 보급된 점이다. 그리고 이 영향을 가장 많이 받은 것은 토마스·아·켐피스의 저서「그리스도의 모방」이다. 그 후 당시 유명한 가르시아·드·시스네로스도 성 보나벤투라의 영성을 따랐다. 그 외에도 다른 많은 예들이 있지만 생략하며, 성 이냐씨오의 명저「영조」(심령수업)도 이 시스네로스를 통해서 보나벤투라의 영향을 받은 것이다. 더욱이 흥미로운 것은 갈멜회가 독특한 신비사상의 하나로서 프란치스칸적·성 보나벤투라적 요소를 가지고 있는 점이다. 그것은 대 테레사 성녀가 마침 그 때 당시 스페인에서 쇄신된 프란치스코회와 꼬레타의 글라라회의 영향을 받은 동시에, 더욱 더 직접적으로 신비생활에 관해서 프란치스코 수사 오스너의 프란치스코의 저서를 사용했고, 마침내는 새로운 프란치스코회의 대신비가인 알칸타라의 성 베드로의 지도를 받고 그 유명한 기도에 관한 저서를 사용하여, 이 방면으로부터 치품 천사 같은 사랑의 정신을 이어받은 점에 기인한 것이다. 갈멜회의 독특한 정신으로 출발하여, 그 신비사상을 독자적 입장에서 발전시킨 십자가의 성 요한이 성 보나벤투라의 영향을 받았는 지 아닌 지에 관해서는 연구가들 가운데서는 어떤 이들은 부정적으로, 어떤 이들은 긍정적으로 주장을 펴고 있다. 어느 편이 올바른 주장인 지는 별개의 문제로서, 적어도 당시에 신비신학자와 신비가들 사이의 일반 상황으로부터 판단한다면, 신비신학 또는 신비생활로 인해 더할 나위 없는 관심사가 되었던 성 요한에게 있어서는 성 보나벤투라의 신비신학서에 관심을 두지 않았다고는 말하기가 어렵다. 나아가 이 양자 간에는 실질상 대부분의 일치점이 존재하는 것을 주목할 가치가 있다. 또한 살레시오가 프란치스코에게 준 성 보나벤투라의 결정적인 영향에 대해서는 이제 더 이상 많은 말을 늘어놓지 않을 것이다.

마지막으로 한 마디만 덧붙인다면, 앞서 언급한 것 이외에 성 보나벤투라가 성 고난과 성체, 특히 성심에 대한 신심 및 성모 숭상에 관해서는 얼마만큼 큰 영향을 끼쳤는지에 대해서는 교회에서 영성사를 연구하면서 당연히 알게 될 것이고, 영성생활에 있어서 소위 그리스도 중심주의 (Christ-centrismus)가 최근 더욱 왕성하게 야기되고 있는 가운데 둔스・스코투스를 거쳐 한층 더 발전되었던 성 보나벤투라의 영향도 볼 수 있을 것이다.

• 저자 •

원유동　•약　력•
(元裕東)　서울 가톨릭 대학교 졸업
　　　　이탈리아, 세라피쿰 대학원 석사
　　　　한남대학교 대학원 철학 박사 취득
　　　　한남대학교 강의 전담 교수
　　　　현 한남대학교 출강.

　　　　•주요 논문과 번역•
　　　　"보나벤투라의 빛의 형이상학", <가톨릭 철학> 제 5호(2003.3)
　　　　"보나벤투라의 신 존재 논증에 대한 이해", <중세 철학> 제 11호(2005.12)
　　　　보나벤투라의 "신비의 포도나무" 번역(프란치스칸 삶과 사상, 5호)
　　　　　외 다수

A Study on the Metaphysics of Light in St. Bonaventure

보나벤투라의 빛의 形而上學

• 초판 인쇄　2008년 6월 10일
• 초판 발행　2008년 6월 10일

• 지 은 이　원유동
• 펴 낸 이　채종준
• 펴 낸 곳　한국학술정보(주)
　　　　　경기도 파주시 교하읍 문발리 513-5
　　　　　파주출판문화정보산업단지
　　　　　전화　031) 908-3181(대표) · 팩스　031) 908-3189
　　　　　홈페이지　http://www.kstudy.com
　　　　　e-mail(출판사업부)　publish@kstudy.com
• 등　　록　제일산-115호(2000. 6. 19)
• 가　　격　32,000원

ISBN　978-89-534-9307-0 93200 (Paper Book)
　　　978-89-534-9308-7 98200 (e-Book)